Lucia, Lucia

Adriana Trigiani

Lucia, Lucia

Roman

Aus dem Amerikanischen
von Angelika Felenda

HEYNE

Die Originalausgabe erschien unter dem Titel
Lucia, Lucia
bei Random House, New York

Umwelthinweis: Dieses Buch wurde auf chlor- und säurefreiem Papier gedruckt

Redaktion: Claudia Privitera
Gesetzt aus der Stempel Garamond 10,6/14,4 pt
bei Leingärtner, Nabburg
Druck und Bindung: GGP Media GmbH, Pößneck
Printed in Germany
ISBN 3-453-00082-X
www.heyne.de

Für meine Schwestern
Mary Yolanda, Lucia Anna,
Antonia und Francesca
und meine Brüder
Michael und Carlo

Kapitel 1

Nichts entgeht Kit Zanetti von all dem, was auf der Commerce Street passiert, wenn sie aus ihrem Fenster schaut. Eigentlich passt der Name gar nicht zu der Straße. Kurviger Pfad sollte sie heißen, oder Lavendelweg oder Juwelenstraße. Nirgendwo ist Greenwich Village nachts bezaubernder als hier, wenn sich kleine Seen blauen Lichts um die Wurzeln der alten Bäume sammeln, die in kurzen Abständen auf beiden Seiten der Straße stehen; und nirgendwo ist dieses Viertel untertags so reizend wie hier, wenn die Sonne auf die eng aneinander gebauten Häuser niederbrennt, die alle höchstens vier Etagen hoch sind. An einigen dieser Fassaden klettert Efeu hoch, andere haben eine weiße Holzverschalung und sind an Fenstern und Türen mit lakritzschwarzen Leisten verziert, und eins der Häuser hat eine Ladenfront, die so alt ist, dass das Dunkelrot der Ziegel mittlerweile zu einem fahlen Orange verblasst ist. Verwitterte Terrakotta-Töpfe, meist mit weißen und rosaroten Begonien, säumen die Sandsteinstufen. Das Trottoir ist holprig, die Betonplatten sehen aus wie unebene Stücke einer Schichttorte, und die altmodischen Fensterläden sind in pudrigen Creme- und Pinktönen gehalten, alles Farben, die man seit den Fünfzigerjahren nicht mehr benutzt hat. Diese Läden sind wohl seither nie mehr gestrichen worden.

Dies ist das ideale Zuhause für eine Theaterautorin – diese aneinander gedrängten Gebäude voller Geschichten und Menschen, die ihre Schrullen mit einer Regelmäßigkeit zur Schau stellen, die man sonst nur in Provinznestern antrifft.

Jeden Morgen sitzt Kit, bis der Kaffee fertig ist, am Fenster und wird Zeugin der immergleichen Szene: Eine zierliche Frau mit knallroten Haaren führt eine dänische Dogge aus, die fast so groß ist wie sie selbst. Jedes Mal, wenn sie um die Ecke biegen, zieht die Frau an der Leine, der Hund springt hoch und löst in dem dort geparkten Chevy Nova die Alarmanlage aus. Auf der anderen Straßenseite tritt ein glatzköpfiger Buchhalter in einem bräunlichen Anzug in der Farbe eines Schokoladenbonbons aus seiner Souterrainwohnung, mustert den Himmel, holt tief Luft und winkt ein Taxi herbei. Schließlich kommt der Hausmeister des Apartmenthauses gegenüber aus der Tür, schwingt sich auf sein klappriges Fahrrad (das im Wesentlichen aus zwei mit einem Drahtkleiderbügel verbundenen Rädern besteht), wirft einen Besen über die Schulter und fährt davon wie in einem alten italienischen Film.

Es klopft laut an der Tür. Kit erwartet ihren Vermieter und Hausmeister Tony Sartori, der schon zum zehnten Mal in diesem Jahr vorbeischaut, um den verstopften Ausguss zu reparieren. Keiner seiner Mieter hat jemals einen echten Handwerker (einen Installateur, einen Elektriker, einen Maler) mit echtem Werkzeug zu Gesicht bekommen. Elektrische Kabel, Gas, Rohre, alles flickt Tony hier im Haus mit seinem Klebeband. Die Klebebandmacke wurde so ausufernd, dass sich Kitt vor einiger Zeit den Spaß erlaubt und einen Illustriertenartikel über die Teilnehmerinnen bei den Wahlen zur Miss America ausgeschnitten hat: Die hatten die Brüste unter ihren Abendroben mit Klebeband angehoben, damit sie einen schönen Ausschnitt bekamen. Den Artikel hat Kit in das Kuvert mit der Monatsmiete gesteckt. Mr Sartori verlor kein Wort darüber, aber seither sprach er Kit mit »Miss Pennsylvania« an.

»Ich komme«, ruft Kit bemüht freundlich mit der hohen Stimme des dankbaren Mieters, der bloß keinen Ärger machen will. Sie öffnet die Tür. »Oh, Tante Lu.« Eigentlich ist Lu gar nicht ihre Tante, aber da jeder im Haus Tante zu ihr sagt, tut Kit es auch. Hie und da legt ihr Lu irgendwelche Geschenke vor die Tür – eine kleine Tüte mit teuren Kaffeebohnen, Fliederseife, winzige Parfümproben – und eine Karte, auf der in großen, geschwungenen Buchstaben »Viel Spaß!« steht. Die cremefarbenen Karten mit einem goldenen eingravierten »L« zeugen von erlesenem Upper-East-Side-Geschmack.

Lu lächelt sie herzlich an. »Wie geht's Ihnen?« Sie wohnt oben im hinteren Apartment und ist mit ihr die einzige Single-Frau im Haus: eine Siebzigjährige, die aber das schicke Aussehen jener älteren New Yorkerinnen hat, die etwas auf sich halten. Sie ist gut frisiert, ihr Lippenstift hat einen modischen Pinkton, und sie trägt ein altes Hermès-Tuch um den Hals, das von einer funkelnden Brosche zusammengehalten wird. Tante Lu ist proper und zierlich. Ihr Parfüm ist würzig und jugendlich, nicht blumig wie das einer Großmutter.

»Ich dachte, es sei Mr Sartori«, sagt Kit.

»Was ist passiert?« Lu späht in das Apartment und erwartet sichtlich, dass Wasser aus der Decke fließt oder noch Schlimmeres.

»Der Ablauf. Er ist wieder verstopft. Nichts geht durch, egal, was ich mache. Ich hab's mit der Saugglocke probiert, ich hab gebetet und genügend Abflussmittel reingeschüttet, um ganz Brooklyn in die Luft zu jagen.«

»Wenn ich Tony sehe, sag ich ihm, er soll gleich raufkommen und ihn reparieren.«

»Danke.« Wenn jemand gut mit dem Vermieter steht, dann Tante Lu. Schließlich ist sie mit ihm verwandt.

Tante Lu zieht ihre Handschuhe an. »Ich wollte Sie fragen, ob Sie heute Nachmittag Zeit hätten. Ich würde Sie gern auf eine Tasse Tee zu mir einladen.«

Noch nie hat sie Kit in ihre Wohnung eingeladen. Die beiden kennen die ungeschriebenen Regeln des Lebens in Apartmenthäusern und halten sich daran. In kleinen Anlagen pflegt man am besten Abstand zu den Nachbarn. Freundliches Grüßen an den Briefkästen ist akzeptabel, aber darüber hinaus wird es heikel, weil es nichts Schlimmeres gibt als einen Mitbewohner, der zu oft hereinschneit, zu lange plaudert und sich Sachen ausleiht. Kit sagt: »Danke, sehr nett, aber ich bin beim Schreiben. Vielleicht ein anderes Mal.«

»Sicher, Sie brauchen mich nur wissen lassen, wann Sie können. Ich entrümpele gerade meine Wohnung und habe eine Menge Dinge, die Ihnen vielleicht gefallen würden« – Lu sieht sich in dem Apartment um – »oder die Sie brauchen könnten.«

Kit überlegt es sich noch einmal. Nichts ist verlockender als ein privater Flohmarkt ohne die Konkurrenz anderer Interessenten, die die Preise hochtreiben. Außerdem erinnert Tante Lu Kit an ihre Großmutter. Sie wirkt auch eigenständig und scheint Geschmack zu besitzen, und beides würde Kit gern kultivieren. Wie viele Frauen können schon so eine riesige Libellenbrosche tragen und damit klasse aussehen? »Vielleicht schaffe ich es gegen vier.«

»Ich würde mich freuen!«, antwortet Lu lächelnd. »Bis dann.«

»Wie geht's, Tante Lu?«, fragt Tony Sartori, als er die Treppe zu Kits Apartment hinaufsteigt.

»Mir geht's gut, aber Kits Waschbecken hat schon bessere Tage gesehen.« Tante Lu zwinkert Kit zu, als Mr Sartori in die Wohnung tritt.

»Ja, ja, hier gibt's immer was zu tun«, murrt er.

Lu hält sich am Geländer fest und steigt die schmale Treppe hinunter. Es ist Anfang Oktober und nicht besonders kalt draußen, vielleicht fünfzehn Grad, aber Lu trägt bereits ihren langen Nerzmantel, der hinter ihr über die Stufen schleift wie der Umhang einer Herzogin. Ganz egal wie das Wetter ist, Tante Lu trägt von September bis Juni ihren Nerz.

»Kommen Sie herein.« Kit hätte ihn nicht hereinzubitten brauchen, denn er ist bereits im Badezimmer. »Tante Lu ist eine hübsche Frau«, sagt sie zu ihm in der Hoffnung, ein paar Punkte zu sammeln.

»Sie machen wohl Scherze. Früher hat sie umwerfend ausgesehen. Es heißt, sie sei das schönste Mädchen im ganzen Village gewesen.«

»Wirklich?«

»Ja. Sie sagten, Sie hätten ein Leck.«

»Einen verstopften Ablauf. Im Waschbecken«, berichtigt Kit.

»Schon wieder?«, fragt er mit einem vorwurfsvollen Unterton, als wäre Kit daran schuld. Tony Sartori ist ein kleiner Mann mit weißem Haar und schwarzen Augenbrauen, die wie dichte Hecken aussehen. Glücklicherweise hat er genügend Ähnlichkeit mit Geppetto, dem sanften Schuster in *Pinocchio,* um Kit keine Angst einzujagen, aber seine Stimme hat das typische New Yorker Schnarren, das ihr ein bisschen unheimlich ist.

Kit lacht nervös. »Tut mir Leid. Wissen Sie, ich stopfe nachts immer Olivenkerne in den Ablauf, damit Sie ihn tagsüber wieder reparieren müssen.«

Tony sieht aus, als wolle er gleich losbrüllen, lächelt aber stattdessen. »Nur die Ruhe, Miss Pennsylvania. Ich mach das schon.«

Kit lächelt schwach, obwohl sie es besser weiß. Er wird im Ablauf herumstochern, dann so ein blödes Klebeband um das Loch im Rohr wickeln und in zwei Wochen wiederkommen, wenn sich das klebrige Zeug gelöst hat und eine weitere Überschwemmung ansteht.

»Diesmal sollten wir vielleicht einen Installateur holen«, sagt er von unter dem Waschbecken hervor.

»Halleluja!« Kit klatscht erfreut in die Hände.

Sartori hält sich am Becken fest und zieht sich hoch. Kits Badezimmer ist vom Boden bis zur Decke mit Absagen aller Theater der Nation tapeziert, angefangen vom Alaska Rep bis hin zu den Wyoming Traveling Players. Es sind Variationen der immer gleichen Nachricht: gute Charaktere, gute Dialoge, aber »Sie wissen nicht, wie man eine Geschichte erzählt, Miss Zanetti«. Tony Sartori studiert eine der Absagen und schüttelt den Kopf. »Kommt Ihnen denn nie der Gedanke aufzugeben? Ich meine, was hat es denn für einen Sinn bei all den Absagebriefen?«

»Ich werde besser«, erklärt Kit.

»Vielleicht werden Sie das. Aber offensichtlich ist beim Theater niemand davon überzeugt, dass Sie ein Stück schreiben können.« Sartori zuckt die Achseln. »Ganz abgesehen davon, was *ist* denn das Theater heute noch? Nicht mehr das, was es mal war. Früher war es billig und unterhaltsam, tanzende Mädchen und gute Musik. Jetzt ist es verdammt teuer. Man wird reingetrieben wie eine Rinderherde, und die Sitze sind so schmal, dass einem die Beine absterben, bevor der erste Song vorbei ist. Meine Frau schwärmt für dieses *Phantom der Oper*-Musical. Ich fand, es ging so. Für mich ist das bloß ein Typ mit einer Maske, der einem Mädchen mit hübscher Figur Angst einjagt und dann darüber singt.«

»Die Kritiken sind da!«, ruft Kit fröhlich aus. Sie ist die Sticheleien, den Tadel und die Vergleiche gewöhnt, die ihre Profession mit sich bringt: Der Beruf des Stückeschreibers ist erbärmlich. Ein Autor kann damit seinen Lebensunterhalt nicht verdienen, und Theaterstücke sind in der heutigen Zeit ungefähr so wichtig wie Glasbläserei oder Holzschnitzkunst. Kit behält diese Gedanken jedoch für sich, denn was ihr gerade noch fehlt, ist eine Debatte über Kunst mit Tony Sartori.

»Das ist nur meine Meinung.« Mr Sartori rollt das Klebeband um den Zeigefinger und geht zur Tür. »Schaffen Sie es, das Waschbecken eine Weile nicht zu benutzen?«

»Wie lange? Sie wissen ja, dass ich jeden Abend ausgedehnte Schönheitspflege betreibe, und die erfordert fließendes Wasser, um die dicke Paste herzustellen, die ich zur Vorbeugung gegen verfrühte Faltenbildung auftrage.«

»Das muss ja toll aussehen. Nehmen Sie die Küchenspüle in der Zwischenzeit.«

»Ja, Sir.« Kit lächelt. »Mr Sartori?«

»Ja?«

»Finden Sie eigentlich je etwas komisch, was ich sage? Nur ein ganz kleines bisschen?«

»Eigentlich nicht.«

Tony Sartori schließt die Tür hinter sich, und Kit hört ihn draußen leise lachen.

Der Pink Teacup in der Grove Street hat den besten Kokoskuchen in der ganzen Stadt. Er ist gelb und so feucht, dass man im ersten Moment denkt, er sei nicht richtig durchgebacken. Die Füllung ist voller winziger Ananasstückchen und der Überzug aus Buttercreme so sahnig aufgeschlagen, dass die Kokosnussraspel darin versinken. Juanita, die Köchin, mag Kit, weil sie in einem Beitrag für ein Online-Magazin von dem Kuchen geschwärmt hat. Wann immer Kit vorbeikommt, kriegt sie ein Stück kostenlos. Heute lässt sich Kit zwei Stücke geben, eines für sich und eines für Tante Lu. Auf dem Heimweg nimmt sie sich vor, in den Artikel »Das beste Essen im Village«, den sie für *Time Out* schreibt, noch ein paar weitere Empfehlungen aufzunehmen. An den Artikeln verdient sie zwar kaum etwas, aber die Vergünstigungen sind fabelhaft: kostenloses Essen in ihren Lieblingsrestaurants. Bis jetzt enthält ihre Liste:

BESTES FRÜHSTÜCK Am Wochenende im Pastis, Neunte Avenue – enthält einen Korb süßer Brötchen, Schoko-Croissants, Kakaobrot und Nussbrot, gefolgt von Rühreiern mit knusprigen, hausgemachten Pommes frites mit Zwiebeln und Butter.
BESTER LUNCH Die Hamburger in der Grange Hall, Ecke Commerce und Barrow, mit einem Glas trockenem Rotwein.
BESTES SANDWICH Der Thunfischsalat mit einer delikaten Avocado-Paste und geschnittenen Tomaten im Elephant and Castle auf der Greenwich Avenue.
BESTES DINNER Stefanos Spaghetti pomodoro im Valdino West auf der Hudson Street.
BESTER SNACK Kartoffelpüree mit Knoblauch bei Nadine's auf der Bank Street.

Kits Viertel wird oft von kleinen Gruppen Literaturinteressierter besucht, die mit dem Führer in der Hand herumwandern und auf die Sandsteinhäuser deuten, wo Bret Harte und e. e. cummings wohnten, und auf die Bar, wo Dylan Thomas sein letztes Glas leerte, bevor er in einer Nische ohnmächtig wurde und vor seinen Schöpfer trat. Kit stellt sich vor, Fresstouren durchs Village zu arrangieren. Literatur gegen gute Sandwiches. Sie hat den dumpfen Verdacht, dass ihre Touren mehr Leute anziehen würden.

Zu Hause legt sie dann die Kuchenstücke in eine Tupperware-Dose und macht sich an die Arbeit. Es bedarf all ihrer Willenskraft, den Kokosnusskuchen nicht vor dem Tee mit Tante Lu zu verputzen. Sie weiß, dass sie fast den ganzen

Nachmittag darum herumkreisen wird wie ein einsamer Geier in der Wüste über einem Teller Steak-Tartar. Genau das ist es nämlich, was Schriftsteller tun, wenn sie nicht schreiben: Sie kreisen ums Essen und entscheiden, ob sie zulangen sollen oder nicht, als würde ein Bissen einem Dialog auf die Sprünge helfen oder beim Verfassen einer fehlenden Szene behilflich sein (was nie der Fall ist). Deshalb sind die Treffen der Weight Watchers in der Vierzehnten Straße Ecke Neunte Avenue mit Schriftstellerinnen überfüllt, einschließlich Kit, die im letzten Jahr zweimal ihr Zielgewicht erreicht hatte. Essen und Schreiben gehen im kreativen Prozess eine untrennbare Verbindung ein.

Voller Stolz, weil sie der Versuchung der beiden köstlichen Kuchenstücke widerstanden hat, steigt Kit um Punkt vier die Stufen zu Tante Lus Apartment hinauf. Sie hofft, dass heißer Tee und Gebäck sie durch den Nachmittag bringen werden, weil sie nicht weiß, worüber sie und Tante Lu reden könnten.

Wie die meisten New Yorker, die in einem Haus ohne Aufzug leben, ist Kit nie über ihr eigenes Stockwerk hinausgekommen. Lus Treppenabsatz im fünften Stock hat Charme, denn da ist ein kleines Fenster im Dachstuhl, zu dem eine Metallleiter führt, über die man aufs Dach steigen kann. Die Leiter sieht aus wie ein Periskop in einem Unterseeboot. Kit wollte immer schon mal die Aussicht prüfen, aber laut Mietvertrag ist es den Mietern verboten, aufs Dach zu steigen. Je länger Kit darüber nachdenkt, umso klarer wird ihr, dass Tony Sartori strenger ist als ihre Eltern es je waren. Aber es lohnt sich, ein bisschen zu leiden, wenn man dafür in der Commerce Street wohnen darf.

»Tante Lu?«, ruft Kit. Die Tür steht einen Spalt offen, und eine schwarze Eisenkatze ist in die Türöffnung gestellt worden, damit sie nicht wieder zufällt.

»Kommen Sie rein, Liebes.«

Vorsichtig schiebt Kit die Tür auf. »Ich hab ...« Ehrfürchtig blickt sie sich in dem Chintz-Wunderland um. Jede Ecke, jede Nische, jeder Winkel ist mit Sachen voll gestopft, auch an den Wänden ist kein freier Platz zu sehen.

»Was ist, Liebes?«, fragt Lu aus der Küche.

»Ich hab Kuchen gekauft«, antwortet Kit. »Im Pink Teacup. Er ist wirklich gut. Ich hab darüber geschrieben. Er wird jeden Tag frisch gemacht. Ich hoffe, er schmeckt Ihnen.«

»Ich war schon oft dort. Das Essen ist hervorragend.«

Tante Lu nimmt den pfeifenden Teekessel vom Herd, während Kit sich einmal um die eigene Achse dreht und die Wohnung in sich aufnimmt. Die Wände sind hoch, und der größte Teil der Decke wird von einem großen, schräg nach unten verlaufenden Dachfenster eingenommen, das über der Terrassentür ein Vordach bildet. Es hat zu regnen begonnen, und die Tropfen trommeln auf das Glas. Über Tante Lus Himmelbett liegt ein weißer Chenille-Überwurf mit verblichenen Veilchen im Rüschensaum. Die Möbel sind kostbar und verspielt: Es gibt ein blassblaues, mit Samt bezogenes Zweiersofa und zwei Chintz-Sessel mit Irismuster. Auf dem Couchtisch steht eine Sammlung silberner Mint-Julep-Tassen mit winzigen Seidenblumen darin.

»Ich hab eine Menge Zeug, nicht wahr?«, sagt Tante Lu leise lachend aus der Küche.

»Ja, aber es ist alles ...«, Kit bemüht sich, einen angemessenen Ausdruck zu finden, »sehr ausgefallen. Als hätten Sie ein interessantes Leben gehabt – ich meine, als hätten Sie ein interessantes Leben.«

»Sehen Sie sich um. Genießen Sie es.«

Kit umkreist vorsichtig die Möbel. Jede freie Fläche ist mit Nippes voll gestellt – zwei rosafarbene, mit einer goldenen Kette verbundene Keramikpudel, winzige Vasen aus venezianischem Glas, ein juwelenbesetzter Brieföffner –, jahrelang zusammengetragener Krimskrams, geschmacklose Geschenke, Erbstücke und Schnäppchen, denen sie offenbar nicht widerstehen konnte. Selbst die Tapete mit den üppigen Rosen am Kreuzspalier sagt: »Hier lebt eine alte Frau.« Kit fühlt sich überwältigt, als stünde sie in einem Theaterfundus mit unendlich viel Plunder, der voller Bedeutung, aber ohne Nutzen ist.

Kit dreht sich um und blickt auf die Längswand des Apartments, wo rote und weiße Kaufhausschachteln aufgestapelt sind, auf denen in schwungvollen Schriftzeichen »B. Altman« steht. Die oberen Schachteln sind von der Sonne ausgebleicht, daher tendiert ihr Rot mehr ins Braune, im Gegensatz zu denen darunter.

In der Ecke neben der Schachtelwand steht ein kleiner Beistelltisch mit einem Spitzendeckchen darauf. Auf ihm sind mehrere Fotos in verzierten Silberrahmen arrangiert. Die Mitte wird von einem Farbfoto eingenommen, auf dem ein schönes Mädchen in einem trägerlosen Goldlamé-Kleid zu sehen ist. Die Farben sind intensiv und satt, wie bei alten Fotos aus Filmen. Die junge Frau auf dem Bild ist etwa fünfundzwanzig, ihr herzförmiges Gesicht ist rosig, und die vollen Lippen bilden einen leichten Schmollmund. Ihre mandelförmigen Augen werden durch lange schwarze Wimpern und perfekt geschwungene Augenbrauen betont, was ihr ein ägyptisches oder italienisches Aussehen gibt. Ziemlich exotisch jedenfalls. »Wer ist diese heiße Braut?«, fragt Kit.

»Das bin ich«, erklärt Tante Lu. »Als ich etwa in Ihrem Alter war.«

»Wirklich?«, sagt Kit und entschuldigt sich gleich darauf für ihren erstaunten Tonfall. »Ich hab's nicht so gemeint, wie es sich angehört hat. Natürlich sind Sie das. Es ist ganz eindeutig Ihr Gesicht.«

»Nein, nein. Ich bin jetzt eine alte Frau, und das war einmal. Ich habe eine Weile gebraucht, um das zu akzeptieren. Es ist nicht leicht, die Jugend loszulassen, glauben Sie mir.«

»Mit Ihrem Gesicht könnten Sie heute Titelblätter schmücken. Und Ihre Figur! Ich schreibe manchmal für Magazine, und die suchen nach Models, die so was haben.«

»Was haben, Liebes?«

»Dieses Flair. Diese Art von strahlender Schönheit mit diesen perfekten Zügen, die gleichzeitig so unkonventionell sind. Ihre Augen haben ein Blau, das ich noch nie gesehen habe. Und Ihre Lippen, was für ein Amorbogen! Und ich möchte ja nicht komisch klingen, aber Ihre Nase ist die schönste, die ich je gesehen habe. Sie ist gerade, und die Spitze geht ein bisschen nach oben. Für uns Italienerinnen ist das ein Gottesgeschenk. Manchmal haben wir richtige Zinken.«

Tante Lu lacht. »Nun, besten Dank.«

»Nein, nein, das stimmt.«

Lu nimmt das Foto in die Hand und sieht es an. »Was für ein Abend das war! Die Silvesternacht 1951 im Waldorf. Die McGuire Sisters traten auf, und mein Boss Delmarr und meine Eltern und ich saßen an einem Tisch direkt vor der Bühne. Es war einer der schönsten Abende meines Lebens.«

»Sie sehen atemberaubend aus«, sagt Kit.

»Ich hatte einfach Glück«, antwortet Lu und fügt dann hinzu: »Sie sind aber auch ein hübsches Mädchen.«

»Danke. Aber meine Großmutter sagt immer, ganz egal, was eine Frau unternimmt, um jung auszusehen, mit siebzig sehen wir alle aus wie Mrs Weihnachtsmann.«

Tante Lu lacht. »Wahrscheinlich würde ich mich mit Ihrer Großmutter prima verstehen. Kommen Sie, setzen Sie sich.« Sie stellt ein Silbertablett mit dem Kuchen, dem Geschirr, einer kleinen Teekanne, Zucker und Sahne auf einen Beistelltisch.

Kit lehnt sich in den weichen Sessel zurück, gießt Sahne in ihren Tee und denkt darüber nach, was sie als Nächstes sagen könnte. »Ist Ihr richtiger Name Lucy?«

»Nein. Lucia.« Tante Lu spricht ihren Namen weich aus, mit perfektem italienischem Akzent.

»Lu-tschi-ah«, wiederholt Kit. »Wie die Oper?«

Tante Lu lächelt, und Kit fällt ein tiefes Grübchen in ihrer rechten Wange auf. »Papa hat mich Lucia di Lammermoor genannt.«

»Was hat er gemacht?«

»Ihm gehörte die Groceria.«

»Auf der Sechsten Avenue?« Kit beugt sich erstaunt nach vorn. Die Groceria gilt als *der* authentische italienische Lebensmittelladen und ist daher eine der größten Touristenfallen der Stadt. Dort gibt es die besten importierten Produkte, einschließlich toskanischem Olivenöl, frischer Pasta und Salami aus allen Regionen. Dort bekommt man Käse aus der ganzen Welt und jeden Tag frisch gemachte Mozzarellakugeln, die wie Golfbälle in Fässern mit klarer Milchlake schwimmen. Zugleich ist der Laden für seine hervorragende Auswahl an Brot, Fleisch und Fisch bekannt.

»Gehört sie Ihnen immer noch?«

Tante Lu runzelt die Stirn. »Nein, Liebes. Sie wurde vor zwanzig Jahren verkauft. Das Familienunternehmen konzentriert sich inzwischen auf die Verwaltung von Apartmenthäusern.«

»Tony Sartori gehören noch andere Häuser?« Kit kann nicht glauben, dass der König des Klebebands noch andere Immobilien besitzt.

»Ihm und seinen Brüdern. Tony hat einen ganz schön anstrengenden Charakter. So ungeduldig. Diese Launen. Die jungen Leute heute sind ganz anders als mein Vater. Manchmal erinnern sie mich an meine Brüder, aber meine Brüder respektierten zumindest die Familie. Heute kann ich von Glück sagen, wenn sie sich überhaupt erinnern, dass ich hier oben wohne. Ich weiß, dass alte Leute für die Jungen nicht besonders interessant sind, aber ich bin doch schließlich ihre Tante und die einzige Verbindung zu den Verwandten ihres Vaters.«

Kit nickt ein wenig schuldbewusst. Auch sie war nicht sonderlich scharf darauf gewesen, hier oben Zeit zu verbringen.

Tante Lu fährt fort: »Tony ist der älteste Sohn meines ältesten Bruders Roberto. Mein Bruder ist allerdings schon viele Jahre tot.«

»Und wie viele Geschwister hatten Sie?«

»Ich hatte vier ältere Brüder. Ich war die Jüngste.«

»Was ist aus ihnen geworden?«

»Sie sind alle tot. Ich bin die Letzte der echten Sartoris. Und ich vermisse sie. Roberto, Angelo, Orlando und Exodus.«

»Großartige Namen. Exodus. Wurden Sie alle nach Operngestalten benannt?«

»Nur zwei von uns.« Tante Lu lächelt. »Mögen Sie die Oper?«

»Meine Großmutter mag sie und hat diese Liebe an mich weitervererbt. Ich habe ihr angeboten, von ihren Platten CDs zu brennen, aber sie wollte nicht. Sie stapelt sie gern auf ihren Plattenwechsler und spielt sie nacheinander ab, mit all den Kratzern drauf. Gram findet, dass die Kratzer die Musik besser machen.«

Tante Lu schenkt sich Tee nach. »Wissen Sie, Kit, man hält gern an den kleinen Dingen fest, die einem etwas bedeutet haben. Das gibt einem Ruhe und Sicherheit. Lassen Sie ihr ihre alten Gewohnheiten. Es sind *ihre* Gewohnheiten, verstehen Sie?«

»Ja, das tue ich. Wohnen Sie deshalb im Haus Ihres Neffen? Oder hat die Sartori-Familie vor, das Haus teuer zu verkaufen, und dann bekommen Sie die Kohle und ziehen weiter nach Norden in ein Apartment mit Blick auf den Central Park?«

»Sicher, sicher. Ich strebe einen Blick auf den Central Park an«, antwortet Tante Lu lächelnd.

»Das kann ich Ihnen nicht verdenken. Sie sollten in Zukunft schließlich eine Entschädigung dafür bekommen, dafür, dass Sie hier leben! Das Haus ist ja nicht gerade bestens in Schuss, aber ich will mich nicht beklagen. Ich hab Angst, dass mich Mr Sartori sonst rauswirft.«

»Das Gefühl kenne ich«, sagt Tante Lu ruhig.

»Natürlich ist meine Wohnung in schlechterem Zustand als Ihre. Meine Badezimmerwand steht kurz vor dem Einsturz.«

»Woher sollten meine Neffen wissen, wie man diesen Besitz in Stand hält, nachdem sie alles nur geerbt haben? Ich hab mein ganzes Leben lang gearbeitet, deshalb kenne ich den Wert der Dinge.«

»Wann haben Sie aufgehört zu arbeiten?«

»Ich hab mich 1989 nach der Schließung von B. Altman's zur Ruhe gesetzt. Von allen Angestellten war ich am längsten dort, seit 1945. Dafür habe ich eine Auszeichnung bekommen.« Lucia nimmt einen gravierten Briefbeschwerer vom Couchtisch und reicht ihn Kit.

»Er erinnert irgendwie an eine Auszeichnung für vorbildliche Führung an der Highschool.«

»Stimmt genau.«

Kit stellt die Auszeichnung wieder auf den Tisch zurück. »Sie waren sehr lange dort. Sie müssen Ihren Job gemocht haben.«

»Oh, ich liebte ihn.« Tante Lus Gesicht nimmt einen verklärten Blick an. Hinter der distinguierten alten Frau, die sie jetzt ist, erkennt Kit das junge Mädchen voller Entschlossenheit und Schönheit. Sie schämt sich, dass sie mit einer Ausrede aufwarten wollte, um sich vor der Einladung zu drücken. Schließlich ist Lucia Sartori keine jener durchgeknallten Village-Typen wie der Mann von der Vierzehnten Straße, der sich als Shakespeare verkleidet, durch den Washington Square Park marschiert und Sonette deklamiert. Kit sieht ins Schlafzimmer hinüber, wo Lucias Nerzmantel an einer Kleiderpuppe hängt. Der glatte schwarze Pelz sieht in dem schwachen Licht, das durch die Fenster fällt, fast neu aus. Der Regen hat aufgehört und einen perlgrauen, frühabendlichen Himmel zurückgelassen.

»Tante Lu? Darf ich Sie Lucia nennen?«

»Natürlich.«

»Nachdem Sie ihn so oft tragen, hab ich mich immer schon gefragt, was es mit dem Nerzmantel auf sich hat.«

Lucia blickt ins Schlafzimmer hinüber. »Der Nerzmantel ist meine Lebensgeschichte.«

»Nun, Lucia, wenn es keine zu große Mühe macht, würden Sie mir diese Geschichte erzählen?« Kit nimmt ihre Teetasse und lehnt sich in ihrem Sessel zurück, während Lucia beginnt.

Kapitel 2

»Lu – tschii – ah! Lu-«

»Mama, ich komme!«, rufe ich vom oberen Treppenabsatz hinunter.

»*Andiamo!* Papa braucht den Umschlag!«

»Ich weiß, ich weiß, ich bin schon auf dem Weg.« Schnell greife ich meine Tasche, werfe Lippenstift, Schlüssel, meinen kleinen, ledergebundenen Kalender, eine Flasche durchsichtigen Nagellack und mein Nadelkissen in Form einer roten Tomate, das sich über das Handgelenk streifen lässt, hinein. Ich habe ein einfaches marineblaues Kleid mit weitem Rock, tiefen Taschen, geknöpftem Oberteil und weißem Stehkragen gewählt, dazu graublaue Strümpfe und hochhackige blaue Pumps mit Riemchen und einem beigefarbenen Knöpfchen. Aus meiner Hutschachtel mit den Alltagshüten ziehe ich eine kleine, türkisfarbene Samt-Cloche heraus, die ein Auge bedeckt und seitlich schön flach anliegt. Ich nehme meine kurzen, weißen Handschuhe, schlage die Schlafzimmertür hinter mir zu und stöckle so schnell die Treppe hinunter, dass ich in weniger als einer Minute unten in der Diele bin.

»Sag Papa, dass er um sechs zu Hause sein soll.« Wenn Mama einen Befehl ausgibt, gehorche ich. Sie schiebt eine lose Locke zurück und macht sie in ihrem Knoten fest. Die weißen Strähnen in ihrem schwarzen Haar treten allmählich deutlicher hervor, aber ihre Haut ist immer noch so glatt wie die eines jungen Mädchens. Ihre Backen mit den hohen Wangenknochen sind rosig, und ihre Kinnlinie ist kräftig.

»Vergiss nicht«, sagt sie, als sie den Umschlag in meine Tasche steckt, »heute Abend findet das große Essen statt.«

»Was kochst du denn?«

»Braciole. Papa löst das Lendenstück selbst aus. Das Fleisch wird so *delicato* sein, dass es Claudia DeMartino auf der Zunge zergehen wird.«

»Gut. Ich möchte sie gern beeindrucken.«

»Das werden wir auch. Sei pünktlich.« Mama küsst mich auf die Wange und schiebt mich zur Tür hinaus. Was für ein herrlicher Herbsttag. Die Sonne scheint so strahlend auf der Commerce Street, dass ich das linke Auge schließe. So kann sich die Pupille im rechten an die Helligkeit gewöhnen, bevor ich beide öffne.

»*Bellissima* Lucia!« sagt Mr McIntyre, als ich vorbeigehe.

»Warum kann ich keinen netten irischen Jungen finden, der solche Schmeicheleien beherrscht?«, frage ich ihn.

Er lacht jovial und tritt seine Zigarrenkippe aus. »Ich bin zu alt. Aber wie auch immer, du bist für einen netten jungen Italiener bestimmt.«

»So heißt es.« Er weiß und ich weiß, dass seit dem Moment, als meine Brüder und ich geboren wurden, Mama nur einen Wunsch hatte: Wir sollten italienische Partner nach Hause bringen. Mamas Predigten zum Thema »Heirate einen von unseren Leuten« kann mein Bruder Exodus wortgetreu nachahmen bis hin zu den zum Gebet gefalteten Händen, wenn sie Gott anruft und ihn anfleht, uns zur Vernunft zu bringen. Wir mögen lachen, wenn Exodus sie imitiert, aber wir wissen, dass sie es todernst meint. Papa ist kein Problem. Er sagt immer: *»Stai contento.«* Wenn wir glücklich sind, ist er's auch.

Die Schuljungen auf der Siebten Avenue Süd pfeifen, als ich vorbeigehe. »Lucia!«, ruft einer der Jungen. Als ich nicht reagiere, brüllt er erneut »Lucia! Lucia!« Manchmal drehe ich mich um und zwinkere ihnen zu, schließlich sind sie bloß kleine Jungen.

Mein Bruder Angelo spritzt mit einem Schlauch das Trottoir vor Sartoris Groceria ab, dem einzigen italienischen Lebensmittelladen in Greenwich Village. Er hat die riesigen Schaufenster geöffnet und die schwarze Markise zurückgerollt, damit die Sonne den Terrakotta-Boden trocknet.

Angelo hat ein klassisch geschnittenes, kantiges Gesicht, weit auseinander stehende braune Augen, einen vollen, ebenmäßigen Mund und eine kleine Nase. Mit einssechsundsiebzig ist er der kleinste meiner Brüder, aber viele halten ihn für den hübschesten. Mama findet, er hätte Priester werden sollen, weil er der Friedensstifter in unserer Familie ist. Angelo spritzt die Halloween-Kürbisse ab, die am Eingang aufgestapelt sind, und macht eine Bewegung, als wolle er auch mich nass spritzen.

»Wag es ja nicht!«

Angelo lacht. Er ist neunundzwanzig, vier ganze Jahre älter als ich, aber er wird nie zu alt sein, um mich zu necken.

»Wo ist Pa?«, frage ich.

»Kannst du ihn nicht hören?«

Ich beuge mich an der Tür nach vorn und höre die erhobenen Stimmen von Roberto und Papa. »Streiten sie wieder?«

»Wie üblich. Ich diene zwei Herren. Einer will alles so, wie es in der Heimat war, und der andere will es so wie bei A&P oben an der Straße. Aber keiner gewinnt.«

»Jedenfalls jetzt noch nicht«, erwidere ich.

Die Tür wird von einem schweren Kanister mit gestückelten Tomaten aufgehalten. Papa und Roberto stehen sich vor Körben rubinroter Äpfel kämpferisch gegenüber.

»Ich kauf die Äpfel, wo ich die Äpfel kauf!«, schreit Papa.

»Du bezahlst zu viel!«, entgegnet Roberto.

»Ich kenne den Farmer seit zweiunddreißig Jahren! Er züchtet die Äpfel nur für mich. Ich kauf keine Ware von einem Lastwagen. Wer weiß schon, wo die herkommen?«

»Von einem Apfelbaum! Einem Apfelbaum, Pop. Sie sind alle gleich! Und wen interessiert es schon, woher sie kommen, wenn das Kilo fünfzig Cent billiger ist?«

»Mich. Mich interessiert das sogar sehr! Die Hälfte von dem Obst auf diesen Lastwagen ist verfault! Ich kauf nichts Altes und Verfaultes für meinen Laden!«

»Ich geb's auf! Hörst du? Ich geb auf, Pop!« Roberto nimmt seinen Schreibblock.

»Brüll Papa nicht an!«, schreie ich meinen Bruder an.

Roberto ist einsfünfundachtzig und viel größer als unser Vater, aber beim Klang meiner Stimme schrumpft er ein bisschen. »Das geht dich nichts an. Kümmer dich um deine Näherei«, sagt er gereizt, dreht sich um und geht in den Lagerraum. Roberto sieht aus wie die Verwandten meiner Mutter: schwarzes Haar, braune Augen, lange, gerade Nase und dichte, ausdrucksvolle Augenbrauen. Er verhält sich auch wie sie und ist schrecklich aufbrausend. Als ich klein war, schrie er immer, und sein Zorn machte mir Angst. Inzwischen schreie ich zurück.

»Da ist ein Umschlag von Mama.« Ich gebe Papa den Umschlag mit dem Geld.

»*Grazie.*« Papa bringt das Geld zur Registrierkasse und legt die Scheine unter die Metallklammer. »Wie geht's meinem Mädchen?«, fragt er in ernstem Tonfall.

»Papa, warum machst du dir Sorgen um mich?«, frage ich, obwohl ich die Antwort kenne. Er sorgt sich um alles, um seine Familie, sein Geschäft und die Welt, die sich seiner Meinung nach zu schnell verändert. Seit dem Krieg hat sich sein Umsatz verdoppelt, seine Tochter ist berufstätig, und seine

Söhne haben sich eine große Klappe und eine Menge Meinungen zugelegt.

»Ich kann nicht anders.« Papa zuckt die Achseln und wirft die Münzen in die Kasse. »Ich möchte, dass du glücklich bist.«

»Papa, ich *bin* glücklich«, versichere ich ihm.

Mein Vater strömt Wärme und Humor aus. Er füllt einen Raum aus, wenn er eintritt. Papa hat lockiges, grau gesprenkeltes Haar und blaue Augen. Ich bin das einzige seiner Kinder, das seine blauen Augen geerbt hat, und das ist eines der vielen Dinge, die uns auf besondere Weise zu verbinden scheinen. Wenn Papa lacht, was oft vorkommt, verengen sich seine Augen zu schmalen Schlitzen. Er hat breite Schultern und einen kräftigen Körper wie ein Dockarbeiter, aber seine Hände sind die eines Musikers mit langen, spitz zulaufenden Fingern.

»Was bedeutet Glück überhaupt, Pop?« Ich lege die Arme um ihn und drücke ihn fest. Beim Hinausgehen rufe ich in Richtung Lagerraum: »Ich muss jetzt zur Arbeit. Hab 'ne Menge zu nähen!«, und in Richtung meines Vaters: »Bis später, Pop.«

Draußen auf dem Gehsteig höre ich Papa rufen: »Lucia di Lammermoor!« Ich drehe mich um. »Gib Acht!«, ruft er mir nach.

Ich werfe ihm eine Kusshand zu und gehe zur Bushaltestelle.

Jeden Morgen, wenn ich an der Ecke Fünfunddreißigste Straße und Fifth Avenue vom Bus springe, bin ich immer noch tief beeindruckt von der Tatsache, dass ich im besten Kaufhaus von New York einen Job habe. Das habe ich nie als selbstverständlich angesehen. Mein liebster Moment ist, wenn sich die Fahrgäste aus der U-Bahn-Station an der Vierunddreißigsten Straße mit der Menge auf dem Gehsteig vermischen und alle zusammen wie eine große Woge die leicht ansteigende Straße hinaufströmen, die dann plötzlich abfällt und den Blick auf den Laden von B. Altman & Company freigibt, der einen ganzen Block einnimmt.

Als das Geschäft 1906 an diesem Ort eröffnet wurde, hieß es Palace of Trade, und der Name passt immer noch. Selbst auf der Fifth Avenue, wo die meisten Gebäude als architektonische Wunderwerke gelten, sticht dieses heraus. Es ist im Stil der italienischen Renaissance erbaut – sechs weitläufige Stockwerke mit sieben Meter hohen Decken, alles riesig und spektakulär. An der majestätischen Vorderfront befindet sich eine Reihe von Säulen aus französischem Kalkstein, die bis zum zweiten Stock hinaufreichen. Über jedem der riesigen Fenster wölbt sich ein muschelförmiges Vordach aus mattem grünem Glas; von der anderen Straßenseite aus sehen sie wie elegante Tiffany-Lampenschirme aus.

Im Innern ist es mit den besten Waren aus aller Herren Länder gefüllt, und jeder Artikel wird sorgfältig ausgestellt, um bei den Kunden Verlangen auszulösen, genau wie in Papas Laden. Jedes Mal, wenn ich durch den Haupteingang trete, und so war es jeden Tag meines Arbeitslebens, spüre ich eine freudige Erregung, gepaart mit einem Schuss Selbstbewusstsein. Ich sehe zu den blitzenden Kronleuchtern hinauf, atme die feinen Parfüms ein – den süßen Duft von zarten Freesien, würzigem Moschus und frischen Rosen – und habe das Gefühl, dass alles möglich ist.

Noch immer kann ich es nicht glauben, dass ich hier arbeite, dass ich jeden zweiten Freitag einen Gehaltsscheck bekomme, auf dem in deutlichen schwarzen Lettern mein Name getippt ist. *Auszahlbar an: Miss Lucia Sartori.* Die rechte untere Ecke trägt das offizielle Siegel von R. Prescott, dem Vizepräsidenten, und auf der linken unteren Ecke steht, säuberlich mit der Hand geschrieben, »Maßabteilung«.

Nie nehme ich einen der Aufzüge zu unseren Räumen im dritten Stock, ich benutze lieber die Rolltreppen, weil ich mir kein einziges der Schaufenster entgehen lassen will. Jeden Monat werden sie von den Dekorateuren neu gestaltet: Sie sind berühmt für ihre realistischen Szenen. Letzten Winter bauten sie eine Eisfläche aus Spiegeln, mit Bäumen und künstlichem Schnee, und stellten Kleiderpuppen darauf, die unter schwingenden Glassternen zu Paaren Schlittschuh liefen. Die männliche Puppe trug einen marineblauen und weißen Norwegerpullover. Die Schaufenstergestaltung war so beliebt, dass jede Tochter in New York City, einschließlich mir, ihrem Vater diesen Pullover zu Weihnachten schenkte.

Während ich an den mit Samt ausgeschlagenen Kirschholzvitrinen vorbeigehe, werfe ich schnell einen Blick auf die neu hereingekommenen Artikel. Die neuesten österreichischen Kristallbroschen, glatte Lederhandschuhe aus Spanien und mit Perlen besetzte Abendtaschen. Wohin man sieht, nur Schätze. Dem Himmel sei Dank, dass man anzahlen und zurücklegen lassen kann!

Meine Route ist immer die gleiche. Jeden Morgen gehe ich durch die Herrenabteilung im Erdgeschoss, an den Maßhemden sowie an der Seiden- und Fotoabteilung vorbei, passiere die Gravur- und Papierabteilung und erreiche die Rolltreppen, die mich in den zweiten Stock führen. Dort wandere ich durch die Baby-, die Kinder- und die Jungmädchenabteilung, dann steige ich in den dritten Stock hinauf und durchquere die Abteilung mit den Pelzen, Stolen und Mänteln. In der Zwischenzeit habe ich meine Handschuhe ausgezogen und streiche im Vorbeigehen über die flauschigen Nerz- und Fuchsmäntel. Den luxuriösen Zobel! Den königlichen

Hermelin! Den modischen Leoparden! Ein Mädchen könnte sich für immer hier verlieren und dennoch all des Luxus nicht überdrüssig werden.

Wenn ich schließlich die Doppeltüren aufdrücke, auf denen »Abteilung für Maßschneiderei« steht, bin ich in einem großen Atelier mit Zuschneidetisch, Zeichentisch, Nähmaschinen und Dampfpressen und brenne darauf, mein Tagewerk zu beginnen. Mein Boss und Chefdesigner Delmarr (ohne Nachnamen, wie avantgardistisch!) gießt sich aus einer Thermoskanne mit schwarzweißem Fischgrätenmuster eine Tasse Kaffee ein. In seinem grauen Tweedjackett mit den schwarzen Wildlederaufsätzen am Ellbogen und den schwarzen Kaschmirhosen sieht er aus, als posiere er für die Klatschspalten in der *Herald Tribune.* »Gut auszusehen ist schon die halbe Miete«, hat uns Delmarr erklärt. Er ist hoch gewachsen und schlank, und seine Füße sind so groß, dass er sich seine quastenbesetzten Wildleder-Mokassins extra anfertigen lassen muss. »Marine-U-Boote«, nennt er sie. »Ein guter Schuhmacher ist ein Genie. Elegante und bequeme Schuhe herzustellen, erfordert künstlerisches Talent und architektonisches Verständnis.«

Delmarr hat ein offenes Gesicht mit breiten Backenknochen, tiefen Grübchen und einem energischen Kinn. Es ist ein hübsches Gesicht, aber seine wachen Augen und angegrauten Schläfen zeugen von Tiefe und Weisheit. Er ist ein »Eleganter«, wie meine beste Freundin Ruth sagen würde. Wenn er nicht gerade Überstunden macht, zieht er mit unzähligen Society-Girls in der Stadt herum. Er ist der Inbegriff des Verführers, groß und gut aussehend, hat aber nicht die Absicht, je zu heiraten. Ab und zu taucht sein Name in den Klatschspalten auf, und er scheint jeden zu kennen. Wenn eine neue Kundin zu einer Beratung hereinspaziert, lässt er nicht locker, bis er irgendwelche gemeinsamen Bekannten von ihr und sich herausgefunden hat. Und was seine Entwürfe angeht, weiß er vor allen anderen, was demnächst Mode sein wird. Delmarr hat ein Gespür für den Augenblick.

»Hallo, Kindchen«, sagt er mit breitem Grinsen. »Was gibt's Neues in Greenwich Village?« Er zieht ein silbernes Etui aus seiner Jackentasche, nimmt eine Zigarette heraus und zündet sie an.

»Nun, es ist Anfang Oktober, die Äpfel sind eingetroffen.«

Er wirft den Kopf zurück und lacht. Niemand lacht so wie Delmarr. Es kommt aus dem Bauch. »Bei solchen Neuigkeiten könnte man glauben, wir lebten in Ohio auf dem Land. Und sonst? Eine Fahrt mit dem Heuwagen durch den Central Park?«

»Man kann nie wissen.«

»Also wird Ihr Vater den Tag damit verbringen, Äpfel zu einer Pyramide aufzuschichten und eine perfekte Auslage zu zaubern. Irgendwann würde ich ihm gern mal zusehen«, fügt Delmarr aufrichtig hinzu. »Ein Produkt zu präsentieren, ist ein Talent, wissen Sie. Ein *echtes* Talent.«

»Ich hab Ihnen ja gesagt, dass ich von künstlerischen Farmern abstamme.« Ich stehle mir eine Tasse Kaffee aus Delmarrs Thermoskanne und gehe zu meinem Arbeitstisch.

Ruth Kaspian, meine Kollegin, sieht von ihrem Zeichentisch auf. »Was soll denn das Marineblau? Es sieht eindeutig nach Beerdigung aus. Ist jemand gestorben?«

»Nicht dass ich wüsste.«

»Es wirkt so streng. Du bist zu hübsch für so was Strenges. Das Kleid muss weg.«

»Es war ein Geschenk.«

»Gib's zurück.« Ruth nimmt den rosafarbenen Kreidestummel und fährt vorsichtig am Saum des Kleids entlang, das sie gezeichnet hat.

»Das kann ich nicht. Es ist von meiner Familie. Von meiner zukünftigen Schwiegermutter.«

»Uh.« Ruth verzieht das Gesicht, lässt sich von ihrem Hocker gleiten und streckt sich. Sie ist winzig, gedrungen, um ehrlich zu sein, und sie ist vielleicht einssechsundfünfzig groß. Wir sind beide fünfundzwanzig, aber sie könnte für wesentlich jünger durchgehen. Sie hat wundervolle schwarze Locken, die ihr Gesicht umrahmen, und die blasse Haut und die braunen Augen kontrastieren mit ihrem leuchtend roten Lippenstift. »Ich verstehe. Du trägst es, um Mrs DeMartino zu beeindrucken. Reine Schleimerei. Lass mich wissen, ob's funktioniert hat. Meine zukünftige Schwiegermutter hat mir einen Schirm geschenkt. Vielleicht sollte ich ihn zu Hause aufspannen, um sie zu Tode zu erschrecken. Sie ist abergläubisch, weißt du. Eine Russin.«

»Mrs DeMartino ist sehr nett zu mir. Ich kann mich nicht beklagen.«

»Da hast du Glück gehabt. Mrs Goldfarb hilft bei der Planung unserer Verlobungsparty. Sie will sie im Spanischen Viertel abhalten.«

»Könntest du vielleicht ein bisschen mehr Begeisterung aufbringen?«

»Nein«, antwortet Ruth nüchtern. Ihr Tonfall bringt mich zum Lachen. »Ich bin zu praktisch veranlagt, um völlig aus dem Häuschen zu geraten, das weißt du doch. Ich will nicht ins Spanische Viertel, weder mit meinen noch mit Harveys Verwandten. Die würden da rumsitzen wie die Ölgötzen. Lähmend, wie 'ne schlechte Brise aus Brooklyn.«

»Gib ihnen eine Chance.«

»Vielleicht sollte ich ehrlich sein. Ich will keine Goldfarb werden.« Ruth rollt ihre Zeichnung auf, steckt sie in eine Papprohre und reicht sie mir. Ich stelle sie in den Behälter hinter meinem Schreibtisch. Später werden wir alle Zeichnungen Delmarr zeigen, und er wird einige auswählen, um sie unseren Kundinnen als Vorschläge für nächsten Frühling anzubieten.

»Aber du liebst Harvey doch«, gebe ich zu bedenken.

»Ich liebe ihn. Ja, das stimmt. Seit ich vierzehn und er fünfzehn war und wir in Morrie's Acres in den Poconos miteinander getanzt haben, nachdem er mir einen Hotdog gekauft hatte. Aber seinen Namen hab ich immer schon gehasst. Ich kann mir nicht vorstellen, dass ich Kaspian, einen Namen, an dem ich hänge, gegen ... Goldfarb eintauschen soll.«

»Tun Sie's nicht«, sagt Delmarr, während er Bestellungen in den Korb wirft. Er nimmt einen letzten Zug aus seiner Zigarette und wirft die Kippe aus dem Fenster. »Wir schreiben das Jahr 1950. Es gibt eine Menge Frauen, die ihren Nachnamen nicht ändern.«

»Sicher, die nennt man alte Jungfern«, antwortet Ruth.

»Nein, verheiratete Frauen. Besonders im Kunst- und Designgewerbe. Schauspielerinnen, Frauen im öffentlichen Leben, die schon Karriere gemacht hatten, bevor sie ihren zukünftigen Ehemann kennen lernten.«

»Wer?«, will Ruth wissen.

»Habt ihr von Lunt und Fontanne gehört?«

»Sicher.«

»Sie heißen doch nicht Lunt und Lunt, oder?« Delmarr zuckt die Achseln und nimmt ein paar Unterlagen mit in sein Büro.

Ruth senkt die Stimme, damit Delmarr nichts hören kann. »Harvey wäre mit Kaspian und Goldfarb nie einverstanden, das kann ich dir versichern. Es hört sich an wie ein Fischgeschäft in der Lower East Side.«

»Vielleicht solltest du ihn fragen, was er dazu meint. Möglicherweise lässt er dir ja deinen Namen.«

»Schön wär's. Aber ich dürfte das Thema nicht mal ansprechen. Ich bin seine Frau und werde seinen Namen tragen, Ende der Geschichte. Harvey trifft Entscheidungen zehn Jahre, bevor sie anstehen. Er hat bereits die Namen für unsere Kinder: Michael wegen seines Großvaters Myron, und Susan nach seiner Großmutter Sadie.«

Plötzlich fühle ich mich wie eingeschnürt, während ich ihr zuhöre, wie sie über Kinder und Namen spricht und darüber, was Harvey will und was nicht. Ruth ist eine große Künstlerin, sie kann hervorragend zeichnen, hat einen exzellenten Geschmack und ein Gespür dafür, was sich durchsetzen wird. Delmarr glaubt, dass sie eines Tages eine große Designerin wird. All das Gerede über Harvey und Babys scheint dies in weite Ferne zu rücken. Merkt sie denn nicht, was sie da von sich gibt?

»Was, dir gefällt Susan nicht?« Ruth sieht mich an.

»Nein, nein, das ist ein hübscher Name.«

»Was ist los?« Ruth sieht mich eindringlich an. Sie weiß, was ich denke, aber ich möchte keinen Streit vom Zaun brechen. Ich mag sie zu sehr, um ihr meine Meinung aufzudrängen. Deshalb lächle ich und sage: »Nichts.«

»Lügnerin.« Ruth bricht ein Stück schwarze Kreide ab und beginnt zu zeichnen. »Du kannst dich ja auch nicht beklagen. DeMartino ist genauso hübsch wie Sartori. Du hast Glück gehabt.«

Ich blicke auf den Verlobungsring an meiner linken Hand, ein runder Einkaräter in einem Goldreif. Wahrscheinlich habe ich tatsächlich Glück. Ich bin mit einem netten italienischen Burschen verlobt, den ich schon mein Leben lang kenne. Meine Eltern mögen ihn, sogar meine Brüder haben nichts gegen ihn.

»Dante ist die Art Mann, bei dem du deinen Namen behalten könntest. Er würde alles tun, worum du ihn bittest.

Ich weiß nicht, wie du das angestellt hast, Lu. Du hast einen toll aussehenden Typen mit einem guten Charakter. Von denen gibt's nicht viele.«

»Lucia, Ruth, ich brauche Sie in meinem Büro«, ruft Delmarr aus seiner Tür. Ruth und ich sehen uns an. Delmarr hört sich förmlich an, und förmlich bedeutet gewöhnlich schlechte Nachrichten.

»Na schön, was haben wir falsch gemacht?«, fragt Ruth, als wir uns in Delmarrs Büro setzen. »Hat Miss Fissé der Kragen an ihrem Abendmantel nicht gefallen?«

»Es gibt nichts zu beanstanden, deshalb bin ich zu Hilda Cramer gegangen und habe sie gebeten, Ihnen eine Gehaltserhöhung zu geben.«

»Eine Gehaltserhöhung!« Ich sehe Ruth an.

»Was hat sie gesagt?«, fragt Ruth ungerührt.

Delmarr lächelt. »Sie haben sie bekommen. Sie kriegen statt sechsundvierzig Dollar fünfundsiebzig die Woche jetzt achtundvierzig Dollar fünfzig.«

»Danke!« Ich klatsche in die Hände.

»Danke«, sagt Ruth ernst und muss die gute Nachricht erst mal verdauen.

»Sie beide erleichtern mir die Arbeit hier kolossal. Sie arbeiten hart, übernehmen Extraaufträge, wenn ich Sie darum bitte, und kommen sogar ab und zu am Wochenende rein. Sie sind professionell und intelligent und können zudem sogar eine Unterhaltung führen. Ich bin froh, dass Hilda auf meinen Vorschlag eingegangen ist. Ich freue mich sehr.«

Ruth sieht mich an und ich sie. Wir stehen auf, um zum Zeichen unserer Dankbarkeit Delmarr zu umarmen, wobei uns bewusst wird, dass dies eine Grenze ist, die wir noch nie überschritten haben. Sie weiß, was ich denke, und ich weiß, was sie denkt, dennoch überschreiten wir die Grenze und werfen ihm die Arme um den Hals. Er schiebt uns weg, als seien wir aufgeregte Hundewelpen. »Das reicht jetzt, Kinder. Wir haben zu arbeiten. Los, Sartori, gehen wir. Wir haben einen Termin in B.«

Ich gehe zu meinem Tisch, streife mein Nadelkissen übers Handgelenk, nehme die Schneiderkreide und folge ihm in den Anproberaum. Unser Lieblings-Mannequin Irene Oblonsky, eine einsachtzig große blonde russische Schönheit, nur Hals, Beine und Knochen, steht im Slip auf einem Fichtenholzpodest. In dem dreiteiligen Spiegel sieht sie von jeder Seite wie eine Rose aus, ein schlanker Stängel mit einer Blüte obendrauf. Die einzige Kurve an ihrem Körper ist der runde, nach unten abfallende Übergang ihrer Schultern in die langen, schlanken Arme. Eine Zigarette hängt in ihrem Mundwinkel. Sie sieht gelangweilt aus. Sie *ist* gelangweilt.

Delmarr nimmt vorsichtig die Zigarette aus ihrem Mund und legt sie in einen Aschenbecher. »Schere«, sagt er und streckt die Hand aus. Ich lege ihm die Schere auf die Handfläche wie Kay Francis, wenn sie in einem ihrer Melodramen die OP-Schwester spielt, und sehe zu, wie Delmarr ihren Körper in weißen Musselin hüllt und zu schneiden beginnt. Wo er schneidet, stecke ich Nadeln hinein. Ich folge allen seinen Bewegungen, über ihren Rücken, unter den Armen, übers Dekolletee, nehme an der Taille etwas weg, drapiere den Rock, schließe die Nähte. Bald ist Irene vollkommen in Stoff eingehüllt, der aussieht wie ein trägerloses Kleid.

»Mach es am Knie noch enger. Bei Jacques Fath ist die Meerjungfrau Mode«, sagt Ruth von der Tür aus. »Mach es so eng, dass sie nur in kleinen Trippelschritten gehen kann.« Delmarr nickt zustimmend, und ich fasse den Rock eng um die Knie zusammen.

»Um die Brust herum brauchen wir was Interessantes, sonst haben wir bloß wieder ein langweiliges trägerloses Kleid.« Mit seiner Schere schneidet Delmarr riesige Blütenblätter aus dem Musselin, die er mir zu halten gibt. Dann nimmt er eine lange Stoffbahn und bindet eine große Schleife über ihrem Busen. Die Blütenblätter befestigt er unter der Schleife, sodass sie eine steife Basis zum Oberteil kreieren. Ich stecke sie schnell fest. Die schmale Silhouette sieht gut aus. Sie ist kühner als der New Look, dessen weite Tellerröcke und enge Taillen bereits passé sind. Dieser Look ist viel dramatischer und moderner.

»Fertig.« Delmarr tritt zurück, und ich stecke die letzten Teile fest.

»Also, das ist interessant«, sagt Ruth.

Irene reckt sich, streckt die Arme aus und dreht sich langsam. Dann hält sie inne und sieht sich im Spiegel an. »Gutt«, sagt sie und zuckt mit den Achseln.

»Das machen wir in Seide. Rubinrot. Nicht Kirschrot. Nicht Granatrot. Rubinrot. Und schneidert mir einen breiten Gürtel, sagen wir, zwölf Zentimeter, mit einer einfachen quadratischen Schnalle. Der Gürtel sollte über ihrer Taille sitzen. Bezieht ihn ganz mit Seide, ich möchte die Linie nicht unterbrechen. Und ich möchte keine schwarzen Ösen sehen, nichts als Rot, von oben bis unten. Macht alles bis Freitag fertig.«

»Zu Befehl, Sir.«

»Helen, Violet!«, ruft Delmarr, ohne den Blick von Irene zu wenden.

Helen Gannon, die Schnittmacherin, eine schlaksige Rothaarige, so schlank, dass sie selbst Mannequin sein könnte, kommt hereingelaufen. Als sie das Kleid sieht, bleibt sie stehen und sagt abschätzig: »Uhm. Riesenschleife, so groß wie Jersey City. Sehr hübsch. Ihre Mutter hat Ihnen wohl nicht beigebracht, dass Schlichtheit schöner ist? Dieses Ding hat ja mehr Schichten als eine Tulpe.«

»Das ist der Stil der Zeit«, erklärt ihr Delmarr. »Violet, wo sind Sie?«

Violet Peters, eine kleine Brünette, die für die Fertigung zuständig ist, kommt angerannt. »Hier, ich bin hier«, antwortet sie nervös. Violet ist immer wegen allem besorgt, um ihren Job aber braucht sie sich nicht zu sorgen. Delmarr hat sie persönlich ausgebildet, also verständigen sie sich mit Satzfetzen. Violet sieht Irene an. »Wow.« Dann sagt sie zu Delmarr: »Das ist eine Menge Arbeit.«

Delmarr beachtet sie nicht. »Mhm.«

Helen und Violet schwirren wie Bienen um Irene herum, nehmen nacheinander die Musselinstücke ab und legen sie vorsichtig auf einen daneben stehenden Tisch.

Ich gehe direkt in unser Stofflager nebenan und prüfe unseren Vorrat. Beim Durchsehen der langen Stoffrollen, die mit Samt, Seide und Gabardine bespannt sind, finde ich nur einen Satinstoff in Beige, den wir von der Aussteuer für ein griechisches Mädchen aus Queens übrig haben (in diesen Schnellimbissen wird eine Menge Geld verdient).

»Warum die Eile?«, frage ich Delmarr auf dem Rückweg zu meinem Arbeitsplatz.

»Die McGuire Sisters haben eine neue Show im Carlyle. Und sie wollen Pariser Modelle.«

»Die McGuire Sisters!« Wenn ich das Ruth erzähle.

»Liefert eine umwerfende Robe, vielleicht sind dann ein paar Logenplätze für euch drin.«

»Bitte. Mein Dad liebt sie!«, antworte ich.

»Und was ist mit Ihrem Verlobten?«

»Was soll mit ihm sein?«

»Ich dachte an einen romantischen Abend, nur Sie und Dante.«

»Er ist kein Nachtclub-Typ. Bäcker liegen um acht im Bett. Um drei Uhr morgens ist der Teig aufgegangen, dann stehen sie auf, um Brot zu backen.«

»Daran werde ich das nächste Mal denken, wenn ich ein Schinkenbrötchen bestelle. Ich denke an Ihren Dante, der seinen Spaß opfert, damit ich zum Lunch frisches Brot bekomme.«

»Tun Sie das«, antworte ich.

Nachdem ich gemeinsam mit Ruth den ganzen Tag schwarze Abendmäntel gesäumt habe (das Herbstprogramm der Philharmoniker startet dieses Wochenende), bin ich reif für ein gutes Essen und ein Glas Wein. Es ist das erste Mal, dass die DeMartinos mit uns zu Abend essen, seit Dante und ich unsere Verlobung bekannt gegeben haben. Weil die DeMartinos die Groceria mit Brot und Backwaren beliefern, sehen wir sie so oft, dass ein offizielles Essen, um die Einzelheiten der Hochzeit zu besprechen, ein bisschen übertrieben erscheint. Aber Mama, die alles richtig machen will, bestand darauf, dass wir uns zusammensetzen und unsere Pläne mit beiden Elternpaaren besprechen. »Gegenseitiger Respekt«, sagt Mama. »Wenn du erst mal verheiratet bist, wirst du feststellen, dass er wichtiger ist als das Essen auf dem Tisch.«

Dante und ich sind seit sechs Monaten verlobt, also ist es an der Zeit, mit dem ernsthaften Planen anzufangen. Was nicht einfach ist, nachdem Dante rund um die Uhr arbeitet und wenig Freizeit hat. Papa schließt die Groceria wenigstens an den Feiertagen. Auf meinen Vorschlag hin, die Bäckerei zumindest ab und an zu schließen, fragte mich mein zukünftiger Schwiegervater herausfordernd: »An welchem Tag im Jahr essen die Leute denn kein Brot?«

Nachdem ich ein paar Minuten auf den Bus gewartet habe, beschließe ich, zu Fuß heimzugehen. Ich liebe die langen Spaziergänge durch die Stadt. Die Natur wandelt sich nicht so schnell wie die Schaufenster auf der Fifth Avenue, wo es immer etwas Neues zu sehen gibt. Nach Arbeitsschluss leeren sich die Straßen rasch, und ein paar Häuserblocks lang ist es tatsächlich ruhig genug, um nachzudenken.

Auf der Neunten Straße biege ich nach rechts in Richtung Sixth Avenue ein und komme an vornehmen Sandsteinhäusern mit breiten Aufgängen und Erkerfenstern und eleganten Seidengardinen vorbei. Es gibt auch ein paar große Apartmenthäuser mit grün-weißen Segeltuchmarkisen, die, auf glänzende Messingpfeiler gestützt, über den Gehsteig ragen. Mein ganzes Leben lang habe ich mich gefragt, wie es wohl sein mag, in solch einem Gebäude zu wohnen, mit einem uniformierten Türsteher, der einem Taxis ruft und nach einer Einkaufstour mit den Tüten behilflich ist.

Die schönsten Häuser in New York City befinden sich immer in der Nähe von Parks, in diesem Fall in der Nähe des Washington Square Parks. Die Türsteher zwinkern mir zu, wenn ich vorbeigehe, und manchmal zwinkere ich zurück. Manchmal zwinkert man mir mehr zu als sonst, für gewöhnlich, wenn ich diesen Hut trage. Blauer Samt hat eine besondere Ausstrahlung. Als ich die Sixth Avenue überqueren will, hält plötzlich ein Lieferwagen vor mir an.

»Steig ein.«

»Exodus, was soll das!«

»Steig ein, Schwester.«

Ich steige in den Lieferwagen zu Exodus, dem wildesten meiner Brüder, der gewöhnlich wegen irgendeiner Sache in Schwierigkeiten steckt. Exodus hat hellbraunes Haar mit etwas Rot darin. Sein Gesicht hat die gleiche Form wie Papas, aber die Augen hat er von Mama. Aufgrund seiner Größe und seiner breiten Schultern wird er für einen Iren gehalten, aber sobald man ihn auf Italienisch fluchen gehört hat (was oft passiert), weiß man, dass er einer von uns ist. Ich habe sein herausforderndes Benehmen immer bewundert. Er ist geradeheraus und kümmert sich nicht die Bohne, was andere von ihm denken. Zudem kann er ein Geheimnis für sich behalten, was in einer großen Familie ein Pluspunkt ist.

»Ma rauft sich die Haare. Die DeMartinos sitzen da wie die Ölgötzen. Ich habe gerade eine Kiste mit Sodawasser abgeliefert, also hab ich's mit eigenen Augen gesehen.«

»Sind sie schon da?« Ich hätte früher heimgehen sollen. Die DeMartinos kommen immer zu früh. Als Dante und ich einmal mit seiner Mutter ins Kino gegangen sind, kam sie so früh, dass sie das Ende der vorhergehenden Vorstellung mitbekam und die ganze Spannung für sie weg war.

»Ja. Ich hoffe, wenn du ein Mädchen kriegst, sieht's nicht der alten Lady gleich. *Faccia di* Wauwau.«

»So übel ist sie gar nicht«, erwidere ich.

»Also, ich seh die Sache so: Eine Schönheit wie du heiratet in diesen Clan ein, du kriegst ein Mädchen, und automatisch wird die Hälfte der Schönheit von dieser Mutter zerstört.«

»Danke für den Hinweis, dass unsere Kinder – deine zukünftigen Nichten und Neffen – auf dem Gebiet der Schönheit nicht ihr gerechtes Maß abkriegen werden. Das ist mir ein großer Trost.«

»Warum willst du ihn überhaupt heiraten?«

»Ich dachte, du magst Dante.«

»Er ist ein Depp. Sie sind alle Deppen. Sie arbeiten mit Teig, um Himmels willen. Hefe geht auf, und warum? Weil sie voller Luft ist. Wie helle können die da wohl sein?«

»Ihre Bäckerei geht aber sehr gut.«

»Wer kann denn schon mit Plätzchenbacken seinen Lebensunterhalt verdienen? Das ist doch nichts. Ich hoffe, du weißt, was du tust, Lucia.«

»Das weiß ich. Außerdem hat dich niemand gefragt.«

»Ja, aber das solltest du. Ich weiß, dass du älter wirst und all das, aber das heißt doch nicht, dass du die Dinge überstürzen musst.«

»Ich überstürze nichts.« Wenn Exodus doch nur wüsste, wie langsam ich es mit Dante angehen ließ. Ich liebe meinen Verlobten, aber ich wünschte, ich könnte noch ein oder zwei Jahre verlobt bleiben. Mir gefällt es, so wie es jetzt ist.

Als Exodus vor unserem Haus anhält, um mich aussteigen zu lassen, wartet Papa schon auf dem Gehsteig.

»Du bist spät dran.« Mein Vater macht mir die Tür auf.

»Tut mir Leid, Papa. Sie sollten doch erst um sieben kommen.« Ich springe aus dem Lieferwagen. »Ich hab Neuigkeiten. Du wirst es nicht glauben. Ich hab eine Gehaltserhöhung bekommen!«

Papa klatscht erfreut in die Hände, genau wie ich es getan habe, und strahlt übers ganze Gesicht. »Das ist mein Mädchen!«, sagt er voller Stolz. »Du hast es verdient. Meine Mutter wäre stolz auf dich. Siehst du, all die Stunden Nähunterricht, die sie dir gegeben hat, zahlen sich jetzt aus.«

»Ich wünschte, sie könnte sehen, wie ich inzwischen säumen kann. Mir geht kaum mehr ein Stich daneben!«

»Sie sieht dich. Sie weiß es.« Papa legt den Arm um mich, als wir die Stufen hinaufgehen. Ich bin glücklich über die Gehaltserhöhung, aber am schönsten ist, dass mein Vater sich darüber freut. Seine Anerkennung bedeutet mir alles. Als wir ins Haus treten, höre ich eine Schallplatte von Perry Como spielen. In der Diele duftet es nach Salbei, gerösteten Zwiebeln und Basilikum. Ich gehe nicht extra in mein Zimmer, um mich frisch zu machen, sondern trete gleich ins Wohnzimmer ein.

»Mrs DeMartino, Sie sehen reizend aus.« Ich küsse meine zukünftige Schwiegermutter auf die Wange. Sie lächelt mich an. Exodus hat Recht: Sie hat ein Gesicht, das entfernt an eine Bulldogge erinnert. »Mir gefällt Ihre Frisur.«

»Ich war im Schönheitssalon.« Sie hebt die Locken ihres rabenschwarzen Haars an. »Warum kommst du so spät, Lu?«

»Ich bin zu Fuß nach Hause gegangen.«

»*O Dio.* Allein?« Mrs DeMartino sieht ihren Mann an.

»Ja. Aber machen Sie sich keine Sorgen um mich. Ich nehme immer einen sicheren Weg und kenne alle Türsteher.« Sobald ich das gesagt habe, wird mir klar, dass es ein Fehler war. Es hört sich billig an, als würde ich Türsteher sammeln wie Rennquittungen. Mrs DeMartino beugt sich vor und flüstert ihrem Mann etwas auf Italienisch zu, was ich nicht verstehe.

»Mr DeMartino, wie schön, Sie zu sehen.« Ich strecke die Hand aus.

»Guten Abend.« Mr DeMartino trägt eine Wollhose und ein Hemd mit Krawatte. Ich habe ihn noch nie ohne seine weiße Schürze gesehen.

»Wo ist Dante?«

»Er sperrt den Laden zu. Deine Brüder sind gegangen, um ihn abzuholen.« Mrs DeMartino mustert eingehend mein Kleid.

»Oh, übrigens vielen Dank für dieses hübsche Kleid.«

»Meine Cousine hat ein paar davon aus Italien mitgebracht, meine Mädchen haben sich die ihren genommen, und ich dachte, du möchtest vielleicht auch eines. Ich weiß, dass du bei Kleidern ziemlich heikel bist, aber ich dachte mir, das hier könnte dir gefallen«, antwortet sie lächelnd.

»Es gefällt mir sogar sehr gut. Wenn Sie mich jetzt entschuldigen würden, ich sollte gehen und Mama helfen.«

Ich verschwinde in die Küche, wo Mama Tomatensoße über die Braciole gießt – kleine Röllchen aus zartem Rindfleisch mit Basilikumfüllung. »Sie sind so früh gekommen!«, flüstert sie.

»Ich weiß.«

»Ich geb dir mal einen Rat. Du bist jung. Du kannst dich anpassen. Leg dich nie mit Claudia DeMartino an. Sie bringt dich um.«

Ich lache laut auf. Mama macht mir ein Zeichen, still zu sein. Ich sage: »Es ist doch nicht mehr wie damals, als du eine junge Frau und praktisch Nonnas Dienstmädchen warst. Die Zeiten haben sich geändert. Ich muss keine Befehle von meiner Schwiegermutter entgegennehmen. Ich werde nett sein, weil ich es will, nicht weil ich muss.«

»Müssen, wollen, das spielt doch keine Rolle. Sie hat das Sagen«, flüstert Mama.

»Lucia?« Dante steht in der Tür. Er sieht so gut aus in seinem Anzug, und sein Lächeln ist so warm, dass mir wieder einfällt, warum ich ihn liebe. Dante hat große Ähnlichkeit mit dem Filmschauspieler Don Ameche, auch er hat schwarze Augen, dichtes braunes Haar, eine kräftige Nase und einen vollen Mund, und mein Dante hat ganz eindeutig dieselben breiten Schultern. Als ich ein junges Mädchen war, schnitt ich alle Zeitungsartikel über Don Ameches Filme aus und klebte sie in ein Album, und als ich Dante zum ersten Mal sah, kam es mir wie eine Vorsehung vor, dass ein Junge aus dem East Village wie mein Lieblingsschauspieler aussah.

Ich werfe die Arme um meinen Verlobten und küsse ihn auf die Wange. »Tut mir Leid, dass ich deine Eltern warten ließ«, entschuldige ich mich.

»Schon gut. Mama kann es schon den ganzen Tag kaum erwarten, die Braciole deiner Mutter zu probieren.«

Mama schnaubt leise über das Konkurrenzverhalten meiner zukünftigen Schwiegermutter. Wir gehen nicht darauf ein.

»Dante, ich hab eine Gehaltserhöhung bekommen!«, erzähle ich ihm stolz.

»Schön für dich!« Er küsst mich. »Du schuftest so hart. Ich freue mich, dass es ihnen aufgefallen ist.«

»Na, ihr Turteltauben? Ich brauch hier Hilfe.« Mama reicht mir eine Platte und Dante eine Saucière. »Glückwunsch, Lucia. Ich freu mich für dich. Jetzt hilf mir.« Sie küsst mich auf die Wange, dann ruft sie die DeMartinos zum Essen. Als wir uns setzen, werfe ich einen Blick in den Hinterhof hinaus. Im Moment sieht er nicht sonderlich einladend aus, nur ein kleiner Fleck mit braunem Gras und einem marmornen, grauen Vogelbad in der Mitte. Zu Weihnachten legt Mama frische Zweige in das Bassin und stellt eine Krippe mit einer Jesusfigur aus Keramik hinein. Heute ist nur eine Handbreit schwarzes Wasser darin zu sehen. Ich wünschte, Mama hätte es gesäubert, es sieht schäbig aus. Dafür hat sie sich drinnen alle Mühe gegeben. Sie hat den Tisch wundervoll gedeckt mit einer Reihe weißer Kerzen in der Mitte, die Papa anzündet, als wir uns setzen. Sogar Mrs DeMartino sieht im Kerzenlicht weicher aus. Papa spricht ein Dankgebet, und ich helfe Mama, das Essen zu servieren.

»Wo sind Ihre Söhne heute Abend?«, fragt Mrs DeMartino.

»Sie entladen einen Lieferwagen beim Geschäft«, erklärt Papa.

»Wir dachten, es wäre nett, wenn wir heute Abend nur unter uns wären«, füge ich hinzu und lächele Dante an, der so glücklich aussieht, wie ich ihn noch nie gesehen habe.

»Signor Sartori, wissen Sie, dass Ihre Tochter nach der Arbeit allein nach Hause geht?«, fragt Mrs DeMartino und schöpft sich Soße über ihr Fleisch.

»Mir gefällt das nicht, aber sie ist eine erwachsene Frau und kann hingehen, wo sie will«, antwortet Papa freundlich, als er ihr das Brot reicht. »Danke für das Brot, Peter«, fügt er zu meinem zukünftigen Schwiegervater gewandt hinzu.

»Es ist frisch«, sagt Mrs DeMartino.

Während wir zu essen beginnen, wird angeregt geplaudert. Das ist das Schönste an der Hochzeit mit einem italienischen Mann. Es gibt keine Überraschungen. Unsere Familien gleichen sich, unsere Traditionen sind die gleichen, das Essen ist köstlich, und die Unterhaltung, die mit Neuigkeiten aus der Nachbarschaft und Klatsch gespickt ist, macht Spaß. Es könnte nicht besser laufen.

»Also, wollen wir jetzt zur Sache kommen?«, fragt Dante. Er legt seinen Arm auf meine Rückenlehne und sieht mich an.

»Ich dachte an Samstag, den ersten Mai, in der Kirche von Unserer Lieben Frau von Pompeji ...«, beginne ich.

Mrs DeMartino schneidet mir das Wort ab. »Nein, nein, St. Joseph auf der Sixth Avenue ist besser.«

»Aber es ist nicht meine Gemeindekirche«, erwidere ich höflich.

»Sie wird's werden. Wenn du bei uns wohnst, gehst du in unsere Kirche. Das ist Tradition.« Mrs DeMartino sieht meine Eltern Unterstützung heischend an.

»Das weiß ich, aber bis ich verheiratet bin, lebe ich hier auf der Commerce Street, und hier ist die Kirche, in der ich getauft und konfirmiert wurde und die ich jeden Sonntag besuche. Dort habe ich Dante kennen gelernt. Ich weiß, dass Sie sich mit dem früheren Priester überworfen haben, aber das ist viele Jahre her ...«

»Vater Kilcullen hasste die Italiener«, wirft Mrs DeMartino ein.

Mama zuckt die Achseln. »Ich fand ihn ganz in Ordnung.«

»Wir kommen vom Thema ab. Ma, Pop, es bleibt bei Unserer Lieben Frau von Pompeji«, sagt Dante entschieden.

Mrs DeMartino sieht ihren Mann an. »Mir soll's recht sein«, sagt er.

»Also gut. Erster Mai. Unsere Liebe Frau von Pompeji.« Dante tätschelt meine Hand. Ich weiß nicht, warum, aber wie er das tut, ärgert mich. Dante fährt mit einer langen

Geschichte über einen Bäckerei-Lieferwagen fort, der in der Bronx verschwunden war, und als sie ihn zurückbekamen, hatte der Fahrer ein Dutzend Brötchen aufgefuttert. Mrs DeMartino lacht zu laut über jede Einzelheit. Mir fällt ein, dass ich auch über die Geschichte meines Verlobten lachen sollte, aber irgendwie finde ich sie nicht besonders komisch.

»Ich werde mich an die U-Bahnen auf eurer Stadtseite gewöhnen müssen. Da ihr weiter im Osten wohnt, werde ich die U-Bahn zur Fünfunddreißigsten Ecke First Avenue nehmen und früher los müssen, damit ich rechtzeitig zur Arbeit komme«, sage ich beiläufig. Es folgt ein tiefes Schweigen, das ich zu überbrücken versuche. »Ruth Kaspian entwirft mein Kleid, was sehr praktisch ist, weil ...«

Mrs DeMartino unterbricht mich. »Du wirst nicht mehr in dem Kaufhaus arbeiten.«

»Wie bitte?«, frage ich, als hätte ich nicht richtig verstanden, kann aber in Wahrheit nicht fassen, was sie gerade gesagt hat.

»Nein, du bist dann Hausfrau. Du heiratest meinen Dante, lebst bei uns und hilfst mir im Haushalt. Wir geben euch die Erdgeschosswohnung. Wir haben eine neue Küche einbauen lassen, und die ist sehr schön. Du wirst dich dort sehr wohl fühlen.«

»Aber ich habe einen Job.« Ich sehe Dante an, der auf sein Essen starrt.

»Du kannst zu Hause nähen«, sagt Mrs DeMartino.

Ich sehe meine Mutter an, die mir zublinzelt, als wolle sie mir etwas sagen, aber ich weiß nicht, was.

»Ich nehme keine Näharbeiten an. Ich bin Schneiderin bei B. Altman's in der Maßabteilung. Ich bin seit sechs Jahren dort und hoffe, eines Tages, wenn ich Glück habe, die Abteilung leiten zu können. Soll ich etwa kündigen?« Ich blicke in die Tischrunde, aber niemand sieht mich an. Dann tätschle ich Dantes Hand, aber nicht sonderlich sanft. »Dante?«

»Süße, wir reden später darüber«, sagt er in einem seltsam bestimmenden Ton, den ich an ihm nicht kenne.

»Warum? Wir können das doch jetzt besprechen. Deine Mutter sollte sich keine falschen Hoffnungen machen. Ich habe vor, weiterhin zu arbeiten.« Mir fällt die Geschichte der Verlobung und Hochzeit meiner Großmutter wieder ein, die von ihren Eltern in Italien arrangiert worden war. Von Liebe und Romantik war dabei nicht die Rede gewesen, nur von Vertrag und Pflicht. Heimarbeit! Näharbeiten annehmen? Doch nicht 1950! In New York City! Claudia DeMartino muss wahnsinnig sein, wenn sie glaubt, ich würde für einen Hungerlohn den Frauen auf der Avenue A die Säume kürzen. Nein, vielen Dank!

Das einzige Geräusch im Raum kommt von meinem Vater, der sich bemüht, eine weitere Flasche Chianti zu entkorken. »Lasst uns nicht über Arbeit und Jobs reden, sondern lieber die Einzelheiten der Hochzeit festlegen«, sagt Papa freundlich.

Mrs DeMartino beachtet ihn nicht. »Und was ist, wenn du ein Baby bekommst?« Sie legt ihre Gabel neben Messer und Löffel ab.

»Dann freuen wir uns«, antworte ich ihr. Wer freut sich schon nicht, wenn ein Baby kommt?

»Ich zieh nicht eure Kinder auf, während du im Kaufhaus bist!«, bellt Mrs DeMartino.

»Wer hat Sie denn darum gebeten?«, will meine Mutter wissen. Offensichtlich möchte Mama, dass ich mich zwar mit Mrs DeMartino vertrage, sie jedoch darf sich mit ihr streiten. Mama holt tief Luft und spricht langsam. »Claudia, meine Tochter ist eine berufstätige Frau. Das heißt nicht, dass sie keinen Haushalt versorgen kann.« Sie sieht mich an. »Das heißt nicht, dass sie keinen Haushalt versorgen *wird.* Das kann sie schon seit frühester Jugend. Sie kocht, bügelt und putzt und ist mir eine vollwertige Hilfe im Haus.«

»Danke, Mama«, sage ich.

»Sie hat eine Ausbildung bekommen.« Mama schiebt ihren Teller beiseite und glättet ihre Serviette. »Aber sie ist nicht wie ich und auch nicht wie Sie. Ich habe versucht, ihr beizubringen, dass eine Frau auch ohne einen Job zu Hause genug zu tun hat. Mit der Zeit wird sie das sicher einsehen und ihr Leben entsprechend umstellen.«

»Das ist alles schön und gut, *wenn* sie die Absicht dazu hat«, feuert Mrs DeMartino zurück. »Aber das ist nicht die Absicht Ihrer Tochter! Wenn sie arbeitet, dann ist sie nicht zu Hause, und wenn sie nicht zu Hause ist, wer kümmert sich dann um die Kinder?« Mrs DeMartino schiebt ihren Stuhl zurück, sodass sie meiner Mutter ins Gesicht sehen kann. »Sie verstehen doch, was ich meine?«

»Das geht Sie nichts an. Mich auch nicht. Es geht nur die beiden was an.« Meine Mutter deutet auf Dante und mich.

»Mama, ich glaube, Mrs DeMartino hat Recht.«

»Sehen Sie. Sie weiß es! Sie weiß, dass es sich für eine Frau nicht gehört zu arbeiten, wenn sie Kinder hat.«

»Mrs DeMartino, das habe ich nicht gesagt. Und das meine ich auch nicht. Lassen Sie es mich klar ausdrücken.« Aber ich fühle mich nicht klar im Kopf. Ich fühle mich überrumpelt. Claudia DeMartino ist ein Albtraum, ganz wie Mama gesagt hat, und sie wird noch schlimmer werden. »Lassen Sie es mich erklären.«

»Ich wünschte, das würdest du«, sagt Mama und stützt den Kopf in die Hand.

»Ich habe gehofft, ich könnte eines nach dem anderen machen. Eine Weile verheiratet sein und dann über Kinder nachdenken ...«

»Nachdenken? Mit diesem Gerede spuckst du Gott ins Gesicht. Gott schickt Kinder, wenn er sie schickt, nicht wenn du willst, dass er sie schickt. Du kannst Gott nicht vorschreiben, wann er dir ein Baby schicken soll!« Die Nasenspitze von Mrs DeMartino verfärbt sich, und ihre Augen füllen sich mit Tränen. »Ich versteh dich nicht. Liebst du eigentlich meinen Sohn?«

»Ja, natürlich tue ich das.«

»Wieso kommt er dann erst an zweiter Stelle nach deinem Job in einem Kaufhaus? Das ergibt doch keinen Sinn. Ein Mann muss wissen, dass er bei seiner Frau an erster Stelle steht. Sonst verdient sie ihn nicht.«

»Mrs DeMartino, ich weiß, dass es noch nicht so lange her ist, dass Ehen arrangiert wurden ...« Dante stößt mich unter dem Tisch an. Ich verstehe, warum. Die Gesichter seiner Eltern werden kreidebleich. Ihre Ehe muss arrangiert worden sein. Kein Wunder, dass sie mich als ein egoistisches modernes Biest ansieht. Verglichen mit ihr bin ich das auch. »Und das war ein System, das funktioniert hat ...«

»System? Was für ein System?«, fragt Mr DeMartino.

»Aber die Zeiten haben sich geändert. Wir wollen unsere Zukunft selbst bestimmen. Wir wollen eine Partnerschaft, keine Diktatur.«

»Ich bin kein Diktator!«, ruft Mr DeMartino aus und schlägt mit der Hand auf den Tisch, dass das Besteck zu tanzen beginnt. »Ich bin das Oberhaupt meiner Familie. Ich bin der Anführer! Der Mann ist der Anführer!«

Mr DeMartino sieht aus, als bekäme er gleich einen Herzanfall, deshalb hole ich tief Luft und wende mich an Dante. Er liebt mich und würde mich unter allen Umständen nehmen. Während ich ihn ansehe, stelle ich fest, dass ich ihn auch liebe, aber auch Ansprüche auf ein eigenes Leben habe. Zöge ich zu dieser Familie, würde eine Katastrophe daraus. Ich möchte meine Träume nicht geringer ansetzen als die meines Mannes und meiner Schwiegereltern. Und warum sollte ich? Ich verdiene meinen eigenen Lebensunterhalt. Mir war immer klar, wenn ich bei meinen Eltern ausziehen sollte, könnte ich mir ein eigenes Apartment leisten und gut leben. Ich bleibe hier, weil ich mein Zimmer mit dem Blick auf die Commerce Street liebe. Und ich liebe meine Mutter und meinen Vater, und bis ich verheiratet bin, möchte ich bei ihnen sein. »Tut mir Leid. Ich kann das nicht tun.« Bevor mir bewusst wird, was ich da sage, sind die Worte schon heraus.

»Was meinst du damit?«, fragt Dante verblüfft.

In dem Moment wünsche ich mir, ich müsste nicht aufrichtig sein, aber ich sehe in sein Gesicht und weiß, dass ich nicht lügen kann. »Ich kann dich nicht heiraten. Tut mir Leid. Ich kann einfach nicht.« Mir kommen die Tränen, aber ich dränge sie, hart schluckend, zurück.

»Lucia, sag so was nicht.« Dante sieht völlig niedergeschmettert aus. »Wir machen es so, wie du willst. Du kannst arbeiten, ich hab nichts dagegen.«

»Das sagst du, aber du meinst es nicht. Sobald wir verheiratet sind und im Haus deiner Eltern wohnen, haben sie das Sagen über unser Leben. Ich habe mir was vorgemacht, als ich dachte, wir könnten heiraten und ich könnte meinen Job behalten und mein bisheriges Leben weiterführen.« Die Knöpfe am Oberteil meines Kleids fühlen sich an wie Reißzwecken in meiner Brust. »Ich bin sehr gut in meinem Beruf. Heute habe ich eine Gehaltserhöhung bekommen. Eine Gehaltserhöhung!«

»Was stimmt nicht mit dir?«, fragt Mrs DeMartino. »Sieh dir meinen Sohn an. Er ist ein Prinz! Wie kannst du ihn einfach so wegwerfen? Für einen Job?« Das Wort »Job« spricht sie aus, als wäre es das schmutzigste Wort auf Erden. »Wie kannst du das tun?« Sie steht auf und stützt sich an der Wand hinter ihr ab, als würde sie sonst umsinken.

»Ich tue gar nichts. So fühle ich eben.« Die Tränen jucken in meinem Gesicht. Papa gibt mir sein Taschentuch.

»Du solltest dich schämen! Ja, genau, das solltest du!«

»*Basta,* Claudia, *basta.* Sehen Sie nicht, dass Lucia außer sich ist?«, sagt Papa ruhig.

»Sie haben keine Kontrolle über Ihre Familie, Signore«, sagt Mrs DeMartino zu Papa. Mama sieht Papa an und beginnt fast zu lachen. Niemand spricht so mit Papa. Dann wendet sich Mrs DeMartino an mich.

»Lucia Sartori, du bist jetzt jung, und alle Jungs sind hinter dir her. Der großen Schönheit von Greenwich Village! Ständig hab ich gehört ›Lucia Sartori. *Bellissima!* Ein Gesicht, zu schön, um wahr zu sein. Jeder gute italienische Sohn würde seine Augen hergeben, um solch ein Mädchen zu heiraten.‹ Aber du wirst keine gute Ehefrau! Du bist starrköpfig!«, schreit Mrs DeMartino.

Mein Vater erhebt sich und sieht sie an. Ruhig erwidert er: »Niemand sagt ein Wort gegen meine Tochter in diesem Haus.«

Ich sehe meine Mutter an, die den Kopf hin und her wiegt.

»Nimm den Ring!«, befiehlt Mrs DeMartino ihrem Sohn.

»Du möchtest den Ring?«, frage ich ungläubig.

»Wenn du Dante nicht willst, willst du auch den Ring nicht.« Mrs DeMartino streckt die Hand aus und wartet, dass ich ihr den Ring hineinlege.

Ich sehe Dante an, der sich zu seiner Mutter umdreht. »Mama. Bitte.«

»Sie«, sagt Claudia DeMartino abfällig, »liebt ihren Job mehr als dich.«

»Das stimmt nicht«, sagt Dante leise.

»Du kannst den Ring haben.« Ich nehme ihn vom Finger und sage zu Dante: »Ich dachte, er hätte dir gehört?« Dann wende ich mich an seine Mutter. »Oder gehört er Ihnen?«

»Er gehört mir.« Mr DeMartino steht auf und nimmt den Ring. »Ich habe ihn gekauft.«

Mr und Mrs DeMartino gehen in die Diele und nehmen ihre Mäntel.

»Lucia, das ist doch Wahnsinn«, fleht Dante mich an. »Sprich mit mir.«

»Ach, Dante.« Ich weiß, ich sollte ihn beruhigen, seine Eltern am Gehen hindern und sie um Verzeihung bitten. Ich würde gern die Arme um Dante werfen, ihm sagen, dass wir weggehen, durchbrennen, eine eigene Wohnung nehmen und von vorne anfangen können. Wie konnte diese Einladung so entgleisen? Wie konnte solch ein wunderschöner Tag so enden?

»Lucia, ich ruf dich später an.« Dante folgt seinen Eltern zur Vordertür hinaus. Sobald sie fort sind, wird mir flau im Magen.

Exodus kommt durch die Vordertür, gefolgt von Angelo, Orlando und Roberto. »Wir kommen zum Nachtisch«, verkündet Exodus. »Wo gehen die denn hin?«

»Heim«, antwortet Mama kleinlaut.

»Sie wirkten verärgert«, sagt Angelo.

»Mrs DeMartino stampfte so energisch den Gehsteig hinunter, dass es aussah, als wollte sie auf dem Weg zu ihrem Auto alle Zigaretten austreten«, fügt Orlando hinzu.

»Was hast du gesagt?«, fragt mich Roberto.

»Ich hab ihnen erklärt, dass ich weiterhin arbeiten würde, das hat ihnen nicht gefallen, und Mr DeMartino hat den Ring zurückgenommen.«

Exodus zuckt die Achseln. »Ich hab dir doch gesagt, dass sie Deppen sind.«

»Sollen wir ihm nachlaufen? Wir könnten ihn zusammenschlagen«, bietet Orlando an.

»Jungs!«, sagt meine Mutter warnend.

»Er hat meine Schwester zum Weinen gebracht.«

»Nein, deine Schwester hat *ihn* zum Weinen gebracht«, antwortet Papa und gießt sich ein Glas Wein ein.

»Haben sie gegessen?«, will Roberto wissen.

»Das schon. Aber es ist noch eine Menge übrig.« Mama bedeutet den Jungs, sich zu setzen.

Meine Brüder lassen sich nieder, als ob nichts geschehen wäre, als hätte ich nicht gerade meinen Diamantring zurückgegeben, Mrs DeMartino die Stirn geboten und den Verlauf meines weiteren Lebens verändert. »Ihr wollt jetzt *essen?*«, frage ich.

»Was sollen wir denn sonst tun?«, fragt Roberto, den Mund voller DeMartino-Brötchen. »Hungern, weil die DeMartinos Idioten sind?«

Ungläubig sehe ich ihnen zu, als würde ich eine fremde Familie durch eines der Vorderfenster auf der Commerce Street beobachten. Wenn man aus einer großen Familie stammt, hat man fast das Gefühl, als seien alle eine einzige Person, als seien die Geschwister nur ein Aspekt von einem selbst, wie bei einem Oktopus, dessen Tentakel sich in verschiedene Richtungen bewegen, aber immer Teil einer Einheit sind. Roberto ist der älteste und gibt entsprechend den Ton an. Angelo, der zweite, ist der Friedensstifter. Orlando ist der mittlere, also ist er der Träumer. Exodus ist der Spaßvogel, der Freigeist, bei dem man nie weiß, was er als Nächstes tun wird. Und dann komme ich: Ich bin das Baby, und werde immer das Baby bleiben, auch wenn mein Haar schon grau sein wird. Weil ich ein Mädchen bin, muss ich meiner Mutter helfen und bin das Dienstmädchen. Alle Hemden der Männer am Tisch habe ich an meinen freien

Samstagen gebügelt. Meine Brüder arbeiten im Geschäft, und bis sie heiraten, oder bis ich heirate, werde ich sie bedienen.

Mama nimmt die Teller vom Servierwagen hinter ihr und reicht sie den Jungen. Orlando lädt sich Braciole auf seinen Teller. »Nicht zu fassen, dass du all das gute Fleisch an die DeMartinos vergeudet hast«, sagt er. Er ist groß und dünn, aber der beste Esser in der Familie. Mit seinem kantigen Gesicht sieht er aus wie ein Intellektueller. Er hat sanfte dunkle Augen und strahlt eine gewisse Güte aus.

»Er kommt wieder zurück«, erklärt Roberto entschieden.

»Das glaube ich nicht«, sagt Papa leise.

»Ach, Pop, das sind Kabbeleien unter Verliebten. Das kennt doch jeder«, fügt Angelo hinzu und zwinkert mir zu.

»Und wenn er nicht zurückkommt, wein ich ihm keine Träne nach«, sagt Exodus und füllt seinen Teller. »Männer sind wie Fische. Du willst einen Ehemann? Dann geh hin wo's viele gibt, wirf den Köder aus und zieh einen an Land. Nimm ihn unter die Lupe, und wenn er nichts taugt, wirfst du ihn wieder rein. Wirf Dante DeMartino wieder rein. Du kriegst was Besseres.«

»Er ist ein guter Fang«, korrigiert ihn Mama.

»Nein, nein, wir sind der gute Fang in Greenwich Village«, beharrt Exodus. »Alle Mädchen in der Stadt sind hinter uns her. Und warum ist das so? Weil Pop sein eigenes Geschäft und dieses Haus hat und wir alle zusammenarbeiten. Die Leute sehen Dollarzeichen. Sie sehen das schöne Heim, das Mama geschaffen hat, und ihnen geht ein Licht auf, und sie denken: Das alles könnte mir gehören.«

»Das ist keine sehr sympathische Einstellung«, findet Angelo.

»Stimmt«, sagt Roberto. »Und du«, fährt er, mit der Gabel in meine Richtung deutend fort, »find dich lieber damit ab.«

»Schwester, hör nicht auf ihn. Wir sind keine Experten in Liebesdingen. Keiner von uns ist verheiratet«, fügt Angelo hinzu.

»Weil ihr es zu Hause zu gut habt!«, meldet sich unsere Mutter zu Wort. »Das Problem in dieser Familie ist, dass ihr alle egoistisch seid. Keiner will sich fügen.« Sie deutet auf mich.

»Warum sollte ich mich fügen, Mama? Um was zu erreichen? Um dein Haus zu verlassen, fünfzehn Blocks weiter nach Osten zu ziehen und für Claudia DeMartino das Gleiche zu tun, was ich für dich tu – bloß, dass ich dafür meinen Job aufgeben müsste? Was für einen Sinn sollte das haben?«

»Dann heirate eben nie. Wahrscheinlich bin ich aus Gummi, wenn ich daran denke, wie sehr ich mich hab verbiegen und fügen müssen.«

»Hab ich dir das Leben schwer gemacht?«, fragt Papa.

»Zumindest nicht leicht«, gibt Mama zurück.

»Siehst du, was dir erspart geblieben ist, Lucia. Ein Leben … nun, so eines eben!«, sagt Angelo lächelnd.

»Mir soll's recht sein, wenn Lucia nie heiratet. Ich mag, wie sie die Wäsche macht.« Roberto zwinkert mir zu, und meine Brüder lachen.

»Ich find das überhaupt nicht komisch. Vielleicht solltet ihr ab und zu mal abwaschen und meine Wäsche machen.«

»Hey, hey, jetzt nimm es nicht so ernst. Wir wollen dich doch nicht unglücklich sehen, Luutsch. Wir beschützen nur den Familienschatz«, sagt Exodus und gießt sich ein Glas Wein ein.

»Ich bin nicht der Familienschatz! Aber ihr, ihr seid ein Rudel Gorillas, so wie ihr euch aufführt! Alles ist komisch für euch, nicht?«

»Ma, der Fluch der Caterina wird wahr«, sagt Roberto.

»Halt den Mund!«, zischt Mama.

»Wovon redet ihr?«, frage ich ihn und sehe unsere Mutter an, die meinen Bruder Roberto mit wütendem Blick anstarrt. »Was ist der Fluch der Catcrina?«

»Roberto, schweig«, sagt mein Vater.

»Papa. Wovon redet Roberto da?«

»Von nichts. Gar nichts.« Meine Mutter schiebt ihren Teller weg und lehnt sich zurück.

Exodus hat die Ellbogen auf den Tisch gestützt. »Liegt ein Fluch auf unserer kleinen Schwester? Stammt er aus dem Veneto wie Pop oder aus Bari wie Mama?«

»Wenn er aus Bari stammte, würde er irgendwas mit einer Schießerei zu tun haben«, ergänzt mein Bruder Orlando zur allgemeinen Erheiterung.

Ich sehe Papa an. »Warum hast du mir nichts davon gesagt?«

»Ich hab ihn nicht gelassen!«, wirft Mama ein. »Manchmal wird dergleichen wahr, wenn man davon weiß.«

»Das ist besser, als Geheimnisse zu haben«, sage ich.

»Nicht unbedingt. Geheimnisse haben ihr Gutes. Nimm meine Tante Nicolette. Eines ihrer Beine war kürzer als das andere. Das brauchte ihr Verlobter vor der Hochzeit nicht zu wissen. Vielleicht wäre er sonst abgesprungen. Stattdessen waren sie siebenundfünfzig Jahre verheiratet.«

»Ma, ich bin anders. Ich will alles wissen.«

»Was für einen Unterschied macht das schon? Ein Fluch ist ein Fluch.« Mama trinkt einen Schluck von Papas Wein.

»Er stammt aus dem Veneto«, beginnt Papa. »Es war vor langer Zeit, in Godega di Sant'Urbano, auf den Feldern oberhalb von Treviso und Venedig, als mein Bruder Enzo und ich junge Männer waren, so um die zwanzig. Wir waren Bauern. Godega ist ein fruchtbares Tal am Fuß der Dolomiten. Im Frühling und Sommer gedieh dort alles. Aber wir hatten einen größeren Traum. Jedes Mal, wenn wir die Kornernte auf den Markt nach Treviso brachten, bewunderten wir den schönen *mercato*. Es war ein ganzer Straßenzug, offen, mit Händlern, die Obst, Gemüse und Fisch verkauften, einfach alles. Also sparten wir unser weniges Geld und fuhren 1907 nach Amerika. Wir wollten unseren eigenen Markt aufbauen, genau den gleichen, den wir in Treviso gesehen hatten. Enzo und ich waren ein ideales Gespann. Als wir hier ankamen, hießen die Lebensmittelläden *grocery shops*. Wir machten aus dem englischen Wort einfach einen italienisch klingenden Namen und nannten unser Geschäft *Groceria*. Bald danach lernte ich im Haus meiner Cousine eure Mutter kennen. Und Enzo lernte in Little Italy ein Mädchen namens Caterina kennen.«

»Papa, wir wissen Bescheid über deinen Bruder«, werfe ich ein, weil ich keine Lust habe, mir Papas Geschichten über die alte Heimat anzuhören. »Wir wissen, dass du nicht mehr mit ihm sprichst. Wir wissen, dass er Farmer in Pennsylvania ist, und wir haben weder ihn noch unsere Cousins je kennen gelernt, weil ihr immer noch böse aufeinander seid. Was hat das mit dem Fluch zu tun?«

»Mama und deine Tante …«

»Nenn sie nicht ›Tante‹«, unterbricht Mama. »Sie ist es nicht wert, so bezeichnet zu werden.«

»Mama und Caterina haben sich nicht vertragen.«

»Pop, das ist eine Untertreibung. Ich erinnere mich an laute Streitereien«, schaltet sich Roberto ein.

Papa fährt fort: »Es war sehr schlimm. Dadurch kam es zum Bruch zwischen mir und Enzo, und der ließ sich nicht mehr kitten. Also beschlossen wir, unsere Partnerschaft zu beenden. Wir warfen eine Münze, und der Gewinner sollte den Verlierer ausbezahlen. Der Gewinner sollte die Groceria und dieses Haus behalten, und der Verlierer sollte sein Geld nehmen und New York verlassen.«

Angelo klickt mit der Zunge. »Wir hätten ein Haufen Hinterwäldler in Pennsylvania werden können.«

»Farmarbeit ist eine sehr ehrenwerte Sache«, widerspricht ihm Exodus.

»Der Tag, an dem die Münze geworfen werden sollte, kam, und eure Mutter war gerade mit Lucia schwanger. Es war der Sommer des Jahres 1925. Als Enzo verlor, weinte er. Caterina geriet so außer sich, dass sie zu schreien begann. Das war der Moment, als sie dich verfluchte.« Papa wendet sich zu mir.

»Ich glaube nicht an Flüche. Das ist italienischer Voodoo«, erkläre ich.

»Wie hat der Fluch denn gelautet, Pop?«, fragt Angelo.

»Sie sagte, Lucia würde an gebrochenem Herzen sterben.«

»Ich hasse diese Frau«, murmelt Mama.

»Also glaubt ihr tatsächlich, meine geplatzte Verlobung sei das Ergebnis dieses Fluchs?«

»So sieht es aus«, sagt Roberto.

»Moment mal! *Ich* hab meine Verlobung gelöst. Niemand hat mich dazu gezwungen. Keine Hexe mit einem vergifteten Apfel kam an die Tür, kein seltsamer Vogel saß am Fenster, und ich bin nie unter einer Leiter hindurchgegangen, also lasst uns diesen Fluch vergessen. Er hat nichts zu bedeuten«, erkläre ich und mache eine wegwerfende Handbewegung, um den ganzen Hokuspokus zu beenden.

»Dennoch scheinst du mit Männern kein großes Glück zu haben«, sagt Orlando vorsichtig. »Da war dieser Montini. Ist er nicht nach Jersey zurückgegangen, als du ihn abgewiesen hast, und hat gedroht, sich mit dem Auto im Meer zu ertränken?«

»Das war nicht meine Schuld. Er war verrückt«, erwidere ich abwehrend.

»Und was ist aus Roman Talfacci geworden?«, fragt Orlando.

»Ich hab ihn zusammengeschlagen. Er hat was Schlechtes über Lucia gesagt, also geht der auf mein Konto«, erklärt Exodus.

Eine Weile sitzen wir schweigend da. Keiner weiß, was er sagen soll. Mamas Haar hat sich aufgelöst, sodass ihr Gesicht wie von Bindfäden eingerahmt ist. Papa schwenkt immer wieder den letzten Schluck Wein in seinem Glas, als suche er eine Antwort im Innern des geschliffenen Kristalls. Meine Brüder lehnen sich in ihren Stühlen zurück. Vielleicht glauben sie auch an den Fluch. Vielleicht fragen sie sich, wie sie mich in einer Welt voller Zaubersprüche und Geister beschützen können.

Das Telefon klingelt. Roberto entschuldigt sich und nimmt ab.

»Es ist DeMartino. Für dich«, ruft er von der Tür.

Meine Mutter sieht mich flehentlich an. »Sprich mit ihm. Er ist so ein netter Junge.«

Ich gehe in die Küche und nehme den Hörer von Roberto entgegen. »Dante.«

»Ich hab Papa den Ring wieder abgenommen«, sagt Dante.

Ich schweige.

»Lucia, ich will dich immer noch heiraten. Mama redet viel, wenn der Tag lang ist, aber sie meint die Hälfte davon gar nicht so.«

Ich schweige noch immer.

»Lucia, was ist los? Hast du einen anderen kennen gelernt?«

»Nein, nein. Nichts dergleichen.« Obwohl das nicht ganz stimmt. Ich hatte jemand Neuen kennen gelernt: Dante DeMartino, den guten Sohn, so gut, dass er zu schwach ist, einen Mann, dessen Glück nur darin besteht, seinen Eltern zu gehorchen.

»Ich habe lange auf dich gewartet, Lucia«, sagt er liebevoll.

»Ich weiß.« Mir ist durchaus bewusst, wie lange ich ihn warten ließ. Manchmal hatte ich Schuldgefühle, aber dann fiel mir ein, dass vollkommene Unterwerfung etwas für Hausfrauen, aber nichts für erfolgreiche berufstätige Mädchen ist.

»Ich möchte heiraten. Meinst du nicht auch, dass es an der Zeit wäre?«, fragt Dante.

Wie soll ich ihm erklären, dass mir die Zeit unwichtig erscheint, wenn ich arbeite, dass ich ein Leben voller aufregender Dinge vor mir sehe, die es zu lernen gibt, und eine Welt voller unendlicher kreativer Möglichkeiten? Er würde es nicht verstehen. Ich erinnere mich an seinen Gesichtsausdruck, als ich ihm von meiner Gehaltserhöhung erzählte. Er freute sich für mich, war aber nicht stolz.

»Es tut mir Leid, Dante.«

Dante seufzt, als wolle er antworten, er tut es aber nicht. Er wünscht mir eine gute Nacht und legt auf. Wir waren eine Weile ein Paar, und unsere kleinen Streitigkeiten wurden für gewöhnlich schnell beigelegt. Aber diesmal habe ich das Gefühl, dies sei das Ende für uns. Ich wische mir die Stirn mit dem Geschirrtuch ab und gehe ins Esszimmer zurück, wo mein Vater und meine Mutter am Tisch warten. Meine Brüder sind gegangen.

»Lucia, was hast du ihm gesagt?« Meine Mutter sieht mich hoffnungsvoll an.

»Dass ich es einfach nicht tun kann.«

Mama atmet aus und sieht Papa mit so enttäuschter Miene an, wie ich sie noch nie an ihr gesehen habe. In ihren Augen habe ich versagt. Ich hätte einen guten Mann aus einer guten

Familie haben können und habe dann alles vermasselt. Wie soll ich ihr erklären, dass die Liebe mich inspirieren, aber nicht auslaugen soll? Wie soll ich ihr sagen, dass ich Dante, egal, wie sehr ich ihn liebe, nicht heiraten und nicht bei seiner Familie leben kann, wo ich nur Pflichten zu erledigen und Mahlzeiten zu kochen habe, aber sonst nichts gelte. Es ist das Leben meiner Mutter, und solche Dinge auszusprechen, würde sie nur verletzen. Die Vorstellung, dass ich an einem Abend so vielen Leuten Kummer bereitet habe, bedrückt mich, und ich beginne zu weinen. Doch statt eine Szene zu machen, laufe ich, zwei Stufen auf einmal nehmend, die Treppe hinauf.

In meinem Zimmer habe ich das Gefühl, als würde mich der Kragen von Mrs DeMartinos Kleid erwürgen. Ich reiße ihn auf, ebenso die Knöpfe am Oberteil, und ziehe es aus. Ich werfe meinen Bademantel über, lege mich aufs Bett und sehe durch das Dachfenster zum Mond hinauf, der wie ein silberner Talisman am Himmel steht, weit entfernt; kaum ein Lichtstrahl scheint herab. Hier oben in meinem Dachzimmer bin ich Rapunzel, obwohl ich weiß, dass ich keine Prinzessin bin. Ich habe meinen Prinzen fortgeschickt, obwohl ich glaube, dass ich keinen Mann je mehr lieben werde als Dante. Aber ich liebe ihn einfach nicht genug. Ich greife zum Telefon und rufe Ruth an, lege aber wieder auf, als mir einfällt, dass sie mit Harvey und ihren Schwiegereltern ausgegangen ist. Ich hoffe, sie hat einen schöneren Abend als ich.

»Ich bin müde«, rufe ich, als es an meiner Tür klopft.

»Ich bin's, Papa.«

Er kommt herein und setzt sich auf den Hocker an meinem Toilettentisch, wie schon oft, wenn ich verletzt oder enttäuscht war oder jemandem Unrecht getan hatte. Ganz gleich, was mir geschieht, mein Vater hat immer die richtigen Worte für mich.

»Deine Mutter macht sich Sorgen«, beginnt er.

»Tut mir Leid, Pop.«

»Ich mache mir keine Sorgen.«

Das zu hören, lässt mich wieder hoffen. »Nein?«

»Nein. Du weißt, was du tust. Warum solltest du heiraten, wenn du nicht bereit dazu bist? Wozu sollte das gut sein? Ich glaube nicht an die altüberlieferten Meinungen, wenn's um die Ehe geht. Als ich ein Junge war, wurden die Ehefrauen für uns ausgesucht, lange bevor wir wussten, was eine Ehefrau überhaupt ist. Ich war in Godega mit einem Mädchen verlobt. Ich wusste, dass ich sie nicht wollte, aber mein Vater bestand darauf.«

Ich setze mich auf. »Ich dachte, du seist hierher gekommen, um einen Laden zu eröffnen. Aber du bist gleichzeitig auch ausgerissen?«

»So ist es.«

»Also verstehst du mich!«

»Deine Mutter glaubt, ich hätte dir Flausen in den Kopf gesetzt. Sie hält dich für zu unabhängig. Aber ich wünsche mir für dich das Gleiche wie für meine Söhne: eine Arbeit und ein gutes Leben. Ich hoffe, dass du immer unabhängig sein wirst. Das heißt, dass du immer in der Lage sein wirst, für dich selbst zu sorgen.«

»Mama ist altmodisch.«

»Für sie ist das richtig. Aber nicht für dich. Ich hab versucht, ihr das zu erklären, aber sie will nichts davon hören. Sie findet, Mutter und Tochter sollten gleich sein.«

»Aber wir sind nicht gleich, Pop. Ich kann nicht mit Mrs DeMartino auskommen, bloß weil ich muss. Ich fühle mich ihr nicht verpflichtet. Wie kann sie es wagen, mir zu sagen, ich müsse meinen Job aufgeben, als hätte sie das zu entscheiden? Wenn sie schon das entscheidet, was wird sie mir sonst noch alles befehlen? Selbst auf der Fifth Avenue wäre ich unglücklich mit ihr. Ich will so viel mehr. Ich hab so viele Ziele.«

»Aber du bist eine *Frau,* Lucia. Hör mir zu. Eine Frau ist anders als ein Mann. Sie wählt nicht aus. Sie folgt ihrem Herzen, und daraus ergibt sich ihr Lebensweg. Du arbeitest gern, und das ist gut so. Aber um eine gute Ehefrau und Mutter zu sein, muss man mit dem Herzen entscheiden. Wenn du nicht das Richtige empfindest, darfst du es nicht tun. Sonst wirst du unglücklich und deine Kinder noch mehr. Ein unglücklicher Mann findet Ausgleich außerhalb des Hauses. Er arbeitet, lebt in der Welt und kann draußen Freude finden. Aber eine Frau baut das Nest, und wenn sie dort unglücklich ist, leidet sie und ihre Kinder auch. Deine Mutter wollte eine große Familie. Schon lange bevor sie mich kennen lernte, hatte sie eine Vorstellung von diesem Haus, ihrer Küche und ihren Kindern. Sie wusste, was sie wollte, verstehst du. Jedes Mal wenn sie feststellte, dass sie ein Kind bekam, war sie glücklich. Sie wollte am liebsten zwölf! Ich sagte ihr, fünf seien genug. Mutter zu sein, war ein Teil ihres Wesens, genau wie bei dir, berufstätig zu sein. Du bist ein glückliches Mädchen, weil du eine glückliche Mutter hast, eine Mutter, die Mutter sein will. Und ich bin ein glücklicher Ehemann, weil sie eine gute Ehefrau ist. Verstehst du, was ich dir sagen will?«

»Ja, Papa.«

»Eines Tages wirst du einen Mann treffen, für den du bereit sein wirst, alles aufzugeben. Und wenn das geschieht, wirst du ihm ein Heim schaffen wollen. Und wenn dieser Mann kommt, wirst du es wissen. Es ist nicht Dante, sonst hättest du seinetwegen alles opfern wollen.«

»Ich weiß, Papa.«

»Und …«

»Und was?«

»Und seine Mutter, Claudia, ist eine *strega.*« Papa sagt das so leichthin, dass ich lachen muss.

»Du hast Recht, sie ist eine Hexe. Aber ich wäre schon zurechtgekommen mit ihr.«

»Das sagst du so, aber ich bezweifle das. Ich glaube, dass nicht einmal ein Löwenbändiger von den Ringling Brothers diese Frau zur Räson bringen könnte.«

»Ich weiß nur eines: Wenn ich je einen Mann finde, der mich genauso glücklich sehen will wie du, dann ist das ein Wunder«, antworte ich.

»Vielleicht bin ich gar nicht der beste Ratgeber. Weißt du, ein Künstler sollte beim Malen nicht zu nah an der Leinwand stehen, weil er sonst nicht richtig sehen kann, was er macht. Das Gleiche trifft auf einen Vater zu. Ich bin zu nah dran, um wirklich zu verstehen, wie du bist. Wenn's nach mir ginge, würde ich dich für immer zu Hause behalten. Aber ich weiß, dass das egoistisch ist. Du verdienst dein eigenes Leben, Lucia.«

Papa geht zur Tür und dreht sich noch einmal um. »Berufstätige Frauen«, sagt er kopfschüttelnd und geht hinaus.

Ich blicke auf meine Hand hinab, wo früher der Diamantring an meinem Finger steckte. Wie kahl sie ohne ihn aussieht! Dies sind die Hände einer Schneiderin, nicht die einer Ehefrau, denke ich. Vielleicht kommen noch Zeiten, in denen der Fluch das richtige Mädchen trifft.

Kapitel 3

Die Sonne scheint hell ins Atelier, und Ruth hat sauberen Musselin über das leuchtend pinkfarbene Kostüm gelegt, das sie gerade fertig macht. »Nichts ist schlimmer, als frisches Pink zu bestellen und am Schluss ein verblichenes Altrosa zu kriegen«, erklärt sie mir.

»Soll ich die Jalousien runterziehen?«

»Nein, nein, ich bin fast fertig. Wenn du einen Zufluchtsort brauchst, Delmarr hat seine Jalousien runtergezogen.«

Delmarr habe ich heute Morgen noch nicht gesehen, also klopfe ich an seine Bürotür. Er antwortet nicht, aber ich weiß, dass er da ist. Ich kann den Zigarettenrauch durch das Oberlicht riechen. Ich klopfe noch einmal.

»Lasst mich in Ruhe«, sagt er.

Ich öffne die Tür. »Geht's Ihnen gut?«

Delmarr sitzt zurückgelehnt auf seinem Stuhl, hat die Füße aufs Fensterbrett gelegt und starrt auf die Fifth Avenue hinaus. »Ich bin wieder mal geleimt worden.«

»Was ist passiert?«

»Ich hab Hilda das rote Kleid gebracht, sie hat sich mit den McGuire Sisters getroffen, die waren hin und weg von dem Fummel und haben drei in Rot und drei in Smaragdgrün bestellt.«

»Aber das sind doch tolle Neuigkeiten!«

»Für Hilda Cramer, denn auf dem Etikett steht dann ihr Name. Und was ist mit mir? Ich krieg so wenig Anerkennung für den Entwurf, dass ich genauso gut der Laufbursche sein könnte, der den Fetzen abgeliefert hat.«

»Eines Tages werden Sie Ihr eigenes Label haben.« Ich setze mich Delmarr gegenüber.

»Nicht wenn ich hier bleibe.«

Delmarr hat Recht. In diesem Geschäft kriegt der Designer, der die Arbeit macht, nie das Lob. Delmarr bekommt seine Anordnungen von Hilda Cramer und richtet sich nach ihren Wünschen.

Hilda Cramer sieht genauso aus, wie ich mir die Leiterin der Design-Abteilung eines führenden Kaufhauses vorstelle. Sie ist vermutlich an die sechzig und so groß und dünn wie ein Mannequin, was sie einmal auch war. Den Sprung zum Fotomodell hat sie nicht geschafft, weil sie dafür das Gesicht nicht hat. Hilda hat eine hohe Stirn, eine lange Nase und schmale Lippen. Das schwarze Haar trägt sie zu einem kurzen Pagenkopf geschnitten, der mit weißen Strähnen durchsetzt ist, und sie besitzt das nötige Selbstbewusstsein und die aristokratische Ausstrahlung, die sie zu einem guten Aushängeschild für die Maßabteilung machen. Sie bildet sich ein, eine Pauline Trigère, eine Hattie Carmichael oder eine Nettie Rosenstein zu sein, eine Designerin von raffinierter Eleganz und Fifth-Avenue-Schick, aber wir alle wissen, dass Hilda seit der großen Wirtschaftskrise keine Nadel mehr in die Hand genommen hat. Sie ist eine Galionsfigur, und obwohl keine Münze mit ihrem Abbild ein B.-Altman-Armband ziert, regiert sie wie eine Kaiserin. Und wir gehorchen. Wir kennen die Regeln: Wir sind im Modegeschäft, also geht's um den Namen auf dem Etikett, nicht um den Künstler, der das Kleid entworfen, oder das Team, das es genäht hat.

»Sie ist alt, Delmarr.«

»Nicht alt genug. Ich sehe noch zwanzig weiteren Jahren gut bezahlter Knechtschaft entgegen. Sie wird nie aufhören.«

»Hat Sie Ihnen wenigstens gedankt?«

»Sie wissen ja, wie ihre Augen hervorquellen, wenn sie sich freut. Nun, sie sind hervorgequollen. Dann hat sie mir das Kleid aus der Hand gerissen und gesagt: ›Ich bin spät dran.‹ Und fort war sie, und jemand aus dem Verkauf hat dann die Bestellung durchgegeben.«

Delmarr nimmt die Beine vom Fenstersims und schwingt in seinem Stuhl nach vorne. »Egal, wie sehr ich mich bemühe und einsetze, ich komme nicht an die Spitze. Es ist ein Rätsel. Wie kommt man mit Talent an die Spitze? Wie hat es Hilda geschafft?«

»Mit schierem Ehrgeiz.«

»Das reicht nicht. Sie hat es geschafft, denen, die hier das Sagen haben, einzureden, sie kenne sich aus. Wie macht man das?«

»Keine Ahnung.«

»Und deshalb hab ich den verlogenen Titel eines Chefdesigners gekriegt, obwohl ich in Wirklichkeit nichts anderes als Hildas Diener bin. Ein talentierter Diener, aber dennoch ein Domestik.«

»Ich finde, Sie sollten mir ihr reden.«

»Um was zu sagen? ›Aus dem Weg, du alte Schachtel!‹?«

»Nein, Sie sollten Hilda sagen, dass Sie Kontakt zu den Kunden haben wollen, um ihre Wünsche zu erfahren, da Sie schließlich die Änderungen vornehmen ...« Ich breche ab, weil Delmarrs Gesicht plötzlich so weiß geworden ist wie die Rolle Baumwoll-Pikee hinter seinem Schreibtisch.

»Wirklich, Miss Sartori?«, fragt Hilda Cramers tiefe Stimme hinter mir. »Jetzt weiß schon eine Nähkraft, wie ich meine Abteilung führen soll? Bitte!« Miss Cramer hält ein Paar rote, mit Perlen verzierte Schuhe in der Hand. Einen Moment lang bin ich geschockt, dass sie meinen Name weiß, und mir wird richtig schlecht. Ich sehe Delmarr an, der aufgestanden ist, aber die Augen geschlossen hat. »Raus, Sartori«, befiehlt Hilda. Dann wendet sie sich an Delmarr. »Ich möchte mit Ihnen sprechen.«

Ich laufe aus dem Büro zu meinem Arbeitstisch zurück. Ruth zieht mich hinter einen Umkleide-Paravent. »Ich hatte keine Zeit mehr, dich zu warnen, als ich sie kommen sah. Sie schleicht sich an wie eine Python! Was hat sie gesagt? Hast du ihr Kostüm gesehen? Es ist von Schiaparelli.«

Ich kann nicht fassen, dass Ruth in einem solchen Moment an Mode denken kann. »Sie wird Delmarr rauswerfen«, flüstere ich. »Und dann mich.«

»Nein, das wird sie nicht. Wer soll denn die ganze Arbeit machen? Weißt du, wie schwer es ist, talentierte Leute zu finden? Sie ist doch nicht blöd. Sie weiß ganz genau, dass wir, ehe sie sich versieht, unsere Nadelkissen nehmen und zu Bonwit rübergehen würden.«

»Sartori. Kaspian. Ich möchte mit Ihnen reden«, ruft Delmarr. Hilda Cramer schiebt sich an ihm vorbei und geht durch die Doppeltüren des Ateliers hinaus.

»Es tut mir so Leid«, sage ich zu Delmarr. »Hat sie gehört, was ich gesagt habe?«

»Nur den letzten Satz.«

»Ich bin gekündigt, nicht wahr?« Der Gedanke, meinen Job zu verlieren, ist wie ein Todesurteil für mich.

»Nein, alles in Ordnung. Aber um Himmels willen, wenn Sie das Parfüm ›Je Reviens‹ riechen, ist sie im Anzug, also hüten Sie Ihre Zunge.«

»Also, was hat sie gesagt?«, fragt Ruth.

»Nun, wir müssen die Kleider für die McGuire Sisters machen. Und dann … siebenundzwanzig Nonnentrachten für die Novizinnen vom Heiligen Herzen in der Bronx.«

»Nein!« Ruth lässt sich melodramatisch gegen die Wand sinken. »Sie will uns foltern.«

»Das stimmt. Schwarzes Kammgarn und weißes Leinen.«

»Sie hat mitgekriegt, was ich gesagt habe, und will uns bestrafen«, seufze ich gequält.

»Nein«, erwidert Delmarr eher gereizt als begütigend. »Sie wissen doch, diesen Grund hier hat Altman's von der Heiligen Römischen Kirche gepachtet, und das Mindeste, was wir tun können, ist, für das Habit der frommen Nonnen zu sorgen.«

»Aber letztes Jahr hat sie den Auftrag anderweitig vergeben.« Ich sehe Ruth an. »Es ist alles meine Schuld. Tut mir Leid.«

»Nein, es ist viel besser als das«, antwortet Delmarr. »Es ist *meine* Schuld. Die McGuire Sisters wissen Bescheid.«

»Sie wissen, dass Sie die Kleider entworfen haben?« Ich bin sprachlos. Kein Wunder, dass Hilda vor Wut außer sich war. »Wer hat's ihnen gesagt?«

»Ich war nach der Arbeit auf einen Cocktail im El Morocco und hatte die Skizze von dem Kleid in meiner Tasche. Ich saß an der Bar, und eine süße Puppe, die mit ein paar Freundinnen da war, fragte mich, womit ich meinen Lebensunterhalt verdiene, also hab ich ihr die Zeichnung gezeigt. Wie sich herausstellte, ist die Puppe die Friseuse von Phyllis McGuire. Sie hat Phyllis von mir erzählt, und als Hilda zum Beratungsgespräch hinging, sagte Phyllis: ›Ich möchte Delmarrs Kleid sehen.‹«

Ruth und ich sehen uns an und quietschen vor Freude. Was für ein Coup! Was für ein Glück, dass sich Phyllis McGuire an Delmarrs Namen erinnerte.

»Meine Damen! Bitte«, sagt Delmarr, obwohl auch er lächeln muss. »Deswegen will mich Hilda mit den Nonnentrachten daran erinnern, wo mein Platz ist.«

Ruth und ich gehen an unsere Tische zurück. Ich sehe sie an und weiß, dass sie dasselbe denkt wie ich: Hilda Cramer wird es nicht schaffen, Delmarr lange an seinem Platz zu halten, ganz egal, wie viele Nonnen in der Bronx ein neues Habit brauchen.

Die erste Lebensregel in einer großen Familie lautet, dass immer einer am Pranger steht. Doch die jeweiligen Schuldigen wechseln so häufig, dass niemand allzu lange in Schwierigkeiten steckt. Nachdem ich meine Verlobung gelöst hatte, redete Mama eine Weile nicht mit mir, kriegte sich schließlich aber doch wieder ein, und jetzt ist alles wieder beim Alten. Außerdem kommt mir zugute, dass die Damen in unserer Kirche ihre Söhne als potenzielle Verehrer anbieten, ganz so, als wären sie Pullover, und ich brauchte nichts zu tun, als das beste Kaschmir auszusuchen. Mama will unbedingt einen ehrenwerten Ehemann für mich finden, und als ich sie in der Küche weinen höre, habe ich Angst, sie vergießt meinetwegen Tränen.

»Mama, was ist denn los?«, frage ich und lege die Arme um sie.

Sie schlägt ein Ei in eine Schüssel mit Ricotta-Käse und gibt eine Prise Salz dazu. »Ich bin eine schreckliche Mutter.« Sie bedeutet mir, langsam das Mehl hinzuzugeben, während sie mit einer Gabel den Pasta-Teig rührt.

»Warum sagst du das? Das stimmt doch nicht.« Ich nehme Mama die Schüssel weg und gebe den Rest des Mehls in den Teig. Sie streut Mehl auf das Backbrett und wirft dann mit einem dumpfen Geräusch den Teig darauf.

»Doch, es stimmt. Dein Bruder Roberto heiratet.« Mama knetet den Teig und gibt eine Hand voll Mehl dazu, um ihn fester zu machen.

»Was?« Roberto hat bislang weder ein Mädchen zum Sonntagsessen mitgebracht noch erwähnt, dass er bei einer anderen Familie zum Sonntagsessen eingeladen sei. »Mama, bist du dir sicher?«

»Ja. Morgen. In Unserer Lieben Frau von Pompeji.« Ich zucke zusammen. »In der Sakristei.« Sie rollt den Teig aus, dann nimmt sie das Messer, um ihn in lange Streifen zu schneiden.

»Oh mein Gott! Wirklich?« Ich setze mich. Mama braucht mir nicht zu erklären, was das heißt. Sie müssen heiraten. In unserer Kirche kommt ein Mädchen nicht in den Genuss der großen Zeremonie, wenn sie es nicht verdient. »Wen denn?«

»Rosemary Lancelatti.« Mama schneidet die Teigstreifen in kleine Rechtecke.

»Wer ist das?«

»Die Mutter seines Kindes. Heute Morgen hat er's mir und deinem Vater gestanden. Er sagte, wir müssen uns damit abfinden und den Mund halten.« Mama beginnt, die Rechtecke zu kleinen Röhren zu drehen, und wirft die fertigen Cavatelli auf einen Haufen. Ich helfe ihr dabei. Wir haben viele Nachmittage auf diese Weise verbracht, wenn wir Makkaroni machten. Es hat etwas Beruhigendes, den Teig zu kneten, ihn auszurollen und zu formen. »Ich weiß nicht, Lucia, ich weiß einfach nicht.«

Eine Menge Dinge gehen mir gleichzeitig durch den Kopf. Was für eine hervorragende Art für den ältesten Sohn des Sartori-Clans, auf diese Weise seine Familie zu gründen. Was für ein schlechtes Beispiel für seine Brüder, obwohl sie schon längst keine kleinen Jungen mehr sind. Sie sind Männer, verhalten sich aber wie Teenager. Nicht einer von ihnen hat einen Hausstand gegründet. Wozu auch? Sie arbeiten im Geschäft, essen daheim, lassen ihre Wäsche von ihrer Schwester waschen, kommen und gehen, wie sie wollen, und bleiben abends lang aus, ohne zu fragen. Mama sorgt mit dem gleichen Eifer für sie wie damals, als sie Kinder waren: Sie kocht und putzt und sieht zu, dass jeder am Sonntag in die Messe geht. Doch die Söhne haben ihre Freiheit, ihre Flirts stehen nie zur Debatte, werden nicht einmal erwähnt. Manchmal kam ich zufällig vorbei, wenn sie über ihre Verabredungen tuschelten, aber sie schwiegen sofort, wenn sie mich sahen. Jetzt wünschte ich, Roberto hätte etwas gesagt. Vielleicht hätten wir die Sache vermeiden können. Es ist furchtbar. Es ist das Jahr 1950. Die Mädchen wissen heute besser Bescheid, zumindest die Mädchen, die ich kenne.

»Sie hat ihn reingelegt«, sagt meine Mutter, die meine Gedanken liest.

»Ach, Mama, vielleicht auch nicht. Vielleicht war es ein einmaliger …«

Meine Mutter knallt die Schüssel auf den Tisch. »Dein Bruder ist schwach. Wie oft hab ich ihm gesagt, er soll vorsichtig sein. Die Welt ist doch voll von Mädchen, die sich in ein gemachtes Nest setzen wollen.«

»Wir wollen ihr zugute halten, dass es auch anders sein könnte.«

»Warum? Wir wissen, was für eine Art Mädchen sie ist, Lucia.«

»Manchmal passieren eben unvorhergesehene Dinge.« Ich wünschte, ich könnte ihr die Welt außerhalb der Commerce Street 45 erklären, wo es inzwischen ganz neue Regeln und Sitten gibt, wo kultivierte Leute ihre eigenen Entscheidungen treffen, ohne vorher den Gemeindepriester zu fragen, aber das ist eine Diskussion, die ich mit Mama nie führen werde.

»Unvorhergesehen! Was meinst du damit? Dein Bruder sollte es besser wissen. So etwas zu tun, ohne verheiratet zu sein, ist eine Sünde! Ich hoffe, dass du …«

»Keine Sorge, Mama.«

Aber sie ist zu wütend, um zuzuhören. »Ich schäme mich so. Ich war so stolz auf Roberto! Der erste Sartori, der seinem Land gedient hat. Er war ein so schönes Vorbild, und

Orlando und Angelo folgten ihm in die Armee. Sogar Exodus hat sich gemeldet, als er alt genug war, weil er Roberto nacheifern wollte. Dein Bruder hat all das ruiniert, was wir aufgebaut haben.«

»Mama, wir sind nicht ruiniert. Roberto heiratet sie doch.«

Meine Mutter hört nicht zu, sondern lamentiert weiter. »Ich habe mich so bemüht, meinen Kindern Anstand und Moral beizubringen, Verantwortungsbewusstsein und ... auf der Hut zu sein. Gebt Acht, hab ich deinen Brüdern gesagt. Informiert euch über die Herkunft des Mädchens. Wie sind ihre Eltern? Wo kommen sie her? Seid vorsichtig, Sizilianer sind anders, hab ich gesagt. Und was tut er? Er nimmt eine Sizilianerin und macht ihr ein Kind!«

»Ich bin sicher, er wollte *uns* nichts Böses antun, Mama.« Ich mache mich nützlich und lege die Cavatelli auf ein Tablett mit Wachspapier.

»Es ist zu spät!«, ruft sie aus. »Die Geschichte hat schon in ganz Brooklyn die Runde gemacht. Alle wissen es. Schlechte Nachrichten lassen sich nicht geheim halten. Es ist genauso, als wollte man eine Leiche verstecken!«

»Mama, wir überstehen das schon.«

»Nein, nein, nie. Wie sollen wir unseren guten Ruf wiederherstellen, Lucia? Ich sag dir, das geht nicht. Der ist für immer ruiniert.« Mama zieht die Besteckschublade auf, nimmt alle Löffel heraus und ordnet sie nach Griffart wieder ein.

»Was hat Papa gesagt?«, frage ich.

»Er hat geweint.« Mama schüttelt den Kopf. »Roberto hat deinem Papa das Herz gebrochen. Er wird nie drüber hinwegkommen.«

»Ist sie wenigstens nett?«, frage ich und berichtige mich gleich. »Nett« ist das falsche Wort. »Ich meine, ist sie eine anständige Frau?«

»Wie kann sie denn bloß eine anständige Frau sein?«

»Ich weiß nicht. Vielleicht ist sie ein nettes Mädchen, das einen Fehler gemacht hat.«

»Unmöglich! Man denkt doch nach, bevor man so was tut!« Mama knallt die Besteckschublade zu und setzt sich an den Tisch.

»Werden sie hier wohnen?«, frage ich.

»Wo sonst?«

Das letzte Mal, als die Sartori-Familie mit einer in Tränen aufgelösten Mama zu Unserer Lieben Frau von Pompeji pilgerte, war nach dem Tod unserer Großmutter Angela Sartori. Am Tag von Robertos Hochzeit haben wir alle dieselbe grimmige Gangart wie an dem Tag, als wir Nonna beerdigten. Es ist drei Uhr nachmittags. Diese Art von Eheschließungen wird auf die am wenigsten attraktiven Tageszeiten gelegt. Mama hat bereits darauf hingewiesen, dass exakt zu dieser Stunde Jesus gekreuzigt worden sei.

Papa trägt seinen guten Anzug aus marineblauem Gabardine mit weißem Hemd und dunkelblauer Seidenkrawatte. Mama trägt ihr schwarzes Trauerkleid, ein schlichtes, ausgestelltes Futteralkleid mit Knöpfen am Rücken. Ich habe beschlossen, kein Leichentuch anzuziehen, sondern ein helles Brokatkostüm mit Blütenkragen. Das Muster des Brokats ist herbstlich, goldene Blätter in einem aufgestickten grünen Netz. Dazu trage ich einfache goldene Seidenpumps. In meiner Tasche habe ich eine kleine Orchidee für Mama, die sich geweigert hat, sie ans Kleid zu stecken.

Der Name unserer Kirche scheint sehr passend. Mama ist überzeugt, dass die Sartori-Familie dem Untergang geweiht und Robertos Schicksal schlimmer ist als das der Einwohner von Pompeji, die unter heißer Lava begraben wurden.

Ich liebe unsere Kirche an der Ecke von Carmine und Bleecker Street inmitten des traditionellen italienischen Viertels, mit dem hohen Kreuz auf der Kuppel, den weißen, golden geäderten Marmorwänden im Innern, den hohen Decken und den Heiligenstatuen, die im flackernden Licht der Bittkerzen glänzen. Vater Abruzzi hatte Mitleid mit Papa und bot an, das Beste zu tun, was er unter diesen Umständen tun konnte. Mir ist aufgefallen, dass Geistliche nach einem moralischen Fehltritt sehr wohl Trost spenden können; nur *vor* dem Sündenfall sind sie selbstgerecht.

Ich blicke mich im hinteren Teil der Kirche nach Roberto um, aber von ihm ist nichts zu sehen. Mama, Papa, Angelo, Orlando, Exodus und ich stehen bedrückt neben dem Weihwasserkessel zusammen und warten. Mama sieht zu Boden und wünscht, sie hätte sich alles nur eingebildet und wenn sie wieder aufblickte, wären wir daheim, spielten Platten und äßen Krapfen mit Puderzucker, wie wir es jeden Freitagabend tun.

Knarrend öffnen sich die Haupttüren, Roberto kommt in einem braunen Anzug herein und hält die Tür für seine neue Familie auf. Die Braut ist ein zierliches Persönchen von neunzehn Jahren mit einem hohen, kohlrabenschwarzen Haarknoten und weichen Gesichtszügen. Sie ist hübsch, wenn auch ohne Selbstvertrauen, denn sie beißt sich auf die Lippen und blickt verlegen zu Boden. Sie trägt ein blassgelbes Kostüm (keine Ahnung, wo sie das um diese Jahreszeit gefunden hat) und schwarze Kunstleder-Pumps. Über den Augen trägt sie einen Schleier, der an einem schmalen Haarband befestigt ist. Ihre Mutter und ihr Vater, beide klein und schmal, stehen hinter ihr und wirken gekränkt. Hinter ihnen versteckt sich eine Schar kleiner Kinder. Offensichtlich ist Rosemary die Älteste, genau wie Roberto. Das Jüngste, ein Mädchen, scheint acht oder neun zu sein.

»Pop, das sind Mrs und Mr Lancelatti. Und das ist Rosemary«, sagt Roberto.

»Freut mich, Sie kennen zu lernen«, sagt Rosemary zu laut. Man merkt, dass sie Angst hat.

»Hallo«, murmelt meine Mutter. Mein Vater bringt nur ein Nicken zustande.

Vater Abruzzi kommt mit einem Gebetbuch den Mittelgang herunter und bittet uns durch eine Tür hinter dem Altar in die Sakristei. Wir folgen ihm, und ich bin sicher, dass jeder, der vor dem Altar eine Kniebeuge macht, den gleichen Gedanken hat: nicht würdig genug für den Hauptaltar. Obwohl Vater Abruzzi sich bemüht, freundlich zu sein, merkt man ihm an, dass ihm die Situation ebenfalls nicht behagt. Er mag Regeln und Ordnung in seiner Gemeinde und glaubt an die Notwendigkeit, sechs Wochen lang vor der Hochzeit jeden Sonntag das Aufgebot zu verkünden, eine weitere Regel, die wir in diesem Fall missachtet haben.

Der Priester trägt seine schwarze Soutane ohne den schönen weiß-goldenen Hochzeitstalar darüber (wir werden wirklich bestraft!). Während er das Eingangsgebet spricht, ergreife ich Mamas Hand. Es ist einer der Momente, in denen nur eine Tochter ihre Mutter trösten kann – Söhne verstehen nichts von Pietät und Tugend, weil sie nur von irdischen Leidenschaften getrieben werden. Umso hilfreicher fühle ich mich, als mir Mama in einer Situation, die für sie hoffnungslos ist, die Hand drückt.

Mr und Mrs Lancelatti scharen ihre jüngeren Kinder um sich. Ich bin sicher, dass sie ihnen die näheren Einzelheiten nicht so bald erklären werden. Angelo schüttelt missbilligend den Kopf. Orlando versucht sein übliches Kirchenkichern zu unterdrücken, ein Problem, das er seit frühester Jugend an heiligen Stätten hat. Und Exodus legt mit einer Geste den Arm um Papa, die besagt: »Mach dir keine Sorgen,

Pop, dergleichen ist zum letzten Mal passiert.« Wir wollen es hoffen.

Der arme Papa. Mit mir kann er nicht darüber sprechen, weil es um Sexualität geht, ein Thema, das er vor seiner Tochter nie anschneiden würde. Ich weiß, dass er untröstlich ist, vielleicht noch mehr als meine Mutter, die trotz ihrer moralischen Empörung die Geburt eines Kindes als das größte Wunder begreift. Rosemary wird sie bei der Hausarbeit entlasten, weshalb die Sache für Mama auch einen positiven Aspekt hat. Aber für Papa ist es ein persönliches Versagen, eine Verletzung seiner Grundsätze. Wie oft hat er seine Söhne ermahnt, die Frauen zu achten und sich ein Vorbild an ihm zu nehmen? Wie oft hat er sie bestraft, um anständige Männer aus ihnen zu machen? Und was für ein schreckliches Ende hat Roberto genommen? Eine Hochzeit sollte der Anfang eines neuen Lebens und einer neuen Liebe sein, was ich hier allerdings nicht sehen kann. Rosemary ist zu jung, um zu begreifen, worauf sie sich einlässt, und Roberto mit seinem ungezügelten Temperament und seiner Unreife wird einen denkbar schlechten Ehemann abgeben.

Ich wische mir mit meinem Handschuh eine Träne fort, und es fällt mir eine Anzeige aus unserer Kaufhauszeitung ein: »Je später der Abend, desto länger die Handschuhe.« Mir wurde immer beigebracht, dass Handschuhe der Ausweis einer echten Dame sind, und die Braut trägt keine. Sie hält ihr bescheidenes Bouquet aus gelben Rosen umklammert wie ein rettendes Seil, das über einem Abgrund schwebt. Sie hat keine Ahnung, was ihr bevorsteht. Ich habe fünfundzwanzig Jahre mit Roberto zusammengelebt. Er ist nicht einfach, und eine Frau mit einem launischen Ehemann hat es nie leicht. Ich spüre, dass mich jemand anstarrt, und drehe mich zu Rosemarys Mutter um. Auch ihre Augen sind feucht, aber sie bringt den Anflug eines Lächelns für mich zustande.

Vielleicht gibt es Mama ein wenig Trost, wenn sie weiß, dass sie nicht die einzige enttäuschte Mutter in der Sakristei ist.

Nach der Feier führt uns Papa zum Essen ins Marinella aus, ein gemütliches Restaurant auf der Carmine Street, das einem Freund von ihm gehört. Ich versuche, mit den Lancelattis Konversation zu machen. Sie sind auf Rosemary genauso wütend wie meine Eltern auf Roberto. Rosemary unterhält sich mit Roberto, aber ich sehe, dass er ihr nicht wirklich zuhört, sondern ständig zu Papa hinübersieht. Noch immer bemüht er sich um Papas Anerkennung, weiß aber, dass es lange dauern wird, bis er sie wiedergewinnen wird.

Nach dem Essen ziehe ich das Kostüm aus und streife Pullover, Rock und flache Schuhe über. Mama und Papa sind immer noch zu verärgert, um Rosemary das Haus zu zeigen. Ich war sicher, dass sie beim Essen auftauen würden, aber stattdessen machte es alles nur noch schlimmer, denn es erinnerte Mama daran, dass ihr ältester Sohn keine richtige Feier in einem großen Saal mit Musik hatte. Ich hoffe, dass Roberto seiner Frau das Gefühl vermitteln wird, bei uns zu Hause zu sein. Als ich die Treppe in die Diele hinuntergehe, sehe ich einen Stapel Gepäck, das ihr gehören muss.

»Rosemary?«, rufe ich.

»Ich bin hier«, antwortet sie aus dem Wohnzimmer, wo sie allein auf der Sofakante sitzt. Noch immer trägt sie ihr Hochzeitskostüm und den Schleier, der ihr hinten vom Kopf gerutscht ist.

»Möchtest du dich nicht umziehen?«, frage ich sie.

»Das würde ich gern, aber ich weiß nicht, wo.«

»Wo ist Roberto?«

»Sie haben eine Lieferung für den Laden bekommen.«

»Ah«, antworte ich lächelnd, kann aber nicht verstehen, dass mein Bruder seine Braut so kurz nach der Hochzeit allein lässt. »Sind das deine Sachen in der Diele?«, frage ich sie. Sie nickt. »Na komm, wir bringen sie in dein Zimmer.« Ich führe Rosemary durchs Esszimmer und zeige ihr die Küche und den Garten, der ihr sehr gefällt. »Das Wohnzimmer kennst du ja schon. Jetzt komm mit.« Ich nehme einen Koffer und einen Karton und gehe die Treppe hinauf. Rosemary will ebenfalls einen Koffer nehmen, aber ich halte sie zurück. »Nein! Nichts heben!«

Rosemary lächelt mich an. »Danke.«

»Ich kümmere mich darum. Oder Roberto, wenn er heimkommt.«

Vom Treppenabsatz sehe ich auf sie hinab. Sie wirkt noch winziger als in der Kirche. »Ich weiß, dass es schwer für dich ist«, sage ich freundlich. »Aber es wird alles gut.« Rosemary erwidert nichts und schließt die Augen, um nicht zu weinen. »Also weiter mit der Besichtigung!«, sage ich fröhlich.

»Kann ich Fazool mitnehmen?«

»Was ist Fazool?«

»Mein Wellensittich.« Sie nimmt ein Tuch von einem kleinen Vogelkäfig, und ein gelb- und türkisfarbener Sittich fängt zu zwitschern an, als er sie sieht.

»Das ist Fazool?«

»Sag hallo zu Lucia«, befiehlt Rosemary dem Vogel.

»Hübsches Mädchen! Hübsches Mädchen!«, krächzt der Vogel.

»Nun, damit wär die Sache geritzt, Fazool, du kannst bleiben«, sage ich zu dem Sittich, der auf sein Trapez hüpft.

Rosemary lacht, als sie mir ins nächste Stockwerk folgt. Ich zeige ihr die Tür zum Schlafzimmer meiner Eltern, die geschlossen ist. Dann drücke ich mit dem Ellbogen eine andere Tür auf. »Hier ist es.« Rosemary tritt ein, geht sofort zum Fenster und sieht auf die Commerce Street hinaus. Dann dreht sie sich um, inspiziert das Zimmer und ist offensichtlich zufrieden. Es ist geräumig, mit zwei schön bezogenen Betten darin, einem großen Spiegel und einem alten Schaukelstuhl. Mama hat den Schrank für Rosemary leer geräumt. »Roberto und Angelo haben sich bisher das Zimmer geteilt, aber Angelo haben wir zu Orlando nach oben verfrachtet. Exodus hat das Zimmer direkt darüber.«

»Wo ist dein Zimmer?«

»Mein Zimmer ist ganz oben. Auf dem Dachboden.«

»Du musst so weit raufsteigen«, sagt Rosemary und setzt sich auf die Bettkante.

»Mir macht das nichts aus. Da ist dein Badezimmer. Zum Glück habt ihr ein eigenes.« Ich zeige Rosemary das Badezimmer. »Es ist klein, aber praktisch.« Mama hat einen Stapel frische weiße Handtücher auf das Waschbecken gelegt. »Papa will das Erdgeschoss für euch ausbauen, dann kriegst du einen Zugang zum Garten. Es ist alles so schnell passiert, dass keine Zeit war, um ...« Ich höre, was ich sage, und breche ab. »Nun, sie werden bald damit anfangen, da bin ich mir sicher.«

»Danke.«

»Ich hoffe, du hast es bequem hier.«

Rosemary beginnt zu weinen. »Das hoffe ich auch.«

Meine Schwägerin tut mir so Leid, dass ich sie in die Arme nehme. »Wein doch nicht. Es war ein langer Tag, und du hast dich tapfer gehalten.«

Rosemary bedankt sich erneut.

»Ich weiß, dass es weit raufzusteigen ist, aber du kannst immer zu mir kommen, wenn du irgendwas brauchst.«

»Das werd ich.«

»Ich lass dich jetzt allein, damit du auspacken und dich einrichten kannst. Am Freitagabend machen wir immer Schmalzgebäck. Das ist ein großer Spaß. Ich komm und hol dich, falls Roberto bis spät arbeitet.«

»Gern.« Rosemary schnäuzt sich.

Ich schließe die Tür. Fazool sagt: »Hübsches Mädchen.« Ich will die Treppe hinaufgehen, klopfe aber stattdessen an der Schlafzimmertür meiner Eltern und trete ein, ohne eine Antwort abzuwarten. Mama liegt auf dem Bett und hält die Hand vor die Augen.

»Mama?«, frage ich flüsternd.

»Ich bin wach«, antwortet sie, ohne sich zu rühren.

»Ich hab Rosemary eingeladen, später Zeppoles mit uns zu machen.« Mama reagiert nicht. »Mama?«

»Ich hoffe, du erlebst nie einen Tag wie diesen. Vater Abruzzis Gesicht sehen zu müssen. Ich wäre am liebsten gestorben«, jammert sie.

»Vater Abruzzi ist kein Experte, was Ehen anbelangt, und er hat keine Familie.«

Mama setzt sich auf. »Sag nie etwas gegen einen Priester.«

»Ich sag ja nichts gegen ihn. Aber er versteht nicht, was du durchmachst. Er hat nicht vier wilde Jungs und eine Tochter großgezogen. Er hat keine Ahnung von deinem Leben. Und im Übrigen ist es nicht sehr christlich, unsere ganze Familie wegen des Ausrutschers eines Angehörigen zu verdammen. Was für ein Unsinn ist das denn?«

Mama wendet sich von mir ab. Einen Streit über die Kirche kann ich nie gewinnen, aber eigentlich will ich meine Mutter auch nur aufmuntern. Ich weiß, dass das viel Zeit in Anspruch nehmen wird. Aber jetzt habe ich eine Menge zu tun und deshalb schicke ich mich zum Gehen an.

»Lucia? Du hast Recht. Aber sag deinem Vater nicht, dass ich so denke.«

Bei B. Altman's ist freitags immer Delmarrs »Planungstag«; dann teilt er die Aufträge zu und gibt uns einen Überblick über die neuesten Trends. Wir berichten ihm, wie weit wir vorangekommen sind, und er überträgt uns dementsprechend die verschiedenen Aufgaben. Wenn wir mit unserer Arbeit fertig sind – Säumen, Ändern, Anproben und Zuschneiden –, lädt er uns zu »Feldstudien« ein, damit wir Stoffe oder Kurzwaren einkaufen. Ruth und ich lieben diese Ausflüge, weil er uns danach immer an einen schicken Ort wie etwa das Pierre Hotel ausführt, um dort Cocktails zu trinken.

Freitag ist auch der Tag, an dem wir zweimal im Monat von Maxine Neal aus der Buchhaltung unsere Schecks überreicht bekommen. Als sie in den Arbeitsraum kommt und mir meinen Umschlag gibt, sagt sie mit breitem Grinsen: »Gratulation zu Ihrer Gehaltserhöhung. Sie haben Glück. Sie haben einen guten Boss im Rücken.«

Maxines Lippenstift hat die neue korallenrote Farbe, die die Mädchen unten im Erdgeschoss vorführen. Sie ist eine Farbige; heute trägt sie einen konservativen marineblauen Wollrock und eine weiße Bluse, und ihre Nägel sind wie immer manikürt. Wie schwierig es für Ruth und mich auch gewesen sein mochte, in unserer Abteilung voranzukommen, Maxine hatte es noch viel schwerer. Sie besitzt ein Diplom in Betriebswirtschaft vom City College, konnte aber in keiner Firma der Stadt einen Job finden. Ihr Onkel leitet die Frachtabteilung bei B. Altman's und empfahl sie unserer Buchhaltung. Sie ist überqualifiziert, aber ich weiß, dass sie sich beweisen und vorwärts kommen wird.

»Warum kommen Sie nicht runter und arbeiten bei uns? Wo Sie schnell ans große Geld kommen!«, schlage ich ihr vor.

»Wenn's um Nähen geht, hab ich zwei linke Hände, außerdem bin ich farbenblind. Wollen Sie mich jetzt immer noch?« Sie geht zu Delmarr hinüber und legt seinen Scheck vor ihn auf den Arbeitstisch.

»Nicht zum Nähen. Niemals. Aber Sie können Dollars zählen«, erwidert Delmarr und gießt sich die dritte Tasse

Kaffee an diesem Morgen ein. »Und wenn ich mich von hier verabschiede, kommen Sie mit, Max. Ich werde jemanden brauchen, der sich mit Geschäftsdingen auskennt, wenn ich meinen eigenen Laden aufziehe.«

»Ich bin dabei!«, antwortet Maxine.

»Freut mich zu hören, dass ich nicht die einzige berufstätige Frau bin, die *gern* arbeitet«, sage ich zu ihr.

»Oh, es ist keine Frage des Mögens«, erwidert Maxine. »Ich *muss* arbeiten. Wenn Sie um sechs Uhr morgens die vielen braunen Gesichter im Zug Richtung Innenstadt sehen, sind das keine Karrierefrauen mit einem Traum im Kopf.« Sie geht durch die Schwingtüren hinaus, um die übrigen Gehaltsschecks zu verteilen.

Ruth, Violet, Helen und ich essen zum Lunch meist unsere mitgebrachten Sachen. Wenn das Wetter gut ist, spazieren wir zu den Kolonnaden der New York Public Library Ecke Zweiundvierzigste Straße und Fifth Avenue hinauf, oder hinunter zum Madison Square Park an der Dreiundvierzigsten Straße. Heute jedoch, wie an jedem Zahltag, treffen wir uns im Charleston Garden im sechsten Stock von B. Altman's zum verbilligten Angestellten-Essen mit Gratiskuchen und -kaffee. Das Restaurant hat ein Südstaatenflair mit Wandmalereien, auf denen die weiten Hügel Georgias voller blühender Magnolienbäume zu sehen sind.

Wir vier sind praktisch ein Club und nennen uns die Flappers, weil wir alle Jahrgang 1925 sind. Wir kennen uns, seit wir vor sieben Jahren in Katherine Gibbs Sekretärinnenschule gingen, den ersten Anlaufpunkt für alle New Yorker Mädchen, die nach der Highschool ihr kaufmännisches Diplom machen und etwas Sinnvolles in ihrem Lebenslauf vorweisen wollen. Ich wusste zuvor, dass ich bei meiner Großmutter das Nähhandwerk perfekt lernen würde, aber vom Kaufmännischen hatte ich nicht die geringste Ahnung. Mit ein paar Semestern Tippen, Buchhaltung und Stenografie war ich geradezu prädestiniert für B. Altman's, weil sie gern vielseitig ausgebildete Mädchen einstellten. Ich wurde als Erste angestellt, dann legte ich ein gutes Wort für Ruth ein. Ruth empfahl Helen, und Helen Violet.

»Wie schlimm war's denn?«, fragt Helen, begierig alle Einzelheiten von Robertos und Rosemarys überstürzter Hochzeit zu erfahren.

»Schrecklich. Meine arme Mutter. Sie tut immer noch so, als wäre sie mitten im Blitzkrieg.«

»Stell dir vor! Und Mrs Sartori ist doch so stolz auf ihre Familie.« Ruth schüttelt den Kopf.

»Nicht mehr«, erkläre ich ihr. »Aber ich wünschte, meine Eltern könnten ihre Gefühle zurückstellen und nett zu dem Mädchen sein. Solche Dinge passieren eben.« Ich spieße ein Stück Salat auf.

»Ich würde mich umbringen, wenn ich je aus diesem Grund heiraten müsste«, sagt Violet ernst. »Ich bin katholisch, und das einzige Mädchen in unserer Familie, das heiraten *musste,* war meine dritte Cousine Bernadette. Sie musste im Keller wohnen, bis das Baby geboren war, und erst dann durfte sie in den Hof. Aber nur zu bestimmten Zeiten.«

»Wie grässlich.« Ruth löffelt ihre Pastetenfüllung auf den Teller neben die Kruste. Die Kruste, auf die sie verzichtet, bis sie die letzte Anprobe ihres Hochzeitskleids hinter sich hat, sieht wie ein leerer beigefarbener Schuh aus. »Sie hätte mit mir reden sollen. Man braucht heute nicht mehr ungewollt schwanger zu werden. Sie muss bloß einen Arzt aufsuchen und einen Zeitplan aufstellen.«

»Meine Mutter würde mich erschießen«, entgegnet Violet. »Sind deine Eltern nicht furchtbar gekränkt?«, fragt sie mich.

»Sicher. Aber was sollen wir machen? Das Baby kommt. Mutter Natur lässt sich nicht aufhalten.«

»Magst du sie?«, fragt mich Violet.

»Sie ist sehr jung.«

»Das sind sie immer«, sagt Helen und zieht an ihrer Zigarette. »Ihr Sartoris habt in letzter Zeit zwei schlimme Schläge hinnehmen müssen. Zuerst sagst du die Hochzeit mit dem besten Bäcker im Village ab, und dann bringt der älteste Sohn eine schwangere Braut nach Hause. Was kommt als Nächstes?«

»Wenn du meine Mutter fragst, wird sie ›die Heuschreckenplage‹ sagen. Sie glaubt, sie habe als Mutter versagt. Keiner von uns tut, was sie will. Ich fühle mich schuldig, weil ich mit der Auflösung meiner Verlobung die Lawine losgetreten habe.«

»Glaub mir«, sagt Ruth, »die Auflösung deiner Verlobung ist nicht der Grund für Rosemarys Schwangerschaft. Stimmt's, Violet?« Violet wird rot.

»Deine Mutter hält Dante für die beste Partie, die du machen könntest«, sagt Helen. »Er ist Bäcker, also müsstest du nie hungern. Er arbeitet in einem Familienunternehmen, genau wie deine Brüder, also wäre allein das schon eine Gemeinsamkeit. Zudem ist er Italiener. Wenn wir jemanden für dich erfinden müssten, könnten wir's kaum besser treffen. Soll ich weitermachen?« Helen liebt es, Listen aufzustellen, und sie behält gern Recht. Während dieses Lunchs hat sie für beides reichlich Gelegenheit.

»Dante ist ein Fang südlich der Vierzehnten Straße, aber Lucia hat größere Fische am Haken«, wirft Ruth zu meiner Verteidigung ein.

»Es ist komplizierter als das ...«, beginne ich, breche dann aber ab. Der gesunde Menschenverstand würde mir gebieten, Dante zu heiraten, weil er mich auf Händen tragen würde.

Aber das ist nicht, wonach ich suche. Vielleicht möchte ich eine Edith Head werden und Filmkostüme entwerfen oder eine Claire McCardell, die Sportkleidung für die Massen kreiert. Aber meine Freundinnen haben das alles schon gehört, und was berufliche Träume anbelangt, sind sie genauso kleinkariert wie meine Mutter.

»Und ich kann nicht begreifen, dass du den Ring zurückgegeben hast«, seufzt Violet. »Es war der reinste und schönste Stein, den ich je gesehen hab. Nicht der geringste Einschluss darin, nur klares, strahlend weißes Eis.«

»Der Diamant interessiert mich nicht«, erwidere ich und sehe auf meine Hand hinab, die jetzt geradezu kindlich wirkt mit dem Granatring anstelle des Diamanten.

»Das sollte er aber«, sagt Ruth nachdrücklich. »Wenn dir ein Mann einen Diamanten kauft, investiert er in dich. Es hat doch keinen Sinn, dass Männer so viel Geld haben, wenn sie gar nicht wissen, was sie damit anfangen sollen. Sie wissen nicht, was gut ist. Das können sie nur rausfinden, wenn eine Frau es ihnen sagt. Sie haben keine Ahnung, wie man sich das Leben schön macht. Sie richten keine Wohnungen ein, kochen nicht und zeigen keinerlei Kreativität, was ihre Kleidung anbelangt. Na schön, sie mögen ihre Autos. Wofür können sie sonst noch Geld ausgeben? Also was gibt's für den Durchschnittsmann Besseres als eine Frau, die Schmuck liebt?«

»Wenn man sich die Männer doch bloß bestellen könnte. Es ist so schwer, einen anständigen Typen zu finden.« Violet stopft ihr Taschentuch in die Manschette ihrer anthrazitfarbenen Kostümjacke. Dann glättet sie ihre widerspenstigen Augenbrauen. »Wenn ich einen guten Mann treffen und wir uns verlieben würden, selbst wenn er einen Schaden, sagen wir einen Klumpfuß hätte, würde ich bei ihm bleiben. Ich würde die guten Seiten an ihm entdecken und mich daran halten. Über die negativen würde ich hinwegsehen. Meine Mutter glaubt natürlich, dass alle wirklich netten Jungs im Dienst fürs Vaterland gefallen sind.«

»Na, jetzt fühl ich mich ja schon viel besser«, sage ich und gebe Zucker in meinen Eistee.

»Ich möchte dir ja nicht zu nahe treten, Lucia. Aber du hast einen großen Fehler gemacht«, sagt Violet ernst. »An Dante DeMartino gibt's nichts auszusetzen. Ich glaube, dass du noch bereuen wirst, was du getan hast.«

»Ach bitte, Violet. Das werde ich nicht. Ich hatte das Gefühl, als würden mir unsichtbare Hände die Kehle zudrücken, als wir über die Hochzeit sprachen.«

»Das waren keine unsichtbaren Hände, sondern die seiner Mutter.« Helen trinkt einen Schluck Kaffee. »Jeder fühlt sich erst mal ein bisschen eingeengt, wenn er sich verlobt. Mir jedenfalls ist es so gegangen. Man gibt eine Menge auf. Gott sei Dank arbeite ich noch. Wie oft kann man die vier winzigen Zimmer in meiner Wohnung schon putzen? Dazu brauch ich am Sonntagmorgen nicht mehr als 'ne halbe Stunde. Ich brauch meinen Job.«

»Besonders romantisch bist du ja nicht«, sagt Violet zu ihr.

»Okay, okay, es hört sich alles nach Plackerei und Langeweile an, aber so ist es nicht«, erwidert Helen. »Unsere Ehe ist perfekt. Bill ist ein wundervoller Ehemann. Aber kurz vor der Hochzeit kriegte ich ziemliches Muffensausen. Ich dachte, jetzt muss ich tatsächlich mit diesem Mann leben, und das hat mir ein bisschen Angst gemacht. Ich bin gern allein. Mir hat's gefallen, mitten in der Nacht aufzuwachen und zu lesen, und ich dachte, dass es damit wohl vorbei wäre. Ich listete alle Nachteile einer Ehe auf, und siehe da, es gab mehr Nachteile als vermeintliche Vorteile. Aber dann hab ich geheiratet, und meine Sorgen waren wie weggeblasen. Ich hab's gern, dass er da ist, wenn ich von der Arbeit heimkomme. Es stört mich nicht, wenn ich gerade was tue und er kommt herein. Ich teile gern mein Bett mit ihm. Entschuldige, Violet, das klingt vielleicht ungehörig. Aber es stimmt. Er hält mich die ganze Nacht fest wie ein Kuscheltier. Ich fühl mich sicher. Ich mag das.«

»Ja, aber du magst die Sonntagabende nicht, weil du weißt, dass du am Montagmorgen wieder zur Arbeit musst, oder?« Niemand antwortet mir.

Nach einer Weile sagt Violet: »Ich arbeite gern hier. Der Job, den ich in der Teppichfirma hatte, bevor Helen mich hier reingebracht hat, war schrecklich. Vor allem war ich nicht *ich,* als ich dort arbeitete. Ich war Ann Brewster, denn als das Mädchen vor mir geheiratet hat, waren alle Kunden, die sie betreut hatte, sauer und sind anderswo hingegangen, nachdem sie fort war. Und weil der Boss keine Kunden mehr verlieren wollte, wenn ein Mädchen heiratete, beschloss er, einen Namen oder besser gesagt eine Figur zu erfinden, die die Teppiche verkaufte. Wenn ich gestorben wäre oder geheiratet hätte, hätte Mr Zaran eine neue Ann Brewster eingestellt. Was für eine üble Masche! Ich betete jeden Tag, ich würde einen Mann kennen lernen, mich verlieben und heiraten, um in Mr Zarans Büro gehen und sagen zu können: ›Suchen Sie sich eine neue Ann Brewster!‹ Mein Wunsch ist mehr oder weniger in Erfüllung gegangen, als Helen mich bat, hier Schnitte zu machen. Also liegt's vielleicht nicht daran, dass ich meinen Job so sehr liebe, aber ich liebe ihn einfach wesentlich mehr als meinen letzten«, sagt Violet seufzend.

»Einen Freund zu haben, lässt sich doch nicht mit arbeiten vergleichen«, beharre ich. »Als meine zukünftigen Schwiegereltern zum Essen kamen und mich unter die Lupe nahmen, bin ich sicher, dass Dantes Mutter sich fragte, ob ich gut bügeln kann, und sein Vater fragte sich, ob ich's schaffe, am Sonntag die Kasse in der Bäckerei zu bedienen. Man konnte förmlich sehen, wie sich das Räderwerk in ihren Köpfen bewegte. Da sagte eine leise Stimme in meinem Innern: ›Tu's nicht. Egal, wie sehr er Don Ameche ähnelt. Tu's nicht! Das ist kein Leben für dich!‹«

Violet sieht mich ernst an. »Wenn diese leise Stimme ehrlich gewesen wäre, hätte sie gesagt: ›Lucia Sartori, du bist fünfundzwanzig und solltest heiraten, weil keine Männer mehr übrig sein werden, wenn du zur Vernunft kommst und einen Ehemann brauchst.‹«

»Hör auf, Violet, du bist eine solche Schwarzseherin.« Ruth klopft mir auf den Rücken, als wäre ich ein Ausstellungsstück. »Sieh dir Lucia doch an. Sie hat sicher keine Schwierigkeiten, einen netten Mann zu finden.«

»Egal, was du tust, sprich nicht mit fremden Männern auf der Straße«, ermahnt mich Violet. »Meine Schwester Betty hat einmal mit einem Fremden auf der Straße gesprochen, und er hat sie um eine Ecke geführt, sie niedergeschlagen und ihren Geldbeutel gestohlen.«

Wann immer wir ein paar freie Minuten nach dem Lunch haben, verbringe ich sie mit Ruth in der Einrichtungsabteilung und stelle mir vor, wie es wäre, wenn wir in dem antiken Mobiliar mit all den Kunstgegenständen leben würden. Ruth bleibt bei einem Louis-XVI.-Esstisch stehen, der mit beigefarbenem Leinen und blassgelbem Porzellan gedeckt ist, dessen Ränder mit einem Muster aus kleinen Drosseln geschmückt sind. »Dieses Porzellan ist einfach umwerfend elegant!«, sagt Ruh aufgeregt.

»Glaubst du, dass der Wein aus Kristallkelchen besser schmeckt?« Ich nehme ein Glas und halte es ins Licht des Deckenlüsters. »Bei acht Dollar das Stück wahrscheinlich schon«, beantworte ich meine eigene Frage. »Ich liebe schöne Dinge.« Warum muss ich heiraten, um sie zu kriegen?

»Sieh her, das möchte ich.« Ruth zieht mich zu der Vitrine hinüber und zeigt auf die Gedecke. »Englisches Spode-Porzellan mit Butterblumenmuster. Royal Crest Sterling-Silber mit Wildblumenmuster …«

»Reines Silber. Sieh dir diese Verzierung an.«

»Ma sagt, es sei eine Plage zum Putzen, aber das macht nichts. Übrigens ist es mit echtem vierundzwanzigkarätigem Gold überzogen.«

»Für jemanden, der nicht gerade die größte Lust hat, Mrs Goldfarb zu werden, bist zu ziemlich auffällig an Geschirr interessiert.«

»Ich versuch eben, nur die Sonnenseite zu sehen.« Ruth geht hinüber, um sich in der Ecke die Leinentischtücher und Servietten anzusehen, die auf einer Etagere drapiert sind. Ich bleibe vor einem deckenhohen Spiegel stehen. Der Rahmen ist oben mit einem vergoldeten Blumenkorb verziert, mit Bändern daran, die sich seitlich um das Spiegelglas ranken. Er gehört in das Foyer eines Stadthauses an der Park Avenue mit schwarz und weiß karierten Marmorböden. Einen Moment lang sehe ich mich in der Tür eines solches Hauses stehen und meine Dinner-Gäste begrüßen.

»Gibt's Sie zu dem Spiegel dazu?«, fragt eine männliche Stimme mit genau dem richtigen Anflug von Humor.

»Nein, mich gibt's zum Porzellan. Ich bin die beste Tellerwäscherin in Greenwich Village.«

Der Mann lacht herzlich, daher drehe ich mich um, um ihn anzusehen. »Oh … hallo …« Wenn ich gegangen wäre, wäre ich gestolpert, aber da ich spreche, stottere ich so lange, bis ich gar nichts mehr herausbekomme.

»Hallo«, sagt er und sieht mich an, als wisse er, was in meinem Kopf vorgeht. »Sie kommen mir bekannt vor. Arbeiten Sie hier?«

Ich suche nach einer geistreichen Replik, bin aber zu beschäftigt, ihn zu taxieren. Ruth tritt hinter mich und antwortet an meiner Stelle: »In einer anderen Etage.«

Die Knie werden mir weich. Ich kann den Blick nicht von ihm wenden. Er muss gut einsfünfundachtzig sein, ist schlank, mit breiten Schultern und großen Händen. Seine Hände fallen mir sofort auf, weil seine Manschetten in genau der richtigen Länge über das Handgelenk fallen. Der Anzug, ein grauer Tweed, hat einen europäischen Schnitt, weshalb er faltenlos fällt, und seine Hose endet exakt in der Mitte seiner glänzenden ochsenblutfarbenen Schnürschuhe. Ich kenne diese Schuhe, sie sind aus feinem italienischem Leder. Im Erdgeschoss hab ich sie ausgestellt gesehen. Sein Hemd ist weiß und gestärkt, mit einem breiten Kragen, der am obersten Knopf von einem goldenen Haken und einer Öse geschlossen wird, und seine Krawatte zeigt ein kühnes schwarz-weißes Streifenmuster. Sein schwarzes Haar ist seitlich gescheitelt und sorgfältig gekämmt. Seine Augen sind grau, genau dieselbe Farbe wie sein Anzug, und die dichten schwarzen Augenbrauen passen zu seinem markanten Gesicht. Ich bin sicher, dass er am Abend eine zweite Rasur braucht. Aber es ist sein Lächeln, das mich zu einem Stück Eis erstarren lässt. Seine weißen Zähne mit dem Anflug von Überbiss verleihen ihm, wenn ich so sagen – ja, überhaupt denken – darf, etwas Verführerisches. Noch nie habe ich einen solchen Mann gesehen, jedenfalls nicht von Angesicht zu Angesicht. Ruth genauso wenig. Ich höre sie über Porzellan und Silberzeug faseln, aber alles hört sich für mich an wie das tiefe Surren einer Nähmaschine. Er nickt höflich und tut so, als würde ihn interessieren, was sie sagt.

Als ich ein kleines Mädchen war, nahm mich Papa einmal zu einer Aufführung am Broadway mit, wo vor der Kulisse mit einer lebhaften Straßenszene eine Schauspielerin in der

Mitte der Bühne stand. Die Musik änderte sich, und die Stadt begann, Stück für Stück, Mauer für Mauer, Passant für Passant zu verschwinden, bis das Mädchen allein im Dunkeln stand und nur von dem Scheinwerferlicht im Gebälk angestrahlt wurde. Ich erinnere mich, dass sie aussah wie eine rosa Perle auf einem schwarzen Abendhandschuh.

So fühle ich mich. Die Welt ist verschwunden. Es gibt keine Vitrinen, keine Umkleidekabinen und Spiegel mehr. Nicht einmal Ruth. Nur ihn und mich.

»Lucia? Wir müssen zur Arbeit zurück«, sagt Ruth und zieht mich am Ellbogen.

»Schon gut, schon gut.« Ich blicke zu meinem Traummann auf. »Wir müssen zur Arbeit zurück.«

»Lassen Sie sich nicht aufhalten«, antwortet er leichthin.

Ruth und ich haken uns unter und betreten die Rolltreppe. Der gut aussehende Fremde beugt sich über die hüfthohe Mauer, während wir nach unten fahren.

»Lucia di Lammermoor. Wie die Oper«, sagt er grinsend.

Kapitel 4

In der Hoffnung, den gut aussehenden Fremden wiederzusehen, erfinde ich alle möglichen Ausreden, um in die Einrichtungsabteilung zu gehen. Jetzt kann ich verstehen, warum es Kriminelle an den Tatort zurückzieht. Ich muss den Kitzel wieder haben, egal, wie flüchtig. Außerdem habe ich einen guten Grund, um meine Neugier zu verstecken: Ich kaufe all meine Weihnachtsgeschenke auf dieser Etage. Leinenwäsche für Mama, lederbezogene Schachteln für Manschettenknöpfe für meine Brüder, einen Bettbezug aus Satin für Rosemary, eine kleine marmorne Reiterstatue von Garibaldi für Papa.

Mit einem neuen Familienmitglied im Haus ist Weihnachten ganz anders dieses Jahr. Wenn man mich fragte, was die Italiener aus dem Veneto von den Neapolitanern unterscheidet (wie sich herausstellte, ist Rosemary nur zur Hälfte Sizilianerin), würde ich sagen, dass der Unterschied beim Weihnachtsfest beginnt. Wir stellen unseren Christbaum am Weihnachtsabend auf, Rosemarys Familie den ihren am Tag nach Thanksgiving. Die Leute aus dem Veneto fasten am Heiligen Abend und besuchen eine Mitternachtsmesse, Süditaliener veranstalten ein Bankett mit sieben auf verschiedene Arten zubereiteten Fischsorten und gehen am Weihnachtsmorgen in die Kirche. Norditaliener schmücken ihre Tür gern mit frischen Zweigen, ohne Lametta und Schleifen. Süditaliener dekorieren ihre Häuser außen genauso verschwenderisch wie innen. Mamas Familie kommt aus Bari und mag üppigen Zierrat genauso gern wie alle Südländer, doch Papa zuliebe hat sich Mama immer den Traditionen des Veneto gebeugt.

Doch seit Rosemary hier ist, hat sich unser Haushalt auf eine Weise verändert, die weit über die unterschiedlichen Weihnachtsbräuche hinausgeht. Wir mussten herausfinden, wie wir sie in unsere Familie aufnehmen sollten, und ihre Aufgabe war es, sich einzugliedern. Trotz ihrer Jugend ist sie eine gute Köchin und bäckt ausgezeichnet. Sie brachte uns bei, wie man Tartufo macht, Vanille-Eiscreme-Trüffel mit einer gehackten Kirsche im Innern, die in heiße Schokosoße getunkt und anschließend in Kokosraspel gerollt werden. Sie sind so köstlich, dass Mama und Papa fast vergessen haben, dass sie meinen Bruder heiraten »musste«. Rosemary gab mir das Rezept und riet mir, es in einer Schachtel aufzubewahren. »Fang an, Rezepte zu sammeln, denn wenn du heiratest, brauchst du sie«, sagte sie. In schönster Handschrift schrieb sie:

*

Rosemary Sartoris schnelle Tartufi

(In Amerika: Schneebälle)

Ergibt 1 Dutzend Tartufi

Zutaten

3 Tüten Kokosraspel
1 Tasse Sahne
4 l Vanille-Eis (weich)
12 Maraschino-Kirschen

Für die Schokosoße:
1/4 Schachtel Paraffinwachs
1 Pfund dunkle Schokolade

In einem Topf das Paraffinwachs mit der Schokolade mischen und beides auf dem Herd schmelzen lassen. Dann den Topf beiseite stellen.

Koskosraspel in Sahne einweichen. Ebenfalls beiseite stellen.

Eiscreme zu Kugeln formen und in die Mitte gehackte Maraschino-Kirschen drücken. Dann Schokosoße über die Eiscreme-Kugeln geben und in Kokosraspel rollen, bis sie ganz bedeckt sind. Anschließend auf ein mit Wachspapier ausgelegtes Backblech legen und ins Eisfach stellen.

*

Papa und Roberto arbeiten eifrig an der Wohnung im Erdgeschoss. Sie ist perfekt auf die Bedürfnisse einer jungen Familie zugeschnitten, mit einer neuen Küche, durch die man in den Garten gelangt, wo das Baby sich sonnen und spielen kann. Sie hoffen, bis zur Ankunft des Babys im März alles fertig zu haben, aber wie es scheint, tun sie nichts anderes, als sich über Einzelheiten zu streiten, wie etwa welcher Wasserhahn an die Spüle oder wie viele Regale in den Wandschrank kommen sollen. Roberto hofft, Rosemary am Weihnachtstag in die neue Wohnung führen zu können, also verbringen die Männer jede freie Minute, die sie nicht in der Groceria sind, mit Verputzen, Hämmern und Malen.

Weihnachten ist die Zeit des Jahres, die Papa am wenigsten mag, weil dann Touristen und besonders wählerische Kunden bei ihm kaufen, die die ausgefallensten Wünsche haben. Mama hingegen freut sich auf die Feiertage. Als Papa ein kleiner Junge war, bekam er keine Geschenke zum Weihnachtsfest, sondern irgendeine Kleinigkeit und am Dreikönigstag Obst. In Mamas Familie bekam jeder ein Geschenk, und dann kochte man ein Mahl für irgendeine Familie, die nicht genügend Geld für ein Weihnachtsessen hatte. Und jetzt wird jede Glückwunschkarte, die ins Haus kommt, ausgestellt. Mama schlingt ein breites rotes Band um die Rahmen der Wohnzimmertüren und hängt die Karten daran auf. Bis zum Weihnachtstag sind alle Durchgänge mit Karten bepflastert, darunter auch eine von der Familie meines Ex-Verlobten. Sie enthält keinen persönlichen Glückwunsch, nur einen Vordruck, auf dem »Frohe Feiertage wünscht die DeMartino-Bäckerei« steht. Dante jedoch schickte mir einen handgeschriebenen Gruß, auf dem es hieß: »Ich vermisse dich. Alles Liebe, Dante«. Ich steckte ihn neben die Karte seiner Eltern.

Mama legt Platten von Bing Crosby und Frank Sinatra auf, und Tag und Nacht ertönen Weihnachtslieder. Das ganze Haus duftet nach Anis, Butter und Kokosnuss, während sie bäckt. In der Speisekammer stapeln sich Blechdosen mit selbst gebackenen Plätzchen, um die wir Satinschleifen binden, um sie anschließend in ganz Manhattan und Brooklyn an Freunde und Verwandte zu verteilen.

»Lucia, glaubst du, dass es in Ordnung wäre, wenn ich im Vorderfenster Lichter anbringen würde?«, fragt Rosemary, während sie eine Kette mit bunten Lämpchen für den Christbaum entwirrt. Die Blautanne, die wir von der Straßenecke heimgeschleppt haben, reicht bis zur Decke.

»Das machen wir nie«, antworte ich. »Aber wenn du es gern hättest, können wir Papa fragen.«

»Ist schon gut. Ich brauch sie nicht.«

»Nein, nein, du gehörst zur Familie, und dein Weihnachtsfest sollte so sein, wie du es dir wünschst.«

Rosemary beginnt zu weinen.

»Was ist denn los?«, frage ich, und steige schnell von der Leiter herunter.

»Ich hab Heimweh«, flüstert sie.

Die arme Rosemary. Während der ganzen Zeit, die ich mit Dante verlobt war, machte ich mir Sorgen wegen Weihnachten und wie ich es ohne meine Familie verbringen würde. Davon möchte ich Rosemary im Moment nichts erzählen. Stattdessen führe ich meine Schwägerin zur Couch und setze mich neben sie. »Aber hier ist doch jetzt dein Zuhause.« Rosemary lehnt sich in die Kissen zurück, und ich sehe, wie sehr ihr Baby gewachsen ist. Ihr Bauch ist dick und rund.

»Nein, dein Vater und deine Mutter sehen mich an, als wäre ich eine *puttana.*«

»Sie denken nichts dergleichen«, erkläre ich ihr, aber sie weiß, dass ich lüge. Wir beide kennen die Regeln, von denen es keine Ausnahme gibt.

»Meine Eltern haben mich ganz genauso erzogen wie dich die deinen«, sagt sie. »Ich wusste, was sie von mir erwarten, und ich hab sie enttäuscht. Schlimmer noch, ich habe Schande über sie gebracht. Sie können sich für Roberto und mich nicht freuen, weil wir einen Fehltritt begangen haben. Und sie haben Recht. Eine gute Tochter *darf* nicht aus der Not heraus heiraten. Sie wartet bis zur Hochzeitsnacht. Ich hab das nicht getan und muss jetzt dafür bezahlen. Es ist alles meine Schuld.«

»Jetzt warte mal. Roberto ist ganz genauso verantwortlich dafür.« Ich höre Ruth' Stimme in meinem Ohr, die davon spricht, was raffinierte Mädchen von Welt tun. Aber Rosemary ist genauso wenig raffiniert und weltgewandt wie die Lichter, die sie im Vorderfenster anbringen will.

Rosemary reckt den Hals, um sich zu überzeugen, dass niemand sonst zuhört. »Roberto ist ein Mann, und man hat es immer gesagt, doch ich hab's nie geglaubt – einem Mann wird vergeben. Die Schuld trägt immer die Frau. Sie ist für immer gebrandmarkt. Die Leute sagen: ›Roberto hat das Richtige getan.‹ Aber über mich sagen sie das nicht. Ich werde das nie mehr gutmachen können. Nie mehr. Aber Roberto hat das schon getan. Er hat mich geheiratet, also ist seine Schuld getilgt.«

»Liebst du Roberto?«, frage ich sie.

»Von ganzem Herzen.«

»Meiner Ansicht nach – und vielleicht sorgt die heilige Anna dafür, dass ich morgen von einem Bus überfahren werde, weil ich das sage – kommt es darauf an, dass man es aus Liebe tut.« Ich hoffe, Rosemary versteht, dass ich von der körperlichen, nicht von der allgemeinen Liebe zu einem Mann spreche. »Regeln sind Regeln. Aber ich finde, wenn man einen Mann ohnehin heiraten wird, ist nichts dabei, schon vor der amtlichen Eheschließung mit ihm ins Bett zu gehen. Was ist denn falsch dabei?«

»Alles, wenn man schwanger wird.« Rosemary atmet langsam aus.

»Du weißt, dass ich verlobt war ...«

»Mit Dante DeMartino. Eine Menge Mädchen in Brooklyn sind in ihn verknallt!« Rosemary wendet sich mir zu. »Alle Mütter schickten ihre Töchter zum Brotholen, wenn er auslieferte. Sie strömten geradezu aus den Häusern, wenn der Lieferwagen der DeMartinos vorbeikam!« Von ihrem alten Wohnviertel zu sprechen, muntert sie auf. »Habt ihr, du und Dante ...« Rosemary kann die Worte nicht aussprechen.

»Miteinander geschlafen? Nein. Ich *hätte* ihn geheiratet, wenn wir's getan hätten. Aber ich wusste, dass es nicht sein sollte.«

»Woher denn?«

»Ich hatte immer das Gefühl, dass dafür noch genügend Zeit war. Und was die Liebe angeht, warte ich wahrscheinlich auf den Mann, der die Zeit so schnell vorbeigehen lässt, dass ich's nicht mehr erwarten kann.« Ich lege die Füße auf den Couchtisch und kann nicht fassen, dass ich Rosemary gerade meine geheimsten Gedanken anvertraue. Die Art von Enthüllungen ist gewöhnlich Ruth vorbehalten. Aber ich weiß, dass Rosemary eine gute Haut ist, und ich möchte ihre Freundin sein, nachdem sie bereits meine Schwägerin ist.

Fast hätte ich ihr von dem geheimnisvollen Mann erzählt, demjenigen mit dem anziehenden Lächeln und den schönen Händen. Abgesehen von meinen Spaziergängen in der Lunchzeit, auf denen ich nach ihm Ausschau halte, ertappe ich mich auch oft dabei, dass ich an ihn denke. Einmal dachte ich, ich hätte auf der Hauptetage sein Cologne gerochen, und folgte einem fremden Mann in die Maßabteilung für Hemden. Als ich merkte, dass es der Falsche war, kam ich mir wie eine Närrin vor. Ich erzählte Ruth davon, und als sie sich vor Lachen schüttelte, wusste ich, wie blöd ich mich verhalten hatte. Warum kann ich nicht aufhören, an ihn zu denken? Warum war ich so gefesselt von ihm? Vermutlich lag es nur an dem sanften Licht des Kristalllüsters, den Lederpaneelen an der Wand oder dem Becher Sahne-Pekan-Eis, der mich damals beim Lunch benebelte. Vielleicht war es die Umgebung selbst, der toll gedeckte Esstisch mit dem glänzenden Silber, dem feinen Damast und edlen Porzellan, was in mir das Verlangen nach dem Traumprinzen auslöste, der von links auftreten, meine Hand ergreifen und mich in eine andere Welt entführen würde. Mein ganzes Leben lang hatte ich darauf gewartet, diese magnetische Anziehung zu spüren. Aber davon kann ich Rosemary nichts erzählen, das würde sich albern anhören.

»Wir müssen den Baum fertig schmücken.« Ich stehe auf und strecke mich.

»Lucia?«

Ich drehe mich zu ihr um. »Ja?«

»Ich dachte, du wärst so vornehm, aber du bist auch bloß ein Mädchen.«

»Vornehm?« Ich lache und sehe an mir hinab. Ich habe Cordsamthosen und Papas alten Wollpullover an.

»Du bist so schön. Dein Haar glänzt immer. Und erst deine Kleider. Dergleichen hab ich nur im *Charm*-Magazin gesehen. Wenn du aus der Tür gehst, siehst du immer klasse aus und ganz so, als hättest du was Wichtiges vor. Das bewundere ich.«

»Rosemary, ich bin nicht vornehm. Ich bin eine Schneiderin. Ich mag Kleider, ich halte sie für Kunst. Das ist alles.« Ich strecke die Hand aus und helfe ihr hoch.

Papa und Roberto kommen aus der neuen Wohnung herauf, wo sie den ganzen Morgen gearbeitet haben. Sie plaudern miteinander, ohne uns zu bemerken. Ich unterbreche sie. »Papa, Rosemary möchte ein paar Lichter im Vorderfenster anbringen. Bist du damit einverstanden?«

»Sicher, sicher«, antwortet er, ohne Rosemary anzusehen.

»Dann sag's ihr«, bitte ich ruhig.

Papa wirkt verwirrt, weiß aber, was ich meine. Seit der Hochzeit hat er sich nicht mehr mit ihr unterhalten. Ich bin sicher, dass ihm dies nicht bewusst ist, aber er vermeidet den Augenkontakt mit ihr. Vielleicht glaubt er, die ganze Sache ungeschehen zu machen, wenn er sie nicht ansieht. Aber tief in seinem Innern hat Papa ein gutes, liebevolles Herz. Obwohl er so verletzt ist, behandelt er Rosemary wie ein Familienvater. Er tapeziert ihre Wände, verlegt Fliesen in ihrem Badezimmer und gibt Roberto eine Gehaltserhöhung, um ihre Zukunft und die des Babys sicherzustellen. Aber er erkennt sie nicht an. Er ist ein Mann vom alten Schlag und kann nicht akzeptieren, was geschehen ist.

Jetzt wendet er sich ihr zu. »Rosemary, du kannst Lichter im Fenster anbringen.« Zum ersten Mal, seit er sie in der Kirche Unserer Lieben Frau von Pompeji kennen gelernt hat, sieht er sie an, wie sie neben dem halb geschmückten Christbaum steht. Er schafft es sogar zu lächeln.

Rosemary sieht meinen Vater an. »Danke, Mr Sartori«, antwortet sie mit versagender Stimme und blickt zu Boden.

Papa wendet sich zum Gehen. Ich packe ihn am Arm und ziehe die Augenbrauen hoch. Er kennt den Blick – von meiner Mutter, die ihm so die Stichworte gibt –, und er gehorcht.

»Rosemary. Du kannst mich Papa nennen.« Es folgt ein Moment Schweigen, dann geht Papa in die Küche. Roberto sieht zuerst mich und dann seine Frau an. Er tritt auf sie zu und nimmt sie zärtlich in den Arm. Selbst der launische Roberto hat eine liebevolle Seite. Vielleicht lernt er noch, ein guter Ehemann zu sein. Ich sehe, dass mein Bruder seine Frau aufrichtig liebt und dass all die Wochen des heimlichen Flüsterns mit Mama, all die Sorgen und das Beten für die beiden unnötig waren. Zwischen meinem Bruder und seiner Frau besteht eine echte Bindung, und zwar von der Art, wie ich sie mir auch eines Tages erhoffe. Roberto gibt Rosemary sein Taschentuch, damit sie sich die Tränen abwischen kann.

Ich sehe sie an und denke, dass ich an ihrer Stelle sein könnte. Ich könnte am heutigen Abend in Claudia DeMartinos Wohnzimmer stehen und bitten, ein wenig auf Sartori-Art feiern zu dürfen, vielleicht die Krippe in den Kamin oder die Kerzen auf den Sims stellen zu dürfen; und ich würde wegen jeder Kleinigkeit verhandeln müssen, als wäre Weihnachten ein Irrgarten und nicht ein Festtag. Ich bin sicher, sie gäbe mir das Gefühl, ein Außenseiter zu sein. Umso erleichterter bin ich, nicht verheiratet zu sein und all dies hier nicht aufgeben zu müssen. Ich will hier sein, bei *meiner* Familie.

»Wo sind die Lichter, Ro?«, fragt Roberto.

»Da drüben«, antwortet sie und deutet auf eine Schachtel in der Nähe des Christbaumständers.

»Zeig mir, wo sie hin sollen«, sagt er liebevoll zu seiner Frau.

* * *

»Bist du sicher, dass ich gut aussehe?«, fragt mich Mama, die vor meinem dreiteiligen Spiegel steht.

»Also gut, wie wär's mit ›du siehst hinreißend aus‹?« Was stimmt. Meine Mutter hat eine schöne Figur. Sie ist groß, mit breiten Schultern, und hat tolle Beine. Kaum zu glauben, dass sie schon über fünfzig ist. Es ist aber in der Hauptsache ihr Gesicht, das sie so umwerfend aussehen lässt, und ihr Lächeln und ihre dunkelbraunen, sanften Augen.

»Danke, dass du es mir geschneidert hast«, sagt sie. Ruth und ich haben dieses Kleid für Mama genäht, während wir die Luxusroben für die eleganten Festtags-Partys fertig stellten, die von den Damen der Society besucht werden. Ich habe das schulterfreie blaue Samtoberteil mit einen Trompetenrock kombiniert und dem Kleid eine lange, schlanke, sehr pariserische Silhouette verliehen. Um den Effekt zu betonen, hat Mama das Haar zu einem Knoten geschlungen und trägt eine große Cabochon-Brosche aus falschen Saphiren und glitzernden Swarovski-Steinen an der Taille. »Ist das gut genug für die McGuire Sisters?«, fragt sie und dreht sich im Kreis.

»Vielleicht bitten sie dich auf die Bühne, um das Kleid vorzuführen.«

»Weißt du, ich hab sie im Radio gehört. Bei *Kate Smith.* Und sie waren wundervoll.«

»Jetzt siehst du sie persönlich.« Ich werfe einen letzten prüfenden Blick auf mein Kleid und sage zu Mama: »Papa und Delmarr warten unten. Lass uns gehen.«

Mama legt den Arm um mich und blickt noch einmal in den Spiegel. »Lucia, ich danke dir für das Kleid. Und für den Abend. Irgendwie weißt du immer, was du sagen musst, wenn es mir schlecht geht. Du bist eine gute Freundin.«

»Mama, das ist leicht. Ich hab dich lieb.«

»Als ich dich zum ersten Mal sah, nachdem du geboren wurdest, warst du nicht blau und grau wie die Jungen, und dein Gesicht war nicht verrunzelt wie ein alter Apfel. Du warst schön von deinem ersten Atemzug an. Deine Haut hatte einen warmen Rosaton, und deine Lider bogen sich im Schlaf nach oben, als würdest du lächeln. Du warst ruhig und lieb. Und ich hab damals schon erkannt, dass du eine große Schönheit werden würdest.«

»Ach Mama. Wenn ich schon so eine tolle Nummer bin, warum hab ich dann eine völlig unromantische Verabredung am Silvesterabend?«

»Nein, nein, ich meine es im Ernst. Ich wusste, dass du mich in jeder Hinsicht überflügeln würdest, und das wollte ich auch. Dafür habe ich gebetet. Und jetzt ist es eingetreten.«

Ich danke Mama, und sie nimmt ihre Tasche, um zu gehen. Als ich ihr die Treppe hinunterfolge, denke ich unwillkürlich, wie stark die Bindungen in unserer Familie sind. Ich frage mich, ob Außenstehende es merkwürdig finden, dass ich gern mit meinen Eltern zusammen bin. Vielleicht gibt es Familien, bei denen die Bande lockerer sind und jeder seinen eigenen Gefühlen den Vortritt gibt. Aber so wurden meine Brüder und ich nicht erzogen. Wir hängen aneinander. Vielleicht ist das ein italienischer Wesenszug, vielleicht nur eine Eigenheit unserer Familie, wie auch immer, daran ist jedenfalls nichts zu ändern. Diese Tatsache bestimmt mein Leben. Worüber ich nicht unglücklich bin.

Delmarr erhebt sich aus Papas Stuhl und pfeift anerkennend, was Mama erröten lässt. »Mr Sartori, wir sind die glücklichsten Männer in New York.«

Papa nimmt Mama in die Arme und küsst sie. »Ja, das sind wir.«

»Hey, wir hatten bisher noch nicht mal einen Drink«, sagt Delmarr grinsend. Er sieht mich an. »Wir zwei sind heute Abend die Anstandswauwaus für die beiden. Keine Knutschereien auf dem Rücksitz. Das sind die Regeln.«

»Aye-aye, Sir«, sagt Papa.

»Ich kann nicht glauben, dass Lucia Sartori mich heute Abend als ihren Begleiter erwählt hat. Mich, anstelle all der Verehrer, die Briefchen auf ihrem Schreibtisch hinterlassen oder sich beim Türsteher von B. Altman's nach ihr erkundigen! Ich weiß das Privileg zu schätzen.«

»Ach, Delmarr, ich bin diejenige, die sich geehrt fühlt«, antworte ich lachend.

»Deswegen lieben wir Sie. Trotz all der Schönheit immer noch bescheiden.« Delmarr nimmt meine Hand und öffnet die Tür. »Komm, Cinderella, wir gehen auf den Ball!«

Auf dem Weg nach Uptown gehen die engen, kurvigen Straßen allmählich in die hellen, breiten Avenues von Midtown über. So glücklich ich auch an diesem besonderen Abend mit meinem guten Freund Delmarr bin, so sehr wünsche ich mir, ich wäre verliebt. Es ist die Art Abend, von der ich immer geträumt habe, und ich weiß, Dante hätte ihn nicht wirklich genossen. Er hätte genauso gern auf unseren Hausstufen gesessen, um mit Papas Grappa aufs neue Jahr anzustoßen. Ich denke an den gut aussehenden Fremden und frage mich, wo er sein mag und was er macht. Ob er je an mich denkt? Ich rede mir ein, dass er es tut.

Noch immer wird die Markise über dem Eingang des Waldorf-Hotels »der Kutschen-Halt« genannt, obwohl es Jahre her ist, dass auf der Park Avenue Pferde und Kutschen gesehen wurden. Delmarr fährt mit seiner schwarzen Buick-Limousine vor (sie ist neun Jahre alt, aber in tadellosem Zustand). Einer der Türsteher läuft schnell herbei und öffnet den Wagenschlag für mich. Ich trete auf den glitzernden Gehsteig, wo der Zement aussieht, als wäre er mit Diamantsplittern durchsetzt. Delmarr kommt um den Wagen herum und nimmt meinen Arm, während der Türsteher Mama aus dem Rücksitz hilft.

Meine Eltern schließen sich uns an, und ich prüfe Papas blassblaue Seidenkrawatte, die ein Geschenk von mir ist. Sie passt zu seinem Einstecktuch. Ich habe Stunden gebraucht, um dieses Tuch zu säumen, aber es hat sich gelohnt. Er und Mama sehen umwerfend aus.

Wir mischen uns unter die Menge. Damen in aufwändigen Seidenroben in den bevorzugten Farben der Saison – gedämpfte Anthrazit- und Rosatöne oder Schokoladenbraun – schweben am Arm von gut aussehenden Männern durch die Türen; die Herren tragen Smokings und gestärkte weiße Hemden, mit etwas frischem Grün am Revers. Man hört Plaudern und Lachen, und während wir die Stufen zum Entree hinaufsteigen, untermalt ein Streichquartett auf dem Treppenabsatz unseren Einzug. Das ist es, was die Klatschspalten Uptown-Glamour nennen: Auf jedes Detail wird geachtet, einschließlich der Luft, die von Musik erfüllt ist.

»Na kommt, ihr Nachtschwärmer. Lasst uns das Jahr 1951 mit einem Knall begrüßen, und 1950 mit einem Schulterzucken verabschieden«, sagt Delmarr, als wir durch die vergoldeten Türen des Nachtclubs treten. Der Clubraum ist überfüllt, mindestens acht Gäste sitzen jeweils um die kleinen Tische mit den Granitplatten. In dem verqualmten Dämmerlicht kann ich nur die Glut der Zigaretten und blasse Schultern erkennen, die sich beim Reden nach vorn beugen. Der Duft von Gardenien, Orangenblüten und würzigem Tabak liegt in der Luft, als wir zu unserem Tisch geführt werden. Und was für ein Tisch! »Direkt am Ring«, wie Delmarr meint. Er und Papa rücken die Stühle für mich und Mama zurecht. Dann nehmen sie selbst Platz. Delmarr lehnt sich vor und flüstert: »Trinken Sie nur. Das geht heute Abend dank der Freundlichkeit der McGuire Sisters aufs Haus.« Delmarr ist so guter Stimmung, dass es ihn kaum zu stören scheint, dass Hilda Cramer das Lob der Presse für die Kleider der McGuire Sisters einstreichen wird.

Auf der Bühne beginnt eine Combo zu spielen. Der farbige Schlagzeuger streicht so gekonnt und schnell mit seinen Metallbesen über die Trommeln, dass sie wie Flügel aussehen. »Die Jungs sind großartig«, sagt Delmarr. »Gewöhnlich spielen sie im Village Vanguard.«

»Gleich in der Nähe der Commerce Street?«, fragt mein Vater.

»Sie könnten zu Fuß hingehen«, erklärt ihm Delmarr.

Papa legt den Arm um Mama. Vielleicht besteht einer seiner guten Vorsätze fürs neue Jahr darin, Mama in einen Jazzclub in unserem Viertel auszuführen. Der Kellner stellt Champagnergläser auf unseren Tisch und gibt dann mit einer Silberzange eine Himbeere in jedes Glas, die den Schaum leicht rosa färbt. Papa zieht Mama an sich und küsst sie aufs Ohr. Sie sind immer noch verliebt, was mir wie ein Wunder vorkommt. Heute Abend sind sie sorglos, und Arbeit, Rechnungen und Kinder, die ihnen Kopfschmerzen bereiten, sind in weite Ferne gerückt. Es gibt mir einen Stich, wenn ich daran denke, wie traurig sie waren, als ich mich von Dante trennte. Welche Eltern wünschen sich nicht, dass ihre Tochter einen anständigen jungen Mann heiratet? Sie wollen einfach, dass ich es genauso haben soll wie sie.

»Wenn Sie meine Begleitung sein wollen, dann sollten Sie lieber ein bisschen in Schwung kommen. Ich brauch an Silvester keinen Klotz am Bein«, sagt Delmarr und prostet mir zu.

»Ist es so besser?« Ich setze mich kerzengerade auf.

»Sie sind die einzige Frau in Goldlamé im Raum.«

»Das war Absicht«, erkläre ich ihm. Nachdem Ruth und ich den Stoff für dieses Kleid zugeschnitten hatten, versteckte ich die Stoffrolle unter den Mustern vom letzten Jahr.

»Sie stechen jedenfalls heraus. Ich komme mir vor, als wäre ich mit Bathseba auf der Rolle. So wie der Scheinwerfer auf Sie fällt, hat man den Eindruck, Sie stünden im Schaufenster von Macy's.«

»Entschuldigen Sie«, sagt eine vertraute Stimme hinter mir. »Delmarr, wie geht's dir?«

Ich blicke auf, kann aber kaum etwas erkennen, weil der Mann direkt im Strahl eines Bühnenscheinwerfers steht. Ich halte die Hand über die Augen. Mein Traummann aus der Einrichtungsabteilung! Ich kann's nicht fassen. Heute habe ich so oft an ihn gedacht, dass meine Willenskraft ihn herbeordert haben muss.

»Nun, wenn das nicht der junge Clark Gable ist.« Delmarr steht auf und schüttelt ihm die Hand. »Mr John Talbot, ich möchte Ihnen meine Begleiterin dieses Abends, Lucia Sartori, vorstellen. Und das sind ihre Eltern, Mr und Mrs Sartori.«

»Sehr erfreut.« John Talbot streckt die Hand aus, zuerst begrüßt er meine Mutter, dann meinen Vater und schließlich mich. Als er mich berührt, läuft mir ein ähnlicher Schauer über den Rücken wie in der Einrichtungsabteilung. Ich kann es gar nicht erwarten, Ruth zu erzählen, dass es schließlich doch nicht an dem Pekannuss-Eis lag.

John legt die Hand auf Delmarrs Schulter. »Nun, ich wollte nur schnell hallo sagen und Ihnen allen ein gutes neues Jahr wünschen.« Er lächelt und verschwindet wieder in der Menge.

»Ach Gott, sieht der gut aus«, bemerkt meine Mutter.

»Woher kennen Sie ihn?,« fragt Papa Delmarr. Aha, Papa spürt was. Wenn es um mich geht, hat er einen sechsten Sinn.

»Er ist ein Hansdampf in allen Gassen. Ich hatte mal geschäftlich mit ihm zu tun, als er mir Ware aus einer Überproduktion der Seidenspinnerei Scalamandre verkaufte. Er hat mir einen exzellenten Preis gemacht«, erklärt Delmarr beiläufig.

Mama und Papa kehren wieder zu ihrer Unterhaltung und ihren Drinks zurück. Delmarr beugt sich zu mir herüber und zieht eine Augenbraue hoch. »Kennen Sie ihn?«

»Ich hab ihn einmal im Kaufhaus gesehen.«

»Er hat Sie sehr interessiert angesehen.«

»Finden Sie?« Wenn Delmarr wüsste, wie sehr mich das freut. *John Talbot.* Wenigstens weiß ich jetzt seinen Namen. Er ist schön. Ich sehe ihn auf einem Messingschild eingraviert oder auf einem Buchdeckel. Es ist ein bedeutender Name. Er klingt so vornehm wie die Namen der Ladys, die jeden Herbst für die Eröffnungsvorstellung der Philharmoniker einen Abendmantel bestellen und in Stadthäusern auf der Upper East Side wohnen.

»Machen Sie sich keine Hoffnungen. Er ist immer unterwegs. Ich treffe ihn ständig in den besten Lokalen, und immer in Begleitung der schönsten Frauen.«

»Aber ...«

»Lucia, Sie sind nicht dafür gemacht, eine unter vielen zu sein. Dafür sind Sie zu gut. Sie sind ein einzigartiges Mädchen.«

Das Licht wird noch weiter gedämpft, und die Combo auf der Bühne beginnt mit einem Vorspiel. Dann folgt ein Trommelwirbel. Im rabenschwarzen Dunkel nehmen die McGuire Sisters ihre Plätze hinter den Mikrofonen ein, die verchromten Ständer glänzen im Dunkeln. Sie beginnen mit einem weichen A-cappella-Gesang, und die Menge tobt, als die Lichter angehen. Delmarr behauptet, dass sie gerade große Karriere machen und sicher berühmte Platten-Stars werden. Ich verstehe, warum. Im gleißenden Bühnenlicht sehe ich drei umwerfende Rotschöpfe mit feinen Gesichtszügen und großen dunklen Augen. Und erst ihre Figuren!

Mama und Papa verfolgen die Show begeistert. Wenn man bedenkt, dass sie noch gestern Abend mit der Lesebrille auf der Nase am Küchentisch über Rechnungen brüteten und sich stritten, welche zuerst bezahlt werden sollte! Nie gönnen sie sich etwas. Mama opfert alles für ihre Kinder. Wenn ich ihr nicht modische Schuhe und Kleider heimbrächte, würde sie dieselben alten Treter jahrelang tragen. Wenn ich ihr anbiete, etwas für die Familienkasse beizusteuern, lehnt sie es ab, obwohl ich gut verdiene. Immer sagt sie: »Leg's auf die hohe Kante.« Ich werde nie auch nur zur Hälfte die Frau sein, die meine Mutter ist. Ich schließe die Augen, um das Bild in mir festzuhalten. Wenn ich alt bin, will ich mich an die beiden erinnern, wie sie jetzt, am 31. Dezember 1950, sind.

Delmarr stößt mich an, als die McGuire Sisters nach der Anfangsnummer die Bühne verlassen. Licht und Musik ändern sich, und sie treten erneut in Delmarrs rubinroten Kleidern auf. (Ich wünschte, Ruth wäre hier, um unsere Arbeit zu sehen.) Nach ein paar Songs verschwinden die Sisters erneut, diesmal hinter einem Paravent. Dann kommen sie in der smaragdgrünen Version von Delmarrs Kleidern wieder hervor und singen »We're in the money!« Papa applaudiert mit hoch erhobenen Händen wie viele im Publikum. Delmarr lehnt sich in seinem Stuhl zurück und sagt: »Verdammt, ich bin talentiert.«

Dann tritt Phyllis McGuire, die Jüngste der Gruppe, vor. Ein Mann im Smoking reicht ihr eine Uhr aus Papiermaché, und sie ruft: »Countdown für 1951: zehn, neun, acht ...« Die Zuschauer stimmen ein, und bei »eins« rast das Publikum. Aus riesigen Netzen regnen bunte Ballons und Konfetti auf uns herab. Alle haben sich erhoben. Papa küsst Mama, Delmarr küsst mich auf die Wange und wirbelt mich herum. Die McGuire Sisters applaudieren, während die Menge johlt. Als ich den Kopf schüttle, fallen die Konfetti wie Schnee herab. Delmarr packt mich erneut, diesmal um die Taille, und biegt mich über seinen Arm, bis ich fast den Boden berühre. »Delmarr, stellen Sie mich wieder auf die Füße!«, sage ich lachend. Aber es ist nicht Delmarr, sondern jemand in einem Kaschmiranzug, und der ist nicht dunkelblau, sondern schwarz, und die Krawatte ist nicht jägergrün wie Delmarrs, sondern aus silberfarbenem Jacquard. Und obwohl ich nie intime Bekanntschaft mit Delmarrs Lippen gemacht habe, weiß ich, dass dies nicht die seinen sind, weil diese Person nicht wie Delmarr riecht. Der Hals dieses Mannes riecht wie Moschus, Amber, würzige Wildfrüchte und frischer Regen. Es ist John Talbot, und ich passe in die Biegung seines Halses wie eine Violine.

»Mr Talbot…« ist alles, was ich herausbringe. Wir stehen dicht voreinander, die Geräusche im Raum sind nur noch ein dumpfes Murmeln, ich spüre seine warme Haut und blicke in seine Augen. Er sieht mich so eindringlich an, dass ich die Augen schließen muss.

»Gutes neues Jahr«, flüstert er. Dann lässt er mich los und verschwindet erneut im Gedränge.

»Was war *das* denn?«, fragt Delmarr und sieht ihm nach.

Ich antworte nicht, sondern setze mich einfach wieder.

Papa und Mama unterhalten sich mit dem Paar am Nebentisch. Ich bin sicher, dass sie den Kuss nicht gesehen haben. Ich lege die Hand auf meine Lippen, damit ich nie vergesse, wie ich die ersten Sekunden des neuen Jahrs verbracht habe. Beim Blick auf die Bühne sehe ich riesige Zahlen aus Silberpapier von der Decke hängen: 1951. Sie scheinen mir sofort meine Glückszahlen zu sein.

Ruth und ich bleiben nach Arbeitsschluss noch da, um die Knöpfe an ihr Brautkleid zu nähen. Die Stadtlandschaft, die wir von unserem Fenster aus sehen, ist tiefschwarz mit winzigen kleinen Lichtpunkten darin, wie mein Lieblingsschmuck: Jettperlen und gelbe Diamanten. Es ist noch eine Woche bis zu Ruth' Hochzeit am Valentinstag, und wir haben das Gefühl, unbedingt fertig werden zu müssen. Delmarr war so nett, uns seinen Schlüssel zu geben, damit wir durch den Angestellteneingang im Erdgeschoss hinausgehen können.

Ruth hat eine ähnliche Figur wie Elizabeth Taylor, also haben wir uns vom Kleid dieser Schauspielerin in *Der Vater der Braut* inspirieren lassen. Diese Idee haben wir dann mit einem Design von Vincent Monte-Sano verbunden, der kürzlich bei Bonwit Teller's eine Vorführung mit Brautkleidern gemacht hat. Wir fühlen uns wie Verräter, wenn wir in andere Kaufhäuser zu Modeschauen gehen, können aber nicht widerstehen, wenn es sich um einen Designer handelt, den wir bewundern. Wir kopieren Monte-Sanos berühmte Perlenstickerei mit kleinen Taschen im weiten Tüllrock, in denen jeweils ein kleiner Kristall steckt. Wenn Ruth durch den Mittelgang zur *chuppah* geht, wird sie im wahrsten Sinne strahlen.

Mein Geburtstag am fünften Januar ging wie üblich in den Nachwehen der Feiertage unter, obwohl Rosemary mir eine Napoleon-Torte mit Himbeeren buk und die Mädchen mich zum Lunch in die Charleston Gardens ausführten. Was mein gesellschaftliches Leben anbelangt, bewege ich mich auf vertrauten Pfaden. Ich hatte drei Verabredungen seit Neujahr: die eine mit einem Kollegen von Helen Gannons Ehemann, der in einer Börsenmaklerfirma arbeitet (langweilig), eine andere, die von der Cousine meiner Mutter eingefädelt wurde, mit einem Architekten aus Florenz (mein Italienisch ist alles andere als makellos, weshalb wir viel nickten, ohne viel zu reden) und eine dritte mit einem Freund von Delmarr, der mit ihm beim Militär gewesen war (ein netter Typ, aber nichts für mich). Ich tanzte mit verschiedenen Verwandten von Ruth auf ihrer Verlobungsparty, mit denen es aber nie über einen Tanz hinausgehen wird, weil keine jüdische Mutter ihren Sohn eine Katholikin aus der Commerce Street heiraten lässt. Und umgekehrt auch nicht. Und das ist auch gut so, denn ich habe niemanden getroffen, auch unter den Kaspians und Goldfarbs nicht, auf den ich ein Auge werfen würde.

»Warum rufst du Dante DeMartino nicht an? Sag ihm, du brauchst einen Begleiter für meine Hochzeit«, schlägt Ruth vor. »Harvey hat immer viel von ihm gehalten. Er vermisst unsere Doppelverabredungen.«

»Tut mir Leid, Harvey enttäuschen zu müssen, aber Dante würde glauben, ich möchte wieder zurückkommen.«

»Willst du das denn nie? Nicht mal ein kleines bisschen?«

»Solche Momente gibt's schon«, gestehe ich.

»Ich wusste es!«

»Natürlich, Ruth. Wenn ich traurig oder einsam bin oder mich bei einer Verabredung zu Tode langweile, denke ich an Dante. Aber dann erinnere ich mich wieder, warum wir uns getrennt haben. Er wird immer in der Bäckerei arbeiten, und daran ist auch nichts auszusetzen, aber das bedeutet zugleich, dass er immer bei seinen Eltern leben wird.«

»Also bist du wieder genau dort, wo du angefangen hast.« Ruth steckt säuberlich Nadeln in ihr Nadelkissen.

»Genau. Verstehst du, Dantes Leben würde sich nach der Hochzeit kein bisschen ändern. Es gäbe eine Feier in der Kirche und einen Tanz nach dem Essen, dann würden wir heimgehen. Ich würde in das Zimmer ziehen, in dem er aufgewachsen ist, und in sein Bett schlüpfen, und er wäre froh, mich die nächsten fünfzig Jahre dort zu behalten. Aber er würde nichts aufgeben müssen. Ich hingegen müsste *alles* aufgeben. Von dem Tag an, an dem ich Dante heiratete, dürfte ich nicht mehr für B. Altman und Company arbeiten, sondern wäre bei Claudia DeMartino Enterprises angestellt: Waschen, Kochen, Putzen und Flicken.«

»Aber wenn John Talbot jetzt durch diese Tür käme, würdest du sicher einen Luftsprung machen bei der Vorstellung, mit ihm auszugehen, stimmt's?«

»Das wird nicht passieren.« Ich sollte Ruth sagen, wie satt ich es habe, über ihn zu reden. Ich wünschte, er hätte mich nie geküsst, weil er mich damit für jeden anderen Mann verdorben hat, der nach ihm kommt. Niemand könnte mich je wieder so küssen wie er. Delmarr hat Recht. Attraktive, begehrte Männer lösen bei vielen Frauen ein Prickeln aus, aber eines Tages besinnen sich diese Männer, beschließen, einen Hausstand zu gründen, und wenn sie das tun, dann mit einer Debütantin.

Ich helfe Ruth ein letztes Mal, ihr Kleid anzuprobieren. So wie sie auf dem Podest steht und sich von allen Seiten betrachtet, sieht sie wie eine Ballerina auf einer Spieldose aus. »Du bist schön«, sage ich.

»Mir gefällt das Kleid. Danke dir. Du hast dich wirklich sehr angestrengt.«

»Ich hab dir ja gesagt, der breit gezogene Ausschnitt mit den Keulenärmeln wird's bringen.«

»Schau dir diese Kristalle an.« Ruth dreht sich langsam auf dem Podest. »Eines Tages sollten wir unseren eigenen Laden aufmachen.«

»Dazu hätte ich große Lust.« Ich lockere den Tüll, bis er weit von ihrem Körper absteht.

»Warum nicht? In meiner Familie gibt's bereits berufstätige Frauen. Meine eigene Mutter arbeitet mit meinem Dad im Holzgeschäft. Wenn jemand sie fragt, ob sie arbeitet, sagt sie ›Nein!‹. Aber jeden Morgen um neun ist sie dort und macht die Buchhaltung und die Lohnabrechnung. Ihrer Ansicht nach hilft sie jedoch bloß zwischendurch aus.«

Während ich den Rock glatt streiche, frage ich: »Will Harvey, dass du für ihn arbeitest?«

Ruth sieht zu mir herunter. »Ein paar Tage in der Woche. Um die Buchhaltung zu machen, du weißt schon.«

»Aber du bist doch keine Buchhalterin! Du entwirfst Kleider! Zahlen sind dir doch verhasst«, erinnere ich sie. »Jedes Mal muss ich die Rechnung teilen, weil du nicht subtrahieren kannst.«

»Ich weiß, ich weiß.« Ruth betrachtet ihr Kleid im Spiegel.

»Ach Ruth. Siehst du nicht, was passiert? Alles ändert sich.«

»Das ist der Gang der Dinge, Lucia.«

»Es muss doch nicht so sein! Ich find's schrecklich, was mit uns passiert, wie wir unsere Träume wegwerfen, als wären sie nichts. Wir sind bloß ein paar Ann Brewsters, eine Schar namenloser Mädchen, die ein paar Jahre arbeiten, um den richtigen Zeitpunkt für die Ehe abzuwarten. Dann gehen wir, und gleich nach uns folgt eine andere Gruppe junger, hungriger Mädchen mit den gleichen Träumen. Bis ihre Zeit kommt, bis sie heiraten und ihre Träume wegwerfen. Und so geht es immer weiter. Nie bleibt eine und wird, was sie sich vorgestellt hat! Und ich kann nicht glauben, dass gerade du das nicht erkennst. Ruth, wir heiraten und verlieren alles.«

»Du bringst mich ganz durcheinander«, erwidert Ruth ruhig.

»Gut! Werd ruhig sauer! Bist du nicht wütend auf eine Welt, die so wenig von deinem Talent hält? Du gehst weg, um Harveys Buchhaltung zu machen, was jeder tun könnte, und gibst einen Job auf, den *niemand* so machen kann wie du. Denk an all die Abende, als wir Überstunden machten, nicht wegen des Geldes, sondern weil unsere Abteilung die beste ist, besser als die bei Bonwit, Saks und Lord und Taylor. Wir haben nicht bloß genäht. Du warst auf dem besten Weg, die nächste Claire McCardell zu werden! Siehst du das denn nicht ein, Ruth?«

»Ich weiß nicht, was ich sagen soll. Du verlangst von mir, mich zu entscheiden.«

»Ja!« rufe ich aus. Ruth macht den Eindruck, als würde sie gleich in Tränen ausbrechen, und es gibt keinen traurigeren Anblick als eine weinende Frau in einem Brautkleid. Ich hole tief Luft. »Uns bleibt nichts anderes übrig. Wenn du dich nicht entscheidest, gibt es eine ganze Reihe von anderen Leuten, angefangen von Harvey bis hin zu seiner Mutter, die für dich die Entscheidungen treffen werden. Willst du das? Willst du alles opfern, wofür du gearbeitet hast, bloß um sie glücklich zu machen?«

»Ich kann nicht auf Harvey verzichten. Ich liebe ihn.«

»Das ist es nicht, worum ich dich gebeten habe. Ich bitte dich, dir zu überlegen, was du wirklich empfindest. Hast du je darüber nachgedacht, *warum* es dir so leicht fällt, deinen Traum aufzugeben?«

Ich helfe Ruth aus ihrem Kleid und streife es wieder sorgfältig über die Kleiderpuppe. Sie antwortet nicht auf meine Frage, aber warum sollte sie auch? Es würde sie nur noch mehr aufregen. Ich lege sauberen Musselin über das Kleid und schlage ihn sorgfältig um den Saum ein, damit kein Staub hineinkommt. Ruth räumt unser Nähzeug weg, während ich die Jalousien herunterlasse und die Lichter ausknipse. Über die Rolltreppe, die nach Geschäftsschluss nicht mehr in Betrieb ist, gehen wir zum Angestellteneingang im Erdgeschoss.

»Tut mir Leid, Ruth.«

»Ist schon gut.«

»Nein, es ist nicht gut. Ich will dich nicht auch noch unter Druck setzen.«

»Es ist kein Druck. Es klang alles sehr vernünftig. Du hast mir eine Menge zum Nachdenken gegeben.«

Ruth öffnet die Tür. Ein heftiger Windstoß drückt sie gegen die Hauswand. Ruth bedeutet mir, zuerst hinauszugehen. Dann folgt sie mir, schließt die Tür und versichert sich, dass sie ins Schloss gefallen ist. Es hat zu schneien begonnen. Ich stecke die Hände in die Tasche, um meine Handschuhe herauszuziehen. Ruth bindet sich einen Schal um den Hals.

»Tut mir Leid, dass ich dich enttäuscht habe, Lucia.«

»Du hast mich nie enttäuscht. Ich mach mir bloß Sorgen um dich.«

Ruth sieht auf die Madison Avenue hinaus. »Es ist schwer, alle zufrieden zu stellen, aber ich weiß, dass es eine Möglichkeit geben muss. Ich muss sie bloß finden.«

»Das wirst du.« Wie kann ich meiner besten Freundin sagen, dass es unmöglich ist, alle zufrieden zu stellen? Das hab ich aus erster Hand von den DeMartinos gelernt. Der Gedanke, Ruth verletzt zu haben, macht mich traurig. Ich kann sie heute Abend nicht niedergeschlagen heimgehen lassen. »Danke, Ruth«, sage ich.

»Wofür denn?«

»Dass du zumindest gesagt hast, du möchtest einen Laden mit mir aufmachen.«

»Das hab ich ernst gemeint.«

»Das weiß ich.« Ich umarme sie und gehe dann Richtung Fifth Avenue davon.

»Sei vorsichtig auf dem Heimweg!«, ruft sie mir auf dem Weg zu ihrer Bushaltestelle nach.

»Das bin ich«, antworte ich und werfe einen Blick die Fifth Avenue hinauf. Von meinem Bus ist noch keine Spur zu sehen. Es bläst ein zu kalter Wind, um zu warten, daher werde ich zu der Haltestelle ein paar Straßen weiter südlich laufen. Es ist besser, bei der Kälte in Bewegung zu bleiben.

Die Spitzen der Hochhäuser sind von dichtem Nebel umgeben, und die Beleuchtung aus den unteren Stockwerken wirft ein unheimliches Licht auf die Wolken, die tief und geisterhaft über der Stadt hängen. Ich ziehe meinen schwarzen Samtregenhut mit dem breiten Rand über die Ohren und binde ihn unterm Kinn fest. Die Hände vergrabe ich tief in meinen Taschen und gehe schnell in Richtung Downtown.

Ich frage mich, was aus mir werden wird. Ruth bietet mir netterweise an, einen Laden mit mir zu eröffnen, aber das ist bloß ein Hirngespinst. Sobald sie verheiratet ist, wird sie eine Weile arbeiten, dann werden sie und Harvey ein Baby bekommen, und sie wird daheim bleiben und sich um ihre Familie kümmern. Eigentlich könnte ich selbst einen Laden aufmachen. Aber wie? Ich bin keine Geschäftsfrau, sondern Schneiderin. Vielleicht liegt es daran, dass ich mit Brüdern aufgewachsen bin, denn für mich ist die Geschäftswelt eine Domäne der Männer. Doch es gibt einige Frauen, die sich in dieser Domäne bewegen, Frauen wie Edith Head in Hollywood. In *PhotoScreen* habe ich gelesen, dass Miss Head einen Ehemann, aber keine Kinder hat. Es gibt nicht viele Frauen, die arbeiten, wenn sie Kinder haben. Mutterschaft ist sicherlich schwierig, aber bevorstehende Mutterschaft ist auch nicht einfach. Während Rosemarys Niederkunft näher rückt, fällt mir auf, wie angespannt und nervös sie geworden ist. Roberto steht ihr treu, aber hilflos zur Seite. Wahrscheinlich ist er tief in seinem Innersten froh, dass nicht er, sondern sie die Sache zu bewerkstelligen hat. Wieder einmal sieht es so aus, als bliebe alles an den Frauen hängen.

Von allen Menschen, die ich kenne, beneide ich einzig und allein Delmarr um sein Leben. Wenn er nicht arbeitet, ist er in der Stadt unterwegs und vergnügt sich. Er trifft sich mit interessanten Frauen, Intellektuellen oder großen Schönheiten, manche sind eine Mischung aus beidem, und immer betrachtet er das Leben als eine einzige Party. Er erzählt faszinierende Geschichten von Gesellschaften, Bällen und Nachtclubs, von ruchlosen Charakteren und Künstlern, und die Summe seiner Ausbeute ist so bunt, dass er zuweilen selbst nicht glauben kann, was für ein Leben er führt. Wie herrlich, zufrieden zu sein und dennoch voller Staunen.

Ich überquere die große Kreuzung an der Ecke des Madison Square Parks und gehe weiter die Fifth Avenue hinunter. Es scheint kälter zu werden, und der Nieselregen verwandelt sich in eisigen Schneeregen, der mir wie winzige Pfeile ins Gesicht sticht. Ich beschließe, ein Taxi anzuhalten. Lastwagen und Autos zischen an mir vorbei, aber nirgendwo ist ein Taxi zu sehen.

Als ich eines entdecke, ist es belegt – zweifellos kommt es von Uptown herunter, wo sich alle beim ersten Regentropfen in Taxis flüchten. Ich will schon aufgeben, als ein Wagen neben mir hält und die Scheibe heruntergekurbelt wird.

»Lucia! Ich bin's, John Talbot«, sagt der Mann und lehnt sich über den Vordersitz seines glänzenden, mitternachtsblauen 1950er Packard mit beigen und dunkelroten Streifen am Trittbrett. Ich erinnere mich an das Modell aus einem Katalog von Exodus. Mein Bruder würde gern solch ein Auto besitzen, aber sie werden nur auf Bestellung hergestellt und sind sündhaft teuer. »Soll ich Sie mitnehmen?«

Ich gehe schnell die Liste der Sicherheitsvorkehrungen für ledige Mädchen durch und schieße die Verbote in den Wind, als ich mir klar mache, dass mir John Talbot von Delmarr vorgestellt wurde. Dieser Typ mag eine Menge Freundinnen haben, aber er hat ein Auto bei diesem Wetter, das sich zu einem schlimmen Sturm auszuwachsen droht. »Macht's Ihnen nichts aus?«, frage ich.

»Überhaupt nicht.«

»Steigen Sie nicht aus«, bitte ich ihn, als er versucht, trotz des starken Verkehrs auszusteigen, um mir die Tür aufzuhalten. Ich steige schnell ein.

»Ich werde mal ein Wörtchen mit Delmarr reden müssen. Was bildet der sich eigentlich ein, Sie so lange arbeiten zu lassen?«

»Es ist nicht seine Schuld. Ich hab meiner Freundin Ruth bei ihrem Brautkleid geholfen.« Ich streiche meinen Rock glatt und stelle fest, dass die Autositze aus feinstem Leder sind. Im Innern ist alles sauber und ordentlich. Dies ist ein Mann, der seine Sachen hervorragend in Schuss hält.

»Sie nähen eine Menge Hochzeitskleider, nicht wahr?«, fragt John und fädelt sich wieder in den Verkehr ein.

»Ständig.«

»Macht das Spaß?«

»Nun, Sie können sich ja sicher vorstellen, dass für ein Brautkleid viel Mühe verwendet wird, denn das Mädchen möchte sich ihrem zukünftigen Mann von ihrer besten Seite präsentieren. Aber wenn die Mädchen zu uns kommen, um diese beste Seite zu finden, verwandeln sie sich, um ehrlich zu sein, in tobende Furien.«

John lacht. »Aber in den Zeitungen sehen sie so süß aus mit ihren Krönchen und Schleiern.«

Das ist interessant. John Talbot liest die Klatschspalten, genau wie Ruth und ich. Doch glaube ich nicht, dass ihn die Mode dabei interessiert. Möglicherweise prüft er, welche Namen in seinem Adressbuch gestrichen werden müssen. »Oh ja, wir verbringen viel Zeit damit, aus Bestien wieder zurückhaltende junge Damen zu machen. Manchmal frage ich mich, ob die angehenden Ehemänner diese Seiten ihrer Verlobten je zu Gesicht bekommen.«

»Wahrscheinlich nicht. Ihr Frauen wisst schon, wie ihr uns hinters Licht führen könnt. Wir sind arme Trottel für euch.«

»Dann würde ich sagen, dass ihr verdient, was ihr kriegt«, antworte ich ihm.

»Haben Sie einen Freund?«, fragt John freundlich.

»Würde Sie das etwa stören? Sie haben mich an Silvester geküsst, als würden Sie mich schon ewig kennen.« Ich kann nicht fassen, dass ich den Kuss erwähnt habe. Sofort wünsche ich mir, ich hätte den Mund gehalten.

»Ich weiß. Dafür möchte ich mich entschuldigen«, sagt John aufrichtig. »Ich hab mich wirklich nicht wie ein Gentleman benommen, obwohl ich Ihnen versichern darf, dass ich durchaus einer bin. Es ist einfach mit mir durchgegangen. Dieses goldene Kleid war schon was Besonderes.«

»Danke.« Jetzt bin ich froh, dass ich die Rolle mit dem Goldlamé im Stofflager versteckt habe. Wir schweigen eine Weile, während ich darüber nachdenke, wie ich die Unterhaltung wieder in Gang bringen kann. »Delmarr sagte mir, Sie verkaufen Stoffe.«

»Das ist nur eine meiner vielen Tätigkeiten.«

»Wie schaffen Sie es, mehr als eine Sache zu tun?«

»Wahrscheinlich, weil ich jung bin und viele verschiedene Dinge ausprobieren möchte, bevor ich mich für eine Sache entscheide.«

Das ist ein schlechtes Zeichen, denke ich. Wenn er sich schon bei seiner Arbeit nicht festlegen kann, wie soll ihm das bei einer Frau gelingen?

»Aber eines Tages werde ich mich für eine Sache entscheiden«, sagt er, als habe er meine Gedanken gelesen.

Ich atme langsam aus. Gut. Er ist kein Luftikus, sondern vielseitig begabt. »Oh, fahren Sie bitte hier rechts in die Commerce Steet.«

John verpasst die Abzweigung und fährt bis zur Siebenten Avenue Süd hinunter. »Tut mir Leid«, sagt er, ohne es zu meinen.

»Jetzt müssen Sie um den ganzen Block fahren, um mich heimzubringen.«

»Das war meine Absicht«, antwortet er leichthin. »Ich rede gern mit Ihnen und schinde nur Zeit. Ist das in Ordnung?«

»Ich hab den ganzen Tag über eine Nähmaschine gebeugt verbracht, also müssen Sie mir schon genau erklären, was Sie damit meinen.«

»Na schön, dann erklär ich's Ihnen. Ich möchte Zeit mit Ihnen verbringen.«

»Sie kennen mich doch gar nicht.«

»Ich sehe, wer Sie sind.«

»Wussten Sie, dass ein Fluch auf mir liegt?«, frage ich. John lacht. »Doch, das stimmt. Und meine Mutter, Gott segne sie, dachte, ich sei noch mal davongekommen, als ich ohne Muttermal im Gesicht auf die Welt kam, weil das ihre größte Angst war. Aber ich glaube, ein Fluch ist ein schleichendes Gift – er übermannt einen vielleicht nicht gleich, sondern wirkt langsam. Und eines Tages bringt er einen um. Kennen Sie irgendwelche Italiener?«

»Sicher.«

»Haben Sie je einen kennen gelernt, der mit einem Fluch belegt war?«

»Nur Sie.«

»Und das schreckt Sie nicht ab?«

»Nicht im Mindesten.«

Ich zeige auf meine Straße. »Dort drüben. Verpassen Sie's diesmal nicht.«

John bremst und biegt in die Commerce Street ein. In dem frisch gefallenen Schnee ist eine Fußspur auf dem Gehsteig. Ich deute darauf. »Wenn es schneit, sitze ich an meinem Fenster und sehe zu, wie der Schnee herunterrieselt. Und wenn ich die ersten Fußspuren darin sehe, erinnern sie mich unwillkürlich an die Füße aus Pappmaché im Arthur-Murray-Studio, mit denen Tanzschritte demonstriert wurden.«

»Also tanzen Sie?«, fragt er.

»Mit Begeisterung.« Allerdings werde ich John Talbot nicht erzählen, dass ich meinem Bruder Angelo früher fünfundzwanzig Cents bezahlte, damit er mit mir tanzen ging.

»Irgendwann gehen wir tanzen.«

»Gern.« Ich deute auf mein Haus. »Es ist die Nummer fünfundvierzig.«

John hält davor an. »Warten Sie, ich komme auf die andere Seite«, sagt er. »Tut mir Leid, dass ich Ihnen beim ersten Mal die Tür nicht geöffnet habe.« Gute Manieren, denke ich, als er vorn um den Wagen herumgeht und meine Tür aufmacht. Der Schnee, der auf seinem Haar liegt, erinnert mich an die Konfetti in der Nacht, als er mich küsste.

»Wo ist Ihr Hut?«, will ich wissen.

»Auf dem Rücksitz.«

»Sie sollten ihn aufsetzen«, rate ich ihm und ziehe die Krempe meines Huts über die Augen. John holt seinen Hut heraus, nimmt meinen Arm und bringt mich zu unserer Haustreppe.

Wir bleiben stehen und sehen uns einen Moment lang an, nicht lange genug, um uns schließlich zu küssen, aber lange genug, um einen Kuss zu wollen. Jetzt kennt er mich ein bisschen und weiß, dass ich nicht zu den Mädchen gehöre, die man in einem Nachtclub ungefragt auf die Lippen küsst. Aber er ist auch nicht der Mann, der ein Mädchen in einem Nachtclub küsst, ohne vorher zu fragen.

»Na schön, gute Nacht, Lucia.« Er tippt an seinen Hut.

»Gute Nacht, John. Danke fürs Heimbringen.« Ich öffne die Tür und hole tief Luft, sobald ich drinnen bin. John Talbot raubt mir den Atem. Er ist kein Mann, bei dem ich mich wohlig entspannt fühle, sondern einer, der mich auf Trab hält. Ich weiß nie, was er als Nächstes tun wird.

Das Haus ist vom vertrauten Geruch köchelnder Tomaten mit Basilikum erfüllt. Ich gehe die Treppe hinauf, um mir Hosen und einen von Papas alten Pullovern anzuziehen. Ich möchte einen schönen Teller von Mamas Penne essen und mich danach mit einem Glas von Papas Grappa vor den Kamin kuscheln und an John Talbot denken.

Kapitel 5

Nachdem Papa die Wohnung im Erdgeschoss für Roberto und Rosemary umgebaut hatte, nahm er Mamas Küche in Angriff. Er brachte rot-weiß gestreifte Tapeten an, installierte glänzend weiße Emaille-Armaturen und einen nagelneuen Gasherd mit vier Flammen und einem Grill. Das inspirierte mich, auch mein Schlafzimmer neu zu gestalten.

Als ich Delmarr erzähle, dass ich mich neu einrichten wolle, führt er mich zu D&D auf der Madison Avenue, wo er mir die erlesenste Auswahl von Tapeten aus der ganzen Welt zeigt: englische Designs von Colefax & Fowler, französische Kreationen von Pierre Frey und leuchtend bunte amerikanische Muster von Rose Cummings. Nachdem wir alles durchforstet haben, gehen wir schließlich doch wieder in die Einrichtungsabteilung von B. Altman's zurück, wo wir ein Design von Schumacher finden: gelbe Hundertblättrige Rosen an weißem Spalier vor himmelblauem Hintergrund. Delmarr informiert mich, dass Altman's den Auftrag zur Renovierung des Weißen Hauses für den Präsidenten und Mrs Harry Truman bekommen hat. Delmarrs Kumpel Charles Haight, der mit ihm in der Verpackungsabteilung angefangen hat, wird der leitende Innenarchitekt sein. »Was für die alte Bess gut genug ist, ist auch gut genug für Sie«, meint Delmarr.

Wieder zu Hause, schiebe ich alle Möbel in die Mitte des Zimmers und öffne die Fenster, um Durchzug zu machen. Fast den ganzen Morgen verbringe ich damit, die Wände auszumessen. Da Kleister tückisch ist, kaufe ich drei Extra-Rollen, für den Fall, dass Fehler passieren. Gerade als ich den Kleister in eine Schale gieße, klopft es an der Tür.

»Vorsicht!«, rufe ich.

Ruth öffnet die Tür. »Hallo. Deine Mom hat gesagt, du seist hier oben.«

»Mitten in der Arbeit.« Ich lege Roller und Schwamm weg.

»Brauchst du Hilfe?«

»Was machst du hier? Du heiratest doch nächste Woche.«

»Ich bin gut in Form, muss mich bloß ein bisschen entspannen.«

»Dann setz dich da rüber und sieh mir zu.«

»Sitzen treibt mich in den Wahnsinn. Lass mich helfen.«

»Bist du sicher?«

Ruth nickt. Ich zeige ihr die Pläne und deute auf eine Stelle an der Wand. »Ich fang genau dort an.« Ich gebe ihr eine Tapetenrolle, die sie auf dem Boden ausrollt, und anschließend macht sie, ganz die Schneiderin, die sie ist, mit dem Bleistift kleine Markierungen an die Wand, um die Abmessung der Tapete anzuzeichnen.

»Du hast die Wände bereits vorbereitet, wie ich sehe«, sagt Ruth und streicht anerkennend darüber.

»Ja.« Und dann widmen wir uns genau wie im Schneideratelier unseren verschiedenen Arbeiten. Egal, ob wir tapezieren, eine Anprobe durchführen oder Essen bestellen, wenn wir Überstunden machen – wir wissen immer, wie man eine Aufgabe auf die effizienteste Weise erledigt. Immer scheinen wir zu wissen, was die andere denkt, immer sehen wir vorher, was die andere braucht, und helfen uns gegenseitig, unser Ziel zu erreichen. So sieht vermutlich eine gute Ehe aus, denke ich. Während wir Seite an Seite arbeiten, packen mich Schuldgefühle. Ich war zu meiner besten Freundin zu hart gewesen.

»Ruth, es tut mir Leid, was ich gestern gesagt habe.«

»Nein, nein. Entschuldige dich nicht. Du bist ehrlich zu mir. Und ich finde, du hast Recht.« Ruth nimmt die Wasserwaage und schneidet ein Stück Tapete ab, das bis zur Bodenleiste reichen soll. Ich helfe ihr, als sie es probeweise an die Wand hält.

»Ich hätte nicht laut werden sollen.«

»Du bist Italienerin und wirst eben laut. Es ist schon gut.«

Sorgfältig streiche ich den Kleister auf die Rückseite der Tapete, gemeinsam tragen wir sie zur Wand, kleben sie an und streichen sie mit dem Besen glatt. Dann treten wir zurück, um das Ergebnis zu begutachten.

»Toll«, sagt Ruth lächelnd. »Gute Wahl. Gefällt mir.«

Die Farben, das Muster, die Anmutung des Ganzen passen zu dem Zimmer. Der Gesamteindruck ist perfekt. »Mir gefällt's auch.«

»Fragst du dich nicht manchmal, woher wir das wissen?«, fragt Ruth und markiert mit dem Stift das nächste Tapetenstück. »Wie es kommt, dass uns klar ist, was funktioniert? Diese Tapete zum Beispiel. Du hast das richtige Muster für dieses Zimmer ausgesucht. Warum? Die reichen Mädchen, die zur Anprobe kommen, sind immer so … unsicher. Sie wissen nie, welche Farbe ihnen steht oder welcher Schnitt ihrer Figur schmeichelt. Sie wollen immer rausfinden, was andere Kundinnen sich machen lassen, um es dann zu kopieren. Sie selbst haben keine Ideen.«

»Dafür bezahlen sie *uns.* Damit wir ihnen sagen, was sie nehmen sollen. Vielleicht hat Gott ihnen deswegen all das Geld und uns das Talent gegeben. Es ist die alte Geschichte von Angebot und Nachfrage«, erkläre ich ihr.

Ruth hilft mir, eine zweite Bahn anzubringen. »Harveys Cousin Jake kommt aus Kalifornien zur Hochzeit. Er ist Junggeselle und hat keine Begleiterin …«

»Ruth, ich werde sicher mit ihm tanzen, aber ich hab bereits einen Begleiter. Ich hab's Delmarr versprochen.«

»Ah, ach ja.«

»Und außerdem hab ich schon genug Verehrer und könnte nicht noch einen brauchen. John Talbot hat mich gestern Abend an der Straße aufgelesen.«

»*Was?*«

»Ja. Und er hat mich heimgefahren und hätte mich beinahe geküsst.« Lächelnd sehe ich Ruth an. »Und nächstes Mal wird es nicht nur beinahe sein.«

Mama hat Ruth gebeten, zum Essen zu bleiben, weil es nur recht und billig ist, die freiwillige Helferin einzuladen, aber sie ist mit Harvey verabredet. Sie verpasst ein köstliches Mahl. Mama hat Papas venezianisches Lieblingsgericht gekocht, einen herzhaften Fischeintopf nach einem Rezept seiner Tante in Godega. Rosemary hat Mama beim Kochen geholfen und das Rezept für ihre (und meine) Sammlung aufgeschrieben.

❉

Viola Perins Fisch-Brodetto

Für 8 Personen

Zutaten

1 Pfund Shrimps, geschält und entdarmt
1 Pfund Hummerschwanz, in Stücke geschnitten
1 Pfund Seezunge, in Stücke geschnitten
1 frische Zitrone
1/4 Tasse Olivenöl
1 große Zwiebel, in Scheiben geschnitten
3 zerdrückte Knoblauchzehen
6 frische, gestückelte Tomaten

1 Tasse Aceto balsamico
½ Liter Wasser
3 Tassen Rotwein
3 Esslöffel geschnittene Petersilie
Salz und Pfeffer

Fisch vorbereiten, mit Zitrone beträufeln, beiseite stellen. In einen großen Topf Olivenöl und Zwiebeln geben, Knoblauch und Tomaten andünsten, Aceto balsamico zufügen. Wasser und Wein zugeben. Gut umrühren. Fisch und Petersilie zugeben. Mit Salz und Pfeffer abschmecken. Bei mittlerer Hitze etwa 40 Minuten köcheln lassen, bis der Fisch gar ist. Zum Anrichten Suppenteller mit dünnen Scheiben getoastetem Weißbrot auslegen, den Eintopf darüber geben und servieren.

*

Rosemary und ich helfen Mama beim Anrichten. Mama schneidet mit der Schere Basilikum von dem Topf am Fenster ab, wäscht es, schneidet es in Streifen und streut es über die angerichteten Teller.

»Maria!«, ruft Papa aus dem Wohnzimmer. »Maria, *presto!*«

Mama lässt ihr Geschirrtuch fallen und eilt ins Wohnzimmer. Rosemary und ich folgen ihr. Roberto, Orlando, Angelo und Exodus lächeln hinterhältig. Mama sieht sie an. »Was ist los?«, fragt sie. Papa hebt sie hoch und wirbelt sie herum. »Antonio, lass mich runter. Das tut deinem Rücken nicht gut«, sagt sie tadelnd.

»Du wirst es nicht glauben«, sagt Papa und bedeckt ihr Gesicht mit Küssen.

»Was? Was werde ich nicht glauben?«

»Zio Antonio hat uns das Familienanwesen in Godega vermacht. Meinen Bauernhof! Das Haus, in dem ich geboren wurde. Den Stall, wo unser Pferd stand, die Weizenfelder dahinter, alles. Es gehört uns!«

»Wer hat das gesagt?«, fragt Mama.

»Mein Cousin Domenic hat mir einen Brief geschrieben. Hier. Sieh selbst.« Papa gibt Mama den Brief, und meine Brüder quasseln alle gleichzeitig los, was mit der Erbschaft geschehen soll.

Mama streicht ihre Schürze glatt. »Was wollen wir mit dem Bauernhof machen?«

»Wir werden hinfahren!«

»Wann?«

»Im August.«

»Aber ich hab bereits in New Jersey ein Haus gemietet.«

»Sag's ab. Maria, *vivi un po'!* Keine Widerrede. Wir fahren nach Italien. Die ganze Familie fährt heim.«

Rosemary streicht mit der Hand über ihren Bauch. »Ich weiß nicht, Papa. Das Baby ist dann noch sehr klein, und es ist eine weite Reise.«

»Das wächst schon! Es ist mein Zuhause, und meine Enkel sollen es als ihr eigenes kennen lernen! Außerdem ist es italienisches Gesetz, den Anspruch auf seinen Besitz persönlich einzufordern.«

»Ich werde meine Ferien nicht in Italien mit Hühnerfüttern und Ziegenmelken verbringen«, sagt Mama und stützt die Hände in die Hüften. »Ich hab hier schon genug zu tun.«

»Du kommst mit nach Italien, Maria«, erwidert Papa entschieden.

»Ich geh nirgendwohin«, gibt Mama zurück.

Es ist so still im Wohnzimmer, dass wir ein Taxi hören können, das hupend die ganze Siebte Avenue entlangfährt. Mama und Papa starren einander an. Meine Brüder weichen zurück und prüfen rasch, wie sie sich schnell aus dem Staub machen könnten. Wir alle wissen, was als Nächstes ansteht: ein Riesenkrach, bei dem jede Kränkung aufs Tapet kommt, die Mama im Laufe ihrer langen Ehe einstecken musste.

»Mama«, flehe ich und versuche die drohende Bombenexplosion abzuwenden. »Kannst du dich nicht freuen für Papa?«

»Lucia, du hast keine Ahnung von Bauernarbeit. Der Vater deiner Mutter war Bauer, vergiss das nicht. Und das ist ein Höllenleben. Den ganzen Tag wird auf dem Feld geschuftet und abends im Stall. Das ist kein Spaß, und dein Vater und ich sind zu alt, um uns das anzutun. Wir müssen den Hof verkaufen«, entscheidet Mama.

»Ich werde den Hof nie verkaufen!«, schreit Papa. »Nie!«

Mama weicht einen Schritt zurück, als sie den Ton in seiner Stimme hört. »Na schön, na schön, Antonio. *Basta.* Ich mach die Reservierung in New Jersey rückgängig, damit wir deinen Bauernhof ansehen können. Und damit ist die Sache erledigt. Bist du jetzt zufrieden?« Sie wendet sich um und geht in die Küche zurück.

Papa sieht ihr nach und schüttelt verständnislos den Kopf. Meine Brüder sehen mich an, aber ich hebe nur hilflos die Hände. Man mag uns beigebracht haben, Papa sei der Haushaltsvorstand und Chef der Familie, aber in Wahrheit kommandiert Maria Sartori die ganze Veranstaltung.

Ich breche das Schweigen. »Pop, tut mir Leid. Ich finde es wundervoll.«

»Ich auch, Pop«, sagt Rosemary lächelnd. Sie drückt seine Hand und geht dann nach oben.

Beim Essen sehen sich Mama und Papa nicht an. Dann nimmt Papa Hut und Mantel und begibt sich, die Haustür hinter sich zuknallend, auf einen Spaziergang. Ich sage Rosemary, sie solle sich hinlegen, ich würde schon den Abwasch übernehmen. Als meine Brüder und ich noch klein waren, hat Mama uns immer gesagt, dass die Speisen sich in Gift verwandeln würden, wenn man im Zorn isst.

»Ist Papa schon zurück?«, fragt Mama, als sie in die Küche kommt, wo ich die letzten Teller abtrockne.

»Nein.«

Mama setzt sich an den Küchentisch. Ich gieße uns beiden eine Tasse Tee ein. »Hast du vor, den ganzen Abend eingeschnappt zu sein?«, frage ich vorsichtig.

»Du kennst nicht die ganze Geschichte«, beginnt sie. »Ich hab den Brief gelesen. Dein Vater hat den Hof gekriegt und sein Bruder das Geld.«

»Zio Antonio hatte Geld?«

»Ja. Und er wusste von dem Streit zwischen deinem Vater und seinem Bruder. Aber anstatt das Geld und das Land beiden zu gleichen Teilen zu hinterlassen, hat er das Problem auf eine ganz eigene Art gelöst.«

»Vielleicht hatte Zio Antonio Angst, sie würden den Bauernhof verkaufen, wenn er ihn beiden vermacht hätte.«

»Natürlich hat er das gedacht. Die Familie deines Vaters hat nie was anderes als Schwierigkeiten gemacht.«

»Und wessen Schuld ist das? Du solltest Papa überreden, mit seinem Bruder Frieden zu schließen.« Ich sehe, dass Mama von meinem Ton überrascht ist. »Diese lächerliche Fehde hat schließlich lange genug gedauert.«

»So geht's uns aber besser«, beharrt sie.

»Ma, was ist denn so Schlimmes passiert, dass Papa und Zio Enzo seit fünfundzwanzig Jahren nicht miteinander reden?«

»Eine Menge Dinge.« Mama drückt den Teebeutel so heftig am Löffel aus, dass ich Angst habe, er könnte aufplatzen.

»Lass mich raten. Geld.«

»Natürlich ging's um Geld. Aber auch um Charakter. Enzos Frau hat deinen Vater beschuldigt, sie belästigt zu haben.«

»*Was?*« Ich kann mir nicht vorstellen, dass mein Vater so etwas tun würde.

»Dein Vater hat natürlich nichts dergleichen getan. Ich war ja da. Aber Caterina hat darauf bestanden. Sie war so eifersüchtig auf die Nähe zwischen Enzo und deinem Papa, dass sie eine furchtbare Lüge auftischte, um sie auseinander zu bringen. Aber das war bloß der Tropfen, der das Fass zum Überlaufen brachte. Sie und ich kamen von Anfang an nicht miteinander zurecht.«

»Warum?«

»Sie war eine Primadonna. Hat nie gearbeitet. Als wir alle zusammen hier in diesem Haus lebten, hab ich gekocht und geputzt, aber sie hat nie einen Finger gerührt. Ich war ihre Dienstmagd. Ich hab's getan, weil sie älter war und ich deinem Vater beweisen wollte, dass ich ein gemütliches Heim bereiten und mit allen auskommen kann, also hat's mir in bestimmter Hinsicht nichts ausgemacht. Aber Caterina war eine sehr unsichere Frau. Und meiner Meinung nach sind das die gefährlichsten Menschen auf dieser Erde – unsichere Frauen. Sie können an einem Tag mehr zerstören als eine ganze Armee.«

»Was hat sie denn getan?«

»Sie hat eine Menge Geld für sich selbst ausgegeben, und es war ihr egal, wenn für uns nichts übrig blieb. Am Ende des Monats, wenn wir die Rechnungen bezahlten, gab es immer einen Riesenkrach zwischen Papa und Enzo. Allein diese Streitigkeiten hätten für einen Bruch gereicht.«

»Ihr hattet eine gemeinsame Kasse?«

»Papa und Enzo haben alles, was die Groceria abwarf, in einen Topf geworfen, von dem beide Familien lebten. Natürlich gab es Schulden bei der Bank, und Caterina wusste das. Ich selbst hab ja nie viel Tand gebraucht und war mit sehr wenig zufrieden. Aber Caterina brauchte eine Menge Dinge, um glücklich zu sein. Sie war außer sich, als sie New York verlassen musste, aber das war die Abmachung: Wer beim Werfen der Münze verlor, musste gehen, und der Bruder würde ihn auszahlen. Es war die einzige Möglichkeit.«

»Also hat dich Papa seinem Bruder vorgezogen, und daraufhin hat mich Caterina mit dem Fluch belegt.«

»Richtig. Sie musste zum Schluss noch eine große Szene machen. Aber dein Vater und Enzo waren entschlossen, an der Vereinbarung festzuhalten. Keiner von ihnen hätte gekniffen. Eine Abmachung ist eine Abmachung. Und ich glaube nicht, dass Enzo besonders unglücklich darüber war. Er hat das Land immer vermisst. Ich glaube, wenn er gekonnt hätte, wäre er ins Veneto zurückgegangen und hätte seinen eigenen Hof bewirtschaftet.«

»Wahrscheinlich hätte Onkel Enzo den Hof in Godega gern selbst geerbt.«

»Jetzt ist es, wie es ist, Lucia. Ich bin sicher, Caterina ist glücklich mit ihrem Haufen Lire.«

Ruth und ich stehen kurz vor einem wichtigen Abgabetermin: Es ist eine Reisegarderobe für eine Dame aus der Park Avenue, die im Frühling Europa bereisen will. Es ist Ruth' letzter großer Job vor ihrer Hochzeit und ihren Flitterwochen. Als wir zusammenpacken, reißt Ruth ein langes Stück Packpapier ab und breitet es auf dem Zuschneidetisch aus. Dann nimmt sie ein Stück schwarze Kreide aus ihrer Nähzeugschachtel und schreibt »John Talbot« darauf. »Was für ein vornehmer Name. Hört sich nach einem Gelehrten, einem Banker oder irgendwas Großartigem an.«

»Wenn er so großartig ist, warum hat er dann nicht angerufen?«

»Das ist die Eine-Million-Dollar-Frage«, erwidert Ruth lächelnd.

»Meine Damen, für Ihr Schwarzes Brett.« Delmarr wirft einen Brief auf meinen Arbeitstisch. »Die Mutter Oberin von den Armen ›Wir kommen kaum über die Runden‹-Schwestern aus der Bronx möchte Ihnen für ihre Trachten danken. Sie wollen Sie in ihre Gebete einschließen.«

»Das ist nett«, sage ich aufrichtig.

»Schreiben Sie doch bitte an die Mutter Oberin zurück, Lucia, sie und ihr gesamter Orden möchten dafür beten, dass mein Haar nicht ausfällt. Heute Morgen hab ich eine kahle Stelle auf meinem Kopf entdeckt. Sie ist zwar klein, breitet sich aber möglicherweise weiter aus, und ich bin zu eitel, um mit einer Glatze rumzulaufen.« Delmarr dreht sich vor dem dreiteiligen Spiegel und klopft sich auf den Hinterkopf. »Gibt es einen Heiligen zum Schutz vor Haarausfall?«

»Sehen Sie mich nicht an. Ich weiß nichts über Heilige«, antwortet Ruth.

»Ich glaub nicht, dass es einen Heiligen dafür gibt, aber sicherlich gibt's Gebete für verzweifelte Situationen«, sage ich.

»Dann schließ Harvey mit ein«, sagt Ruth. »Wird denn auch für Juden gebetet?«

»Warum nicht?«, erwidere ich.

»Dann sag ihnen, sie sollen für die glänzende kahle Stelle an Harveys Oberkopf beten. Sie hat bereits Briefmarkengröße, aber das macht nichts. Ich hab ihm versichert, dass ich ihn trotzdem liebe.«

»So ist's am Anfang der Ehe.« Delmarr lehnt sich an die Wand. »Weshalb ich mich nie darauf einlassen werde. Welch ehrlicher Mensch kann sich schon vor eine Gruppe von

Leuten hinstellen und versprechen, auch in Krankheit (würg), auch in Armut (das soll wohl ein Scherz sein) oder sonstigem Unheil, das einen treffen mag, die Treue zu halten? Das Heiratsgelübde ist geradezu die Lizenz dafür, sich als Volltrottel aufführen zu dürfen, in dem genauen Wissen, dass die Person, die man geheiratet hat, egal, was für ein Arschloch man ist, es bis zum Tod bei einem aushalten wird. Da weiß doch jeder Depp, dass das ein schlechter Deal ist.«

»Könnten wir bitte das Thema wechseln?«, fragt Ruth freundlich. »Ich bin schon fast unter der Haube.«

»Lucia, ich geh mit John Talbot zum Mittagessen. Möchten Sie mitkommen?«

Bevor ich antworten kann, kommt John durch die Tür. Er trägt einen schwarzen Anzug mit feinen blauen Nadelstreifen. Seine Krawatte über dem blütenweißen Hemd ist aus cremefarbener chinesischer Seide. Warum ist er immer so herausgeputzt und deshalb so unwiderstehlich?

»Möchten Sie mitkommen?«, fragt Delmarr erneut.

»Ich kann nicht. Ich hab schon was vor.« Höflich lächelnd sehe ich Delmarr an, könnte ihm aber den Hals umdrehen. Ich lass mich doch nicht zu seinen Geschäftsessen mitschleppen, nicht, wenn John Talbot dabei ist.

»Na schön, macht nichts«, antwortet Delmarr beiläufig.

John senkt den Blick und sieht seinen Namen auf dem Papier. »Schickt mir da jemand eine Nachricht?«, fragt er und deutet darauf.

Ruth und ich sehen uns panisch an. Delmarr hilft uns sofort aus der Klemme. »Ach, das war ich. Ich hab Ruth gebeten, mich an unser gemeinsames Mittagessen zu erinnern.« Ruth und ich denken das Gleiche: Delmarr ist ein fixer Bursche, der einen schnellen Ball fangen kann.

»Wie geht es Ihnen, Lucia?«, fragt John lächelnd.

»Gut, danke. Haben Sie Ruth Kaspian schon kennen gelernt?«

»Sicher, im oberen Stockwerk. Erinnern Sie sich? Freut mich, Sie wiederzusehen.«

»Danke«, antwortet Ruth lächelnd. »Die Freude ist ganz meinerseits.« Delmarr bringt John hinaus. Sobald die beiden fort sind, beugt sich Ruth über ihren Zeichentisch. »Er ist umwerfend«, schwärmt sie. »Seine Zähne sind noch weißer als sein Hemd!«

»Das meint man, wenn man sagt: ›Der sieht wie ein Filmstar aus‹«, erkläre ich ihr.

»Vielleicht kommst du doch noch mit ihm zusammen. Es wäre eine Paarung der Schönheit. Meine Tante Beryl sagt immer, Geld heiratet Geld, und Hübsch heiratet Hübsch. Wenn sie angeheitert ist, sagt sie allerdings auch, Arm heiratet Arm und Hässlich Hässlich.« Ruth schenkt sich Kaffee aus ihrer Thermoskanne ein und gießt auch mir nach. »Rate, was Onkel Milt ist?«

»Hübsch?«

»Nein. Arm.«

Der Nachmittag vergeht ohne ein Zeichen von Delmarr. Die Sekretärin aus der Auftragsannahme bringt uns gegen vier eine Nachricht von ihm, dass er erst am Montagmorgen wiederkomme, weil er einen Termin außerhalb des Büros habe. Daran ist nichts ungewöhnlich – wir müssen oft in Stoff- und Kurzwarenläden Besorgungen machen. Ich kann es kaum erwarten, Delmarr über John Talbot auszufragen, aber damit werde ich bis nächste Woche warten müssen.

Ich nehme den Bus nach Hause, begierig, mich ins Wochenende zu stürzen. Am Sonntag ist Ruth' Hochzeit, aber den morgigen Tag werde ich damit verbringen, die Tapete in meinem Zimmer zu bewundern. Außerdem will ich ein neues Buch anfangen, *Mr Blandings baut sein Traum-*

haus, und einen neuen Schuhladen auf der Achtundfünfzigsten Straße Ost durchstöbern. Als ich aus dem Bus steige und von der Siebten Avenue in die Commerce Street einbiege, finde ich es tröstlich, wie die Laterne über unserer Haustreppe blinkt.

»Mama, ich bin zu Hause!«, rufe ich aus der Diele. Gerade, als ich die Treppe in mein Zimmer hinaufgehe, erscheint sie in der Küchentür.

»Du hast Gäste«, sagt Mama.

»Wirklich?« Ich versuche an Mama vorbeizusehen. »Wen denn?«

»Delmarr und diesen John, den wir an Silvester getroffen haben.«

Mama dreht sich um und geht in die Küche zurück. Mein Herz rast. Ich ärgere mich, dass ich keinen Lippenstift aufgelegt habe, bevor ich heimging, aber ich hatte ja auch keine Gäste erwartet. Ohne meinen Mantel auszuziehen, prüfe ich mein Gesicht im Spiegel neben der Tür und gehe ins Wohnzimmer.

»Ich bin überrascht«, sage ich zu Delmarr und John, als sie sich erheben, um mich zu begrüßen. »Das längste Mittagessen aller Zeiten hat Sie also in mein Haus geführt?«

»Ich wollte im Laden Ihres Papas ein gutes Olivenöl kaufen, und er hat uns zum Abendessen eingeladen«, erklärt Delmarr. »Legen Sie Ihren Mantel ab. Ihre Mutter hat mich überredet, einen Krug Manhattans zu mixen, und sie haben gerade die richtige Temperatur.«

»Großartig«, sage ich.

»Pop und die Jungs sind auf dem Heimweg, Liebling«, ruft Mama aus der Küche.

In der Diele ziehe ich meinen Mantel aus und hänge ihn neben den von John. Sein Mantel riecht leicht würzig nach Amber, ein Duft, der mir von Silvester noch in Erinnerung ist. Ich höre, wie sie sich drinnen unterhalten, also nutze ich den Moment, um seinen Mantel zu inspizieren. Er ist bis in die kleinsten Details hervorragend geschneidert: ein elegantes schwarzes Seidenfutter, Ledereinsatz am Innenkragen, Chamois-Futter an den Manschetten. Der hintere Schlitz ist mit Seidenschnüren verstärkt, eine alte Technik, die den Mantel über die Kniekehlen fallen lässt, ohne dass er Falten wirft. Auf der Ablage über der Garderobe liegt John Talbots Hut. Es ist ein Borsalino, auch er scheint Maßarbeit zu sein, wie der Zwickel in der Hutkrone zeigt. Die Handschuhe auf dem Hutrand sind aus schwarzem Ziegenleder mit umgeschlagenen Stulpen. John Talbot ist sehr eigen, und das gefällt mir. Ich hole den Lippenstift aus meiner Tasche und ziehe mir die Lippen nach. Dann sehe ich auf meinen einfachen Kamelhaarrock hinab und wünschte, ich hätte etwas Festlicheres an, aber es muss auch so gehen. Zudem will ich nicht, dass dieser Mann denkt, ich möchte ihn beeindrucken.

Ich gehe ins Wohnzimmer zurück. Delmarr reicht mir ein Glas. Rosemary kommt hinter Mama aus der Küche. Sie geht sehr langsam, die Last ihres Babys, mit dem sie jeden Moment niederkommen kann, ist in all ihren Bewegungen spürbar. John stellt ihr eine Menge Fragen: Wie sie sich auf das Baby vorbereitet hat, wo sie es zur Welt bringen will und wer ihr Arzt sei. Rosemary möchte wissen, warum er sich so sehr für Babys interessiert. Er erklärt ihr, dass sie das einzige Wunder auf dieser Erde seien. Mama sieht ihn beifällig an.

»Wir sind da!«, ruft Roberto durch die Tür. Meine Brüder lachen und scherzen miteinander. Papa führt sie ins Wohnzimmer, gibt Mama den Leinenbeutel mit dem Geld aus dem Laden und küsst sie auf die Wange.

»Wie ich sehe, haben Sie gut hergefunden«, sagt Papa zu Delmarr und John.

»Nicht ohne Kompass«, antwortet Delmarr. »Diese Straßen im Village schlängeln sich wie Rolatini.«

»Kennen Sie meine Brüder?«, frage ich.

Auf jeden einzelnen deutend, sagt John: »Das ist Roberto. Das ist Angelo. Das ist Orlando. Und der Schrank, der wie ein Ire aussieht, ist Exodus.«

»Hey, ich bin reinblütiger Italiener«, erwidert Exodus. »Oder soll ich's Ihnen beweisen?«

»Um Gottes willen«, antwortet John scherzend. »Ich hoffe, dass Sie mir am Ende des Abends so viel italienische Flüche beigebracht haben, wie ich behalten kann. An Ostern fahre ich als Gast der Mortensons nach Capri und möchte sie mit üblen Ausdrücken schockieren.«

Delmarr lacht. »Glaub mir, die wirst du nach einer Woche mit Vivie Mortenson auch brauchen. Die ist wirklich ein Thema für sich.«

»Nun, die Jungs hier werden es Ihnen beibringen«, verspricht Papa. »Sie kennen mehr schlimme Ausdrücke als ich, obwohl ich in Italien aufgewachsen bin.«

»Woher kennen Sie die Mortensons?«, frage ich John.

»Es sind alte Freunde.«

»Ich hab für Sally Mortenson das Debütantinnenkleid gemacht«, erkläre ich ihm. John lächelt höflich. Ich frage mich, ob er jetzt weniger interessiert an mir ist, nachdem er weiß, dass ich die Kleider für seine Freunde nähe.

Delmarr liest meine Gedanken. »Alle Mädchen verlangen Lucia, wenn sie zur Anprobe kommen. Sie wissen, dass sie die Beste ist.« Er zwinkert mir zu.

Während ich zusehe, wie die Männer lachen und scherzen, fällt mir auf, dass ich die meiste Zeit meines Lebens das einzige Mädchen in diesem Raum war. Als ich zu arbeiten begann, war ich froh, mit Frauen zusammen zu sein. Unter Frauen gibt es eine Art des Verstehens und des Austauschs, die ich sehr mag. Meinen Brüdern zum Beispiel konnte ich manches nicht sagen, was ich einer Schwester anvertraut hätte. Mama spürte dies und versuchte, es wettzumachen. Aber manches hätte ich doch lieber mit einer Schwester besprochen als mit Mama. Doch es gab mir auch Selbstvertrauen, das einzige Mädchen in der Sartori-Familie zu sein. Wahrscheinlich hätte ich nicht den Mut gehabt, meine Nähproben in die Maßabteilung von B. Altman's zu bringen, wenn meine Brüder mir kein Konkurrenzverhalten beigebracht hätten. Und wahrscheinlich hätte ich mich um gar keinen Job bemüht, wenn Papa mich nicht ermutigt hätte, für mich selbst zu sorgen. Er meinte, ich würde bessere Entscheidungen treffen, wenn ich sie freiwillig und nicht unter Druck treffen würde.

Ich helfe, das Essen zu servieren – Polenta und gebratene Wildhühner aus Cornwall. Delmarr unterhält sich angeregt mit meinen Brüdern über die Arbeit in der Groceria und stellt eine Menge Fragen. John sagt, er könne sich nicht vorstellen, wie man sich verhalten solle, wenn einer der Jungen nicht richtig anpacke – man könne doch kein Familienmitglied feuern? Während des Essens erzählt John Anekdoten über Leute, die er auf seinen ausgedehnten Reisen kennen gelernt hat. Sogar Delmarr ist beeindruckt. Während wir das Geschirr abräumen, kommt Papa zur Sache.

»Also, John, was machen Sie beruflich?«, fragt er und gießt sich ein Glas Wein ein.

»Ich bin Geschäftsmann. Ich interessiere mich für Unternehmungen auf vielen Gebieten. Seit kurzem arbeite ich mit einem Textilfabrikanten in Spanien zusammen. Ich würde gern die Stoffläden auf der Fifth Avenue beliefern. Unter anderem.«

Papa zieht eine Augenbraue hoch. »Unter anderem?«

»Ja, Sir. Ich mache mich gern nützlich. Ich habe Verbindungen, die ich gern einsetzen würde, um Gutes zu tun.

Bischof Walter Sullivan hat mich gebeten, ein paar Busse für ein Erholungsheim auf dem Land zu organisieren …«

»Sie kennen den Bischof?«, fragt Mama beeindruckt.

»Seit vielen Jahren. Er brauchte jemanden, der ihm beim Transportproblem zur Hand ging, und ich hab ausgeholfen.«

»Darüber war er sicher froh«, sagt Mama lächelnd und nickt dann Papa zu. »Also sind Sie katholisch?«, fragt sie hoffnungsvoll.

»Ja, das bin ich.« John Talbot weiß es noch nicht, aber er hat das Herz meiner Mutter erobert.

»Antonio«, sagt meine Mutter, »den Portwein.«

»Und ich hol Ros Sesamplätzchen«, biete ich an.

»Die mach ich pfundweise. Sie sind mein einziges Gelüst in der Schwangerschaft«, sagt Rosemary entschuldigend zu Delmarr. »Ich hoffe, sie schmecken Ihnen.«

Roberto nimmt das Gespräch über die Groceria und seine Pläne, sie zu vergrößern und zu modernisieren, wieder auf. Auf seine weise Art lässt ihn Papa gewähren und von der Rekrutierung neuer Kunden, der Eröffnung eines zweiten Ladens und der Aussicht auf eine ganze Kette von Grocerias erzählen. Rosemary kennt diese Erzählungen zur Genüge und schaut entsprechend erschöpft drein, während sie an ihrem Plätzchen knabbert. Im Gegensatz zu Mama, die Robertos Ausführungen gern lauscht, weil sie stolz auf unseren Ehrgeiz ist. John hört Roberto aufmerksam zu, während der seine Träume ausspinnt.

»Wenn Sie ein Geschäft haben, das richtig gut läuft, *sollten* Sie expandieren«, erklärt ihm John. »Man kann nicht wachsen, ohne ein größeres Bild im Visier zu haben.«

»Sagen Sie das Papa. Er mag's lieber auf die alte Art«, antwortet Roberto.

»Ich bin nicht gegen das Neue«, erwidert Papa freundlich. »Ich weiß bloß nicht, wie man zwei Läden führen und trotzdem die Qualitätsstandards erfüllen kann, die ich mir selbst gesetzt habe. Ich bin ein Mensch, der jeweils immer nur ein Stück Obst inspizieren kann. Wenn die Kisten reinkommen, und ich schütte sie in einen Korb und kleb einen Preis darauf, ohne die Ware geprüft zu haben, bin ich nicht besser als der Laden oben an der Straße. Meine Kunden wissen, dass sie das Beste kriegen, weil ich es für sie ausgewählt habe. Mein Fisch kommt frisch aus dem Long Island Sund, mein Fleisch von Farmen in Pennsylvania und mein Obst von überall her, aus dem Norden des Bundesstaats oder sogar aus Italien. Noch immer beziehe ich meine Blutorangen von demselben italienischen Erzeuger, den ich seit meiner Jugend vom Markt in Treviso kenne. Dieser Bauer wickelt jede Orange einzeln ein, als sei sie ein Juwel, bevor er sie in Kisten verpackt und an meinen Laden schickt.«

Ich drücke Papas Hand. »Früher hab ich immer sehnsüchtig auf diese Kisten aus Italien gewartet. Der ganze Straßenzug hat nach Orangen gerochen!«

»Ich will nicht sagen, dass jeder so pingelig sein muss wie ich, aber meine Kunden vertrauen mir, und das ist eine Verpflichtung, die ich ernst nehme.«

»Sir, ich respektiere das.« Delmarr prostet Papa mit seinem Portwein zu. »Genau wie Sie glaube auch ich an Qualität. Aber ich finde, wir müssen der Realität ins Auge sehen, dass die Welt sich ändert. Seit dem Krieg heißt die Parole in meiner Branche: ›Wie viel können wir produzieren und wie schnell?‹ Früher sagte die Geschäftsleitung, wir dürften einen Kunden ablehnen, wenn wir nicht sicher wären, ein qualitativ tadelloses Kleidungsstück herstellen zu können. Heute zwingt man uns, jeden Auftrag anzunehmen. Der Zwang, Profit zu machen, geht auf Kosten der Qualität. Eigentlich sollten wir sieben Tage die Woche arbeiten und die doppelte Leistung bringen. Ich weiß nicht, wohin das alles noch führen soll, aber bestimmt zu nichts Gutem.«

»Seit die Jungs aus dem Krieg heimgekommen sind, hat sich unser Kundenstamm vergrößert«, sagt Mama. »Früher waren wir ein Geschäft für die Nachbarschaft, inzwischen kommen immer mehr Leute von Uptown runter.«

»Aus zwei Gründen«, erklärt Roberto. »Eine Menge Jungs waren in Italien stationiert und haben dort an frischem Basilikum, bestem Parmesan und gutem Olivenöl Geschmack gefunden ...«

»Und wo sollen sie das uptown finden? Diese Blaublüter haben keine Ahnung von echtem italienischem Essen. Also kommen sie zu uns runter«, fügt Exodus hinzu.

»Aber es geht nicht nur um unsere Waren«, sagt Papa. »Als ich in dieses Land kam, wurden die Italiener nicht freundlich aufgenommen. Doch als wir unsere Söhne gegen Hitler rüberschickten, wurde alles anders. Wir haben unserem Volk Ehre gemacht. Danach wurden wir von den Leuten in dieser Stadt mit anderen Augen angesehen.«

»Waren alle Sartoris beim Militär?«, fragt John.

»Ich bin der Einzige, der nicht bis nach Übersee gekommen ist. Ich hab mich gegen Ende gemeldet und hab's nur bis Fort Bragg geschafft«, sagt Exodus.

»Du hast dein Land trotzdem verteidigt, Ex.« Mama legt den Arm um ihn.

»Waren Sie im Krieg?«, fragt Papa John.

»Ja, Sir. Ich war in Frankreich stationiert.«

Ich lächle, weil ich weiß, dass Papa dies wichtig ist.

Gegen neun schläft die Unterhaltung ein, weil wir alle von der Arbeitswoche müde sind. Nur John Talbot ist noch munter und wird immer aufgekratzter, je länger der Abend dauert. Er ist ein Nachtmensch, denke ich, ganz im Gegensatz zu mir. Ich gehe gern früh zu Bett und wache vor Sonnenaufgang auf, was mich in den Genuss eines langen Vormittags bringt. John Talbot bleibt wahrscheinlich bis zum Morgengrauen in Clubs. Vermutlich hat er viele gesellschaftliche Verpflichtungen in seinem Beruf und muss abends mit Geschäftsleuten ausgehen. Das wäre ein kleiner Nachteil, aber John hat genug andere erfreuliche Eigenschaften. Ich bin ein Mädchen, das seine Gefühle kaum zeigt (vermutlich wiederum ein Resultat des Zusammenlebens mit Brüdern), aber tief in meinem Inneren spüre ich, dass ich bis über beide Ohren in Mr Talbot verknallt bin. Ich sehe ihn über den Tisch hinweg an und frage mich, wie ich mich fühlen würde, wenn wir ein Paar wären.

»Sie sind müde«, sagt John zu mir.

»Es war eine lange Woche. Wie es scheint, ist jeder Auftrag neuerdings eilig. Ruth und ich kommen kaum mehr nach.«

»Im Moment ist eindeutig viel los«, pflichtet Delmarr mir bei.

»Sagt diesen Modepüppchen, dass sie gefälligst warten sollen«, sagt meine Mutter. »Es hat doch keinen Sinn, sich wegen einem Partykleid aufzureiben.«

»Ja, Mama.«

»Ja, Ma'am«, versichert ihr Delmarr, als er und John aufstehen und sich verabschieden.

John Talbot wendet sich an meine Mutter. »Vielen Dank für das köstliche Essen.«

»Kommen Sie jederzeit wieder«, antwortet meine Mutter herzlich.

»Ich verspreche Ihnen, das werde ich.«

Ich bringe die beiden in die Diele hinaus. Während John seinen Mantel anzieht, reiche ich ihm seinen Hut. »Borsalinos sind sehr schick.«

»Und haltbar. Solch einen hat man sein ganzes Leben lang.«

Delmarr hält mit ausgestreckter Hand seinen Hut vor sich, bevor er ihn aufsetzt. »Ich hoffe, auch meiner besteht die Prüfung.«

»Tadellos wie immer, Monsieur Delmarr. Lilly Dache wäre zufrieden.«

»Ah, danke, danke. Ich hol Sie am Sonntag gegen zwei ab, Lucia. Ich kann es gar nicht erwarten, Ruth in ihrer Elizabeth-Taylor-Robe zu sehen. Sie lässt mich keinen Blick darauf werfen, obwohl ich sie entworfen habe. Offensichtlich bedeuten Männer ganz allgemein Unglück. Bitte danken Sie Ihrer Mutter noch mal für das Essen.«

Delmarr öffnet die Tür und tritt hinaus. John und ich bleiben einen Moment schweigend zurück, bis ich sage: »Gute Nacht, John.«

»Lucia? Haben Sie morgen schon was vor?«

Im Geist gehe ich schnell meine Aufgaben für den Tag durch, stelle mir dann vor, wie ich gemütlich mein Buch lese.

»Nichts Besonderes«, antworte ich.

»Hätten Sie Lust auf eine kleine Ausfahrt?«

»Das wäre nett.«

»Ich hol Sie um eins ab.«

Nachdem ich die Tür hinter ihm geschlossen habe, beobachte ich durch die rosafarbenen Scheiben, wie er und Delmarr zur Barrow Street hinaufgehen und dann abbiegen.

»Er sieht toll aus«, sagt Rosemary hinter mir.

»Traust du toll aussehenden Männern, Ro?«, frage ich sie.

»Nie.«

»Ich auch nicht.«

»Aber ich mag ihn. Und er mag meine Sesamplätzchen, was von einem guten Geschmack zeugt.« Rosemary reicht mir eine Karteikarte, auf der sie bereits das Rezept für mich aufgeschrieben hat.

*

Rosemary Sartoris Sesamplätzchen

Ergibt 3 Dutzend

Zutaten

3 Tassen Mehl, gesiebt
1 Prise Salz
1 Teelöffel Backpulver
125 g Butter (Zimmertemperatur)
3/4 Tasse weißer Zucker
3 große Eigelb
1 Teelöffel Vanilleextrakt
1 Hand voll Sesamkörner
1 Esslöffel Sahne

Mehl, Salz und Backpulver in einer mittelgroßen Schüssel vermengen. In einer großen Schüssel die Butter mit dem Zucker verrühren, dann die Eigelb und die Vanille zugeben. Die trockene Mischung aus der kleineren Schüssel in die große geben und gut durchkneten. Zu einer Kugel formen, in Folie wickeln und für ein paar Stunden in den Kühlschrank legen. Wenn die paar Stunden um sind, den Teig auf einem bemehlten Brett in Streifen ausrollen und in 2 cm lange Stücke schneiden. Sesamkörner in Sahne einweichen und jedes Plätzchen darin eintauchen. Die Plätzchen auf ein gebuttertes Backblech legen und 9 Minuten bei 200 Grad backen.

*

Den Morgen verbringe ich damit, unten im Wäscheraum die Hemden meiner Brüder zu bügeln, was ich eigentlich immer ganz gern tue. Der frische Geruch der Baumwolle, der durch die Berührung mit dem Dampfbügeleisen aufsteigt, ist angenehm. Es stimmt mich zufrieden, auf die frisch gestärkten Hemden zu blicken, die ordentlich, nach dem Alter meiner Brüder aufgereiht, am Kleiderständer hängen. Bei der ganzen Hausarbeit und Ruth' Hochzeit am Sonntag wäre mir fast lieber, ich hätte mich am Nachmittag nicht mit John verabredet. Eigentlich verabrede ich mich nicht gern so kurzfristig, aber er hat etwas an sich, was mich meine Vorsätze vergessen lässt.

Als er um Punkt eins vor unserer Tür steht, wartet Mama schon mit ein paar eingewickelten Truthahn-Sandwiches und einer kleinen Tüte von Rosemarys Sesamplätzchen, die sie uns auf den Ausflug mitgibt.

»Waren Sie schon mal in Huntington?«, fragt John, als er mir die Wagentür öffnet. Ich bemerke einen weißen Salzrand an den Kotflügeln, das einzige Anzeichen, dass der Wagen seit Anfang des Winters die Garage verlassen hat.

»Nein«, antworte ich.

Er geht um den Wagen herum und setzt sich auf den Fahrersitz. »Long Island. Da wird eine Menge gebaut. Aber Grundstücke mit Meerblick sind rar. Grundstücke verkaufen: Damit kann man das große Geld zu machen.« Er sieht mich lächelnd an und lässt den Wagen an. Der Motor des Packards summt gleichmäßig wie eine Nähmaschine. »Ich habe einen Plan. Sie wissen, dass die ganze amerikanische Wirtschaft auf Grundbesitz basiert. Ich möchte ein Haus kaufen, es beleihen, ein nächstes bauen und so weiter, bis ein Unternehmen mit meinem Namen daraus wird. Was halten Sie davon?«

»Ich finde … das hört sich toll an.« Ich weiß nicht, was ich sonst sagen soll. Über Immobilien habe ich mir noch keine größeren Gedanken gemacht. Während wir zur East Side hinüberfahren, die Manhattan Bridge nach Brooklyn überqueren und auf den Highway einbiegen, erzählt mir John Talbot von seinem großen Traum, nämlich den Erlös aus dem Immobiliengeschäft dazu zu verwenden, ein Luxushotel in Manhattan zu eröffnen – mit Nachtclub, Restaurant, Dachgarten mit Ausblick und allem Drum und Dran. Seine Begeisterung ist ansteckend. Ich sehe die Damen in ihren Nerzmänteln und Perlen und die schicken New Yorker Wirtschaftsbosse schon vor mir, und mitten unter ihnen John Talbot, der sie mit Witz und Charme unterhält.

In Huntington Bay, Long Island, liegt noch ein Rest Schnee auf den Bäumen und den schräg abfallenden Rasenstücken. Die Häuser sind neu und verteilen sich in buntem Stilgemisch über die Hügel: koloniale Backsteinbauten, Connecticut-Farmhäuser und englische Tudor-Stil-Villen, die mir am besten gefallen. Die Kassettenfenster und ausladenden Tore der schlossartigen Backsteingebäude vermitteln mir ein Gefühl von Sicherheit.

»Sie mögen den Tudor-Stil, nicht wahr?«, fragt John und hält vor einem Haus an.

»Italiener mögen den englischen Stil. Mama hat Verwandte in Forest Hills. Sie sind ganz verrückt nach Tudor-Häusern.«

John fährt den Wagen vor ein leeres Grundstück. »Gehen wir«, sagt er und steigt aus. Er geht um den Wagen herum, öffnet die Tür und reicht mir die Hand. »Ich möchte Ihnen etwas zeigen.« Er führt mich einen Hügel hinauf. Er ist vereist, ich rutsche aus, und wir beide lachen, aber er schiebt mich vor sich den buckligen Hang hinauf, bis wir oben angekommen sind. Durch die Bäume sehe ich den silbrigen Himmel mit tief hängenden weißen Wolken.

»Das ist die Bucht«, sagt John.

Mich überkommt ein Gefühl, das ich noch nie zuvor verspürt habe. Ich fühle mich sofort mit dem Ort verbunden, als wäre ich schon einmal hier gewesen. Wie wäre es, am Wasser zu leben? Jeden Tag ans Meer zu gehen, die Wellen zu hören und das Salz zu riechen? Eigentlich war die elegante Upper East Side immer meine Vorstellung von luxuriösem Leben gewesen, aber jetzt träume ich von einem Blick aufs Meer. Ich sehe die blauen Sommer und die zartgrünen Frühlingstage vor mir, wenn das Treibholz in der Sonne von fahlem Grau zu mattem Weiß ausbleicht. Papa hat mir Geschichten von Besuchen in Rimini an der Adriaküste erzählt, wo der Sand so weiß ist wie Schnee und in der Mittagssonne die Augen blendet.

»Sie sollten eines Tages am Wasser leben«, sagt John, als wüsste er etwas über meine Zukunft, was ich nicht weiß.

Meine Füße verfangen sich in den trockenen Zweigen von ein paar alten Ästen. John kniet sich nieder und hilft mir aus dem Gestrüpp. Ich sehe auf ihn hinab und stelle mir unwillkürlich den Moment vor, wenn er um mich anhält. Er sieht zu mir auf, und ich bin mir sicher, dass er das Gleiche denkt. Ich ziehe meinen Fuß heraus und reiche ihm die Hand, um ihm aufzuhelfen. Schweigend gehen wir zum Wagen zurück.

Sobald wir wieder auf dem Highway sind, macht es mich traurig, das Meer hinter mir zurückzulassen. Ich sehe aus dem Fenster, weil ich nicht reden will. Ich muss erst darüber nachdenken, bevor ich es aussprechen kann. Zudem möchte ich mit Ruth darüber reden. Sie kennt sich aus in diesen Dingen.

»Möchten Sie meine Mutter kennen lernen?«, fragt John Talbot.

»Ja… sicher.« Ich bin überrascht, dass mir John seine Familie vorstellen will. Schließlich ist es unsere erste Verabredung.

»Wir müssen aber nicht. Wir können das auch ein anderes Mal machen«, schlägt er vor, weil er mein Unbehagen spürt.

Ich ändere meine Meinung. Je mehr Anhaltspunkte ich habe, um John zu verstehen, umso besser. »Nein, nein. Sehr gern. Lebt sie hier draußen? Mit Ihrem Vater?«

»Nein, der starb, als ich sieben war. Sie hat wieder geheiratet, als ich zwölf war. Mein Stiefvater ist ein netter Mensch namens Edward O'Keefe.«

»Haben Sie noch Geschwister?«, frage ich.

»Nein.«

»Also kümmern Sie sich allein um Ihre Mutter?«

Aus irgendeinem Grund antwortet John Talbot nicht, und ich dringe nicht weiter in ihn. Er ist kein direkter Mensch. Wenn er sich unwohl fühlt oder nicht reden will, übergeht er die Frage einfach. Von sich aus rückt er nichts heraus. Aber verhalten sich nicht alle interessanten Männer so? Er ist ein Rätsel. Also bin ich nicht sonderlich überrascht, als er in eine kreisrunde Einfahrt einbiegt, wo auf einem Bogen über dem Eingang »Creedmore« steht.

Wer nie von Creedmore gehört hat, aber plötzlich davorsteht, könnte es wegen der vornehmen Auffahrt mit den jahrhundertalten, efeuumrankten Eichen für ein privates Anwesen halten. Aber das ist es nicht. Es ist ein Heim für Alte, Kranke und Nervenpatienten, die Erholung vom Lärm der Welt brauchen. So wurde es mir erklärt, als ich ein junges Mädchen war.

»Arbeitet Ihre Mutter hier?«, frage ich John, als wir unter das Vordach treten, das sich über dem Haupteingang erstreckt.

»Nein, sie lebt seit drei Jahren hier.« John hält mir die Tür auf. Hinter dem kleinen Foyer befindet sich ein riesiger Besucherraum, wo entlang der Wände lauter Alte in ihren Rollstühlen aufgereiht sind, einige allein, andere in Gesellschaft ihres Wochenendbesuchs. Die Mitte des Raums ist seltsamerweise leer, wie eine Zirkusmanege, bevor die Vorstellung beginnt.

Während wir zum Empfang gehen, sehe ich, dass die Patienten sauber und gepflegt sind, was aber die Traurigkeit nicht wettmacht, die ich beim Blick in ihre Augen bemerke. Die Schwester am Empfang begrüßt John, als er sich einträgt. Dann führt er mich zu den Zimmern.

»Meine Mutter hat mich spät bekommen. Sie war schon fast vierzig. Vor vier Jahren hatte sie einen leichten Schlaganfall«, erklärt mir John auf dem Weg. »Das erste Jahr hab ich sie selbst gepflegt, aber dann hat sie noch einen erlitten, einen sehr schweren, und die Sprache verloren. Ihre Ärzte haben ein von Nonnen geführtes Heim auf Staten Island vorgeschlagen, aber meine Mutter mochte Staten Island noch nie. Ich hab mich nach anderen Alternativen erkundigt, und einer der Ärzte hat mir dieses Haus empfohlen.«

John öffnet die Tür zum Zimmer seiner Mutter und bedeutet mir einzutreten. Das Zimmer ist ziemlich geräumig, mintfarben gestrichen und spärlich möbliert. Das Schönste ist ein großes Fenster an der Stirnwand, das auf einen Skulpturengarten hinausführt, hinter dem sich weites Land erstreckt.

Zwei Patienten sind in diesem Raum untergebracht. In dem Bett am nächsten zur Tür schläft eine kleine weißhaarige Frau in fast sitzender Haltung auf hoch aufgetürmten Kissen. In dem anderen Bett mit Blick aus dem Fenster verzehrt eine zierliche, ebenfalls weißhaarige Frau ihr Mittagessen. Ihr Haar ist wellig, ihre Fingernägel sind kurz und leuchtend rot lackiert. Sie trägt einen gebügelten rosafarbenen Hausmantel mit Reißverschluss.

»Ich hab heute eine Freundin mitgebracht«, sagt John und küsst sie auf die Wange.

Sie lächelt, blickt zu ihm auf und greift dann nach seinem Arm. Er beugt sich hinunter und küsst sie noch einmal. »Ich möchte dir Lucia Sartori vorstellen.«

»Hallo, Mrs O'Keefe.« Ich lächle sie an.

Ohne zu lächeln mustert sie mich von oben bis unten und wendet sich wieder ihrer Suppe zu.

»Ich hab dir ein paar mit Schokolade überzogene Marshmallows mitgebracht.« John stellt die Schachtel mit den Süßigkeiten auf den Nachttisch. »Behandelt man dich gut?«

Sie kann nicht antworten, was sie aber nicht zu stören scheint. Offensichtlich geht es ihr gut hier. Ihr Bett ist sauber und das Zimmer makellos.

John zieht einen Stuhl heran und bedeutet mir, mich zu setzen. Er setzt sich auf die Bettkante, nimmt die Hand seiner Mutter und redet mit ihr. Er hat die gleiche kräftige Kinnlinie wie sie, aber ihre Augen sind hellblau statt grau. In dem weißen Haar, das ihr Gesicht umrahmt, sind einzelne Fäden verblichenen Golds zu sehen. Es muss einst rot gewesen sein. »Mrs O'Keefe, hatten Sie früher rotes Haar?«, frage ich sie.

»Ja, so war es. Ein richtiges irisches Mädchen mit echtem irischem Temperament«, antwortet John.

Mrs O'Keefe sieht aus dem Fenster und seufzt. Sie greift nach den Süßigkeiten, die John mitgebracht hat, wickelt sie aus und bietet John und mir davon an. Wir bleiben eine halbe Stunde bei ihr sitzen, während ihr John die letzten Neuigkeiten aus den Nachrichten erzählt. Sie scheint nicht zuzuhören, aber er redet weiter und versucht, sie zu unterhalten.

Ich habe nie jemanden gekannt, der an einem Ort wie Creedmore lebte. Als die Mutter meiner Mutter nach dem Tod von Großvater zu uns zog, kümmerten wir uns selbst um sie. Sie außerhalb des Hauses pflegen zu lassen, wäre undenkbar gewesen. Während ich Mrs O'Keefe ansehe, frage ich mich, ob sie sich jemals vorgestellt hat, dass ihr Leben so enden würde. John ist sehr aufmerksam, erkundigt sich bei den Schwestern und stellt sicher, dass sie es gut hat. Meine

Mutter hat mir immer geraten, genau zu beobachten, wie Söhne ihre Mütter behandeln. Was ich heute sehe, beeindruckt mich.

Die Rückfahrt nach Manhattan erscheint mir kurz, abgesehen von dem Stau vor dem Midtown-Tunnel. Es ist erst sechs, aber ich habe das Gefühl, es sei schon viel später. Wir haben den ganzen Tag zusammen verbracht, einen Tag so voller Unternehmungen, dass er mir vorkommt wie ein Monat. Ich bin müde von der Fahrt, von all den Dingen, die ich gesehen und erfahren habe, und auch von John. Er ist intelligent und braucht mehr als eine aufmerksame Zuhörerin. Er braucht eine Vertraute, mit der er seine hochfliegenden Pläne teilen kann.

John hält vor meinem Haus, steigt aus, öffnet meine Wagentür und hilft mir heraus. Dann hebt er mich hoch, und ich lege die Hände auf seine Schultern, weil meine Füße den Boden nicht mehr berühren. Ohne ein Wort zu sagen, küsst er mich sanft und hält mich so fest, dass ich mich ihm ausgeliefert fühle. Ich lehne mich ein bisschen zurück, um in seine Augen zu sehen, aber sie sind geschlossen. Ich frage mich, was in ihm vorgeht. Die kalte Februarluft lässt mich erschauern, aber sein Gesicht ist warm, und ich drücke die Nase an seine Wange.

»Danke«, sagt er leise.

»Mr Talbot?«

»Ja?«

»Werden Sie mich je fragen, bevor Sie mich küssen?«

»Wahrscheinlich nicht«, antwortet er lachend.

»Ich wollte ja nur die Regeln kennen.«

Ich gehe die Treppe hinauf und nehme meinen Schlüssel heraus. John Talbot wartet am Wagen, bis ich im Haus bin. Ich beobachte ihn durch die Scheiben und höre sein leises Pfeifen, als er wieder in den Packard steigt. Er öffnet sein

Zigarettenetui, zieht eine Zigarette heraus, tippt sie auf dem Armaturenbrett auf und zündet sie an. Dann fährt er die Straße hinunter. Als der Wagen um die Ecke verschwindet, überkommt mich Traurigkeit. Da ist es, das erste Anzeichen von Verliebtheit: die große Sehnsucht, die bei jeder Trennung eintritt. Wenn ich ihn ansehe, habe ich nicht das Gefühl, ihn zu verdienen, sondern eher, zu ihm aufstreben zu müssen. Es wird eine Liebe sein, die ich mir erarbeiten muss, aber etwas in mir sagt mir, dass John Talbot die Sache wert ist.

Ich setze mich, ziehe meine Winterstiefel aus und finde es schrecklich still im Haus. Als ich die Treppe hinaufgehen will, sehe ich eine Nachricht am Geländer kleben: »Komm ins St.-Vincent-Krankenhaus! Wir haben ein Mädchen!« Ich ziehe meine Stiefel wieder an und renne die fünfzehn Querstraßen hinunter, um meine neugeborene Nichte zu sehen.

Im Krankenhaus suche ich die Treppe zur Geburtsabteilung im dritten Stock und laufe, zwei Stufen auf einmal nehmend, hinauf. Der Wartebereich vor den Zimmern der Wöchnerinnen erinnert eher an einen Bahnhof als an eine Krankenstation. Glückliche Väter halten ihre neugeborenen Kinder in den Armen, nicht ganz sicher, wie sie mit ihnen umgehen sollen. Gelegentlich eilt eine Großmutter oder Tante zu Hilfe, aber zumeist sind es die überwältigten Daddys, die die Kleinen zu beruhigen versuchen. Eine Schwester, die an das Durcheinander gewöhnt ist, handhabt alles mit größter Geduld. Ich laufe zur Anmeldung und frage nach dem Sartori-Baby. Die Schwester lächelt und deutet auf die Säuglingsabteilung, wo sich ein Pulk Leute vor einer großen Scheibe drängt. Die vorderen Plätze nehmen meine Brüder, meine Eltern und die Lancelattis ein.

»Entschuldigen Sie«, sage ich zu den Leuten, die darauf warten, zum Fenster vorgelassen zu werden, und dränge mich zu meinen Eltern durch. »Wo ist sie?«

»Oh Lucia, Rosemary hat es so gut gemacht«, sagt Mama stolz. »Sie wiegt sechs Pfund, neunzig Gramm. Sie ist winzig, aber kräftig.«

»Welches Baby ist sie denn?«, will ich wissen.

Roberto deutet auf einen Säugling, der fest in eine weiße Baumwolldecke gewickelt ist. »Das ist doch klar. Die mit dem dichten Haarschopf.« Ihr Gesicht lugt aus dem Kokon heraus, eine rosafarbene Rosenknospe, darüber dichtes schwarzes Haar.

»Sie ist ein Engel«, sagt Papa stolz. »Seit du geboren wurdest, Lucia …«, Tränen treten ihm in die Augen.

»Das Haar erinnert mich an Mr Castellinis Toupet. Ein dichter Schopf oben am Kopf und nichts an den Seiten«, sagt Exodus. Die Jungs lachen.

»Das ist nicht komisch!«, sagt Mama. Mir fällt auf, dass dies der Satz ist, den sie meinen Brüdern gegenüber am öftesten benutzt.

Papa hat den Arm um Mama gelegt. Sie sehen das Baby mit solcher Bewunderung an, dass ich verstehe, warum Mama fünf Kinder bekommen hat. Es gibt nichts Schöneres und Hoffnungsvolleres als das Gesicht eines Neugeborenen. »Hey, lassen wir die anderen Familien auch mal ans Fenster«, schlage ich vor.

»*Andiamo!*«, sagt Mama und stößt Papa leicht an, damit er die Jungs in den Wartebereich bugsiert.

Die Schwester kommt mit einem Krankenblatt und sieht uns an. »Lassen Sie mich raten. Italiener«, sagt sie mit einem Anflug von Lächeln. »Ihr Leute wisst, wie man es anstellt, die Bude voll zu kriegen.«

»Sind wir zu laut?«, frage ich sie.

»Nein, nein, ich hab bloß gescherzt. Rosemary möchte gern ihre Mutter, Mrs Sartori und Lucia sehen.«

»Das heißt jetzt Tante Lucia«, erkläre ich ihr.

»Jungs«, bestimmt Mama, »wir sehen euch dann zu Hause.«

»Roberto und ich bleiben im Warteraum«, sagt Papa.

Im Gänsemarsch folgen wir der Schwester durch einen stillen Gang zu Rosemarys Zimmer. Mama, Mrs Lancelatti und dann ich. Mama nimmt Mrs Lancelattis Hand, als wir ins Zimmer treten. Rosemary ist erschöpft. Sie sieht noch kleiner aus als sonst, und so, wie sie auf hohe Kissen gebettet ist, erinnert sie mich an Mrs O'Keefe in Creedmore.

Mrs Lancelatti geht auf die andere Seite des Betts, küsst ihre Tochter und umschließt ihr Gesicht mit den Händen. »Ich bin so stolz auf dich«, sagt sie.

»Es war nicht schlimm, Ma. Wir haben einen Namen für sie ausgesucht und wollten, dass du ihn zuerst erfährst. Sie heißt Maria Grace, zu Ehren unserer beiden Mütter.« Ro lächelt. Mama und Mrs Lancelatti beginnen beide zu weinen. »Also gut, jetzt geht wieder. Ich muss schlafen.«

»Grace, ich hab einen Braten gemacht«, sagt Mama zu Mrs Lancelatti. »Ihr müsst alle mit zum Essen kommen.«

»Danke. Das ist sehr nett von dir«, antwortet Mrs Lancelatti. Sie küssen Rosemary und gehen gemeinsam auf den Gang hinaus.

»Schlaf gut, Ro«, sage ich zu ihr und wende mich zum Gehen.

»Lu?« Rosemary streckt die Hand nach mir aus.

Ich nehme sie und setze mich an ihr Bett. »Geht's dir gut?«

»Ich hab gerade eine der wichtigsten Taten meines ganzen Lebens vollbracht. Es ist so seltsam …« Rosemary sieht aus dem Fenster, wo außer dem Luftschacht des Nachbargebäudes nichts zu sehen ist. »Aber ich hab das Gefühl, dass es nicht richtig ist, dafür Lob einzustreichen.«

»Was meinst du damit?«

»Weißt du, es ist alles so schnell gegangen, dass sie mir nichts gegen die Schmerzen geben konnten.«

»Nein!«

»Das ist schon in Ordnung. Ich bin froh, dass sie mich nicht betäubt haben. Ich wollte mitkriegen, wie sie geboren wird. Meine Freundinnen, die Kinder haben, sagten mir, sie seien eingeschlafen und beim Aufwachen Mutter gewesen. So wollte ich es nicht. Ich wollte mit eigenen Augen sehen, wie sie auf die Welt kommt.«

»Wie war das denn?«

»Sie kam mit ausgestreckten Armen raus, als wollte sie nach etwas greifen. Der Arzt hat die Nabelschnur durchgeschnitten, und die Schwester wollte sie schon wegtragen, aber ich habe gerufen: ›Nein! Geben Sie mir meine Tochter!‹ Sie müssen die Neugeborenen zuerst untersuchen, aber ich muss die Schwester wohl erschreckt haben, weil sie mir Maria Grace gleich gereicht hat. Und mein Baby hat mich erkannt! Es hat sich sofort an mich gekuschelt. Dann hat die Schwester sie weggenommen, um sie zu baden.«

»Hast du Angst gehabt?«

»Ein bisschen.« Rosemary glättet ihre Decke und lächelt. »Und dann fühlte ich mich … fühle ich mich … erlöst.« Wenn sie doch nur die Lancelattis und Sartoris vor dem Fenster der Säuglingsabteilung gesehen hätte, dann wüsste sie, dass ihr Hochzeitstag nicht der entscheidende Tag ihres Lebens war. Der heutige Tag ist derjenige, an den sich alle erinnern werden.

»Du bist so ruhig«, sage ich zu ihr.

»Weißt du, es war nicht so, wie ich es mir vorgestellt hatte. Ganz und gar nicht. Ich war ein Fallschirm und Maria Grace der Springer, der sanft gelandet ist. Ich hab sie bekommen, und damit war mein Job getan.«

»Dein Job ist noch lange nicht getan«, antworte ich lachend.

»Ich weiß. Aber ich weiß auch, dass es nicht mehr um mich geht, sondern um sie.«

Die Schwester kommt mit meiner Nichte herein. »Es ist Zeit, sie zu füttern«, sagt sie zu Rosemary.

»Ich geh dann mal«, sage ich zu meiner Schwägerin.

Die Schwester gibt Rosemary das Baby. Mary Grace wirkt noch viel kleiner als in der Säuglingsstation, ihr Haar ist noch dunkler und dichter, als trüge sie eine schwarze Samtkappe.

»Möchtest du sie mal halten?«, fragt Ro. »Das kann sie doch, oder?«, fragt sie die Schwester.

»Nur einen Moment«, antwortet die Schwester.

Ro beugt sich hinunter und flüstert dem Bündel zu: »Das ist deine Tante Lu«, dann reicht sie mir das Baby. Wie warm es ist! Ich halte es vorsichtig wie ein Stück Porzellan.

»Schön, dich kennen zu lernen, Maria Grace. Wenn du groß bist, gehen wir in Broadway-Shows und lassen dir eine hübsche Frisur machen. Wir kaufen dir eine Menge toller Schuhe und Taschen und lackieren deine Nägel rosa!«, flüstere ich. »Gott segne alle Tage deines langen und glücklichen Lebens.« Ich küsse sie und reiche sie ihrer Mutter zurück.

Der Geruch des Babys und der zufriedene Ausdruck auf Rosemarys Gesicht bringen mich zum Weinen. Es ist ein so besonderer und schöner Moment, den ich dennoch nicht festhalten kann. Und doch will ich es tun, weil ich weiß, dass die Geburt des ersten Kindes meines ältesten Bruders ein einmaliger Augenblick ist. Es geht weiter mit uns, denke ich. Immer weiter.

Roberto bleibt bei Rosemary im Krankenhaus. Als Mama, Papa, die Lancelattis und ich zu Hause ankommen, trauen wir unseren Augen nicht. Meine Brüder, die in ihrem ganzen Leben noch keine Hand im Haushalt gerührt haben, haben den Esszimmertisch mit Mamas bestem Geschirr gedeckt. Die langen weißen Kerzen sind angezündet, und in der Mitte steht eine Glasvase mit rosa Nelken. Ich beschließe, die Jungs nicht aufzuziehen, weil diese Art von Großherzigkeit unterstützt werden sollte. Angelo hat Champagner eingeschenkt, den er auf Mamas bestem Silbertablett serviert.

»Auf Maria Grace!«, sagt Orlando.

»Möge sie gesund und kräftig werden!«, fügt Mr Lancelatti hinzu. »*Cent' anni!*«

Das Essen verläuft in bester Stimmung, und meine Brüder scherzen und spielen mit Rosemarys jüngeren Brüdern. Nach dem Dessert gehen sie in den Garten hinaus, und Angelo und Exodus tollen mit den kleinen Jungen herum, während Orlando ihnen Schauergeschichten erzählt. Rosemarys kleine Schwester bleibt zurück, um beim Aufräumen zu helfen. Am Ende des schönen Abends ruft Mrs Lancelatti meine Brüder, damit sie ihre Jungs wieder hereinbringen. Sie müssen den Zug nach Brooklyn nehmen, wollen aber vorher noch im St. Vincent Halt machen, um Rosemary, Roberto und Maria Grace gute Nacht zu sagen.

Was für ein Tag, denke ich, als ich die Stufen zu meinem Zimmer hinaufsteige. Die fünf Treppen, die ich gewöhnlich wie im Flug nehme, kommen mir wie doppelt so viele vor. Ich muss über so vieles nachdenken: über John Talbot, seine Mutter, das Meer, und jetzt meine Nichte. Und morgen ist Ruth' Hochzeit! Beim Ausziehen sehe ich auf das Buch, das ich heute zu lesen anfangen wollte, finde aber, dass dafür später noch genug Zeit sein wird.

Ich steige ins Bett, und als ich das Licht lösche, wird der Raum vom gelben Schein der Straßenlaterne erhellt. Ich denke an Sylvia O'Keefe in Creedmore und daran, wie sehr sie sich freute, ihren einzigen Sohn zu sehen. Wenn Ruth und ich eine junge Debütantin zur Anprobe haben, die reizlos ist und eine Durchschnittsfigur hat, wissen wir, dass Kleider sie nicht schön machen können. Nur ihr inneres Leuchten kann das. Wenn Menschen bis zum Rand von Liebe erfüllt sind, sind sie wunderschön.

Bevor ich einschlafe, bete ich für Maria Grace, dass ihr das Leben all ihre Wünsche erfüllen möge, dass sie gesund und hübsch werden und hochfliegende Träume haben wird. Und dann danke ich Gott, dass er mir eine Nichte geschenkt hat. Nach all den Jahren wird es schön sein, noch ein Mädchen hier zu haben, das beim Abwasch hilft.

Kapitel 6

Nach dem aufregendsten Samstag meines Lebens schaffte ich es nicht nur, bei Ruth' Hochzeitsfest wach zu bleiben, sondern ich stürzte mich sogar mitten hinein in die Feier. Für die Hora, einen traditionellen jüdischen Tanz, wurde ich in den inneren Kreis gezogen und tanzte unzählige Male mit Ruth, Harveys Cousins und Delmarr.

Während der folgenden Woche war es ein bisschen einsam bei der Arbeit. Ich redete mir ein, das liege daran, dass Ruth in den Flitterwochen war, aber in Wirklichkeit war ich enttäuscht, weil John nicht anrief.

Am ersten Tag nach Ruth' Rückkehr erwischt sie mich, wie ich etwas zu oft die Anrufe auf dem Nachrichtenbrett des Ateliers kontrolliere.

»Er hat nicht angerufen, Lu. Entspann dich.«

»Das kann ich nicht. Ich vermisse ihn.«

»Oh bitte. Was genau vermisst du denn? Okay, du warst mit ihm weg, um seine Mutter zu besuchen. Um Himmels willen, warum gehst du vom Kennenlernen nicht gleich zum Ehealltag über? So werde ich nämlich meinen schrecklich langweiligen Samstag verbringen. Kaum sind wir aus den Flitterwochen zurück, schon verbringen wir unsere Zeit mit Mutter.«

»Lucia, Ruth, kommen Sie einen Moment her«, ruft Delmarr aus dem Anproberaum.

Als wir dort ankommen, stößt Ruth einen leisen Pfiff aus. Ausnahmsweise ist sie einmal beeindruckt. »Wo haben Sie denn die ergattert?«, fragt sie, als sie den Kleiderständer umrundet, an dem drei Roben hängen, jede ein Traum in Weiß.

»Paris.«

»Das sieht man«, sagt Ruth und nickt beifällig.

Vorsichtig nehme ich einen der Bügel vom Ständer. Das Kleid ist leicht wie geschlagene Sahne, aber so klar geschnitten, als hätte ein Architekt mit Hand angelegt. Zwei dünne Seidenträger halten einen geraden Schlauch aus weißer Seide mit einem angedeuteten Muster aus Medici-Bienen darauf. Von der Taille bis zum Saum ist auf der rechten Seite eine Reihe weiß-goldener Seidenschmetterlinge aufgenäht, und der linke Träger wird von einer größeren Version derselben Schmetterlinge gehalten. Ich muss wissen, von welchem Künstler dieses Meisterwerk stammt. »Wer hat das gemacht?«

»Spione«, sagt Delmarr lachend. »Hilda hatte eine begnadete Zeichnerin bei der Modenschau dabei, und dies ist die Kopie eines Pierre-Balmain-Modells. Er startet gerade eine Prêt-à-Porter-Linie, also hatte Hilda kein schlechtes Gewissen, das Modell abzukupfern. Sie hat auch eine von Balmains besten Näherinnen dazu gebracht, den Prototyp zu schneidern.«

»Schon ziemlich skrupellos!« Ich stelle mich vor den Spiegel und halte mir das Kleid an.

»Für ein Mädchen, das dieses Kleid trägt, kann nichts schief gehen.«

»Finden Sie's raus. Ziehen Sie's an.« Delmarr lächelt.

»Darf ich?«

»Komm, ich helf dir.« Ruth nimmt das Kleid, ich folge ihr hinter den Paravent und ziehe meinen Rock aus.

»Keinen Unterrock«, raunt mir Delmarr zu und wendet sich ab, um eine Zigarette anzuzünden.

»Delmarr«, ruft Ruth. »Ich kann nicht glauben, wie ausgefeilt diese Konstruktion ist! Der Reißverschluss ist unter dem Arm versteckt, direkt im Saum, und es ist der winzigste, den ich je gesehen habe!«

Ruth hilft mir in das Kleid, das locker über die Hüften bis zu den Knöcheln fällt. Ich hebe den Arm, als Ruth den Reißverschluss zumacht. Dann schließe ich die Augen, schaukle vorsichtig von einer Seite zur anderen, um das Gewand auf meinem Körper zu spüren. Das ist eine Technik, die uns Hilda Beast beigebracht hat, die meinte, eine Frau solle ihr Kleid nicht spüren, sobald sie es angezogen hat. Wenn ein Kleid gut geschnitten und genäht ist, sollte es entweder die Figur der Frau formen oder sie lose umspielen, ohne irgendwo einzuzwängen oder zu ziehen.

»Ich kann nicht rauskommen«, rufe ich zu Delmarr hinaus.

»Warum? Passt es nicht?«

»Nein, es passt zu gut, ich hab das Gefühl, nichts anzuhaben.«

»Ja, das sind eben die Franzosen!«, sagt Delmarr lachend. »So soll es sein.«

Ruth schiebt mich hinaus. Delmarr wartet an dem Podest für die Mannequins und hilft mir hinauf. Ruth nimmt ein paar Pumps in Größe 39, die wir für Anproben immer zur Hand haben, und hält sie fest, während ich hineinschlüpfe.

»Ich bilde mir gern ein, gut zu sein, aber so gut bin ich eben doch nicht.« Delmarr sieht mich mit zusammengekniffenen Augen im Spiegel an. Auch ich sehe mich an, erkenne aber nicht mich, sondern eine Frau, die von dem perfekten Kleid völlig verändert ist. Ich lasse die Arme hängen und betrachte mein Spiegelbild.

»Oh Lucia«, ist alles, was Ruth sagen kann.

»Halten Sie diesen Moment fest, Miss Sartori.« Delmarr steht auf der einen, Ruth auf der anderen Seite neben mir.

»Das ist Jugend. Ihr Stern steht hoch am Himmel. Vielleicht sind Sie niemals wieder so schön. Genießen Sie's.« Er zwinkert mir zu.

»Ich wünschte, ich könnte irgendwohin ausgehen in dem Fummel«, sage ich zu meinem Spiegelbild.

»Das können Sie. Ich gehe mit Nancy Smith zum Tanzen ins Plaza. Ihr Bruder ist in der Stadt und braucht eine Begleitung.«

»Sie möchten, dass ich mitkomme?«

»Mein Gott, ich würd ja gern auch mitkommen«, sagt Ruth, »aber ich muss Canasta spielen mit Harveys Eltern, und danach gehen wir Siebzehn-Cent-Hamburger im White Tower essen. Yippee!«

»Tut mir Leid, dass Sie beschäftigt sind, Ruth.« Zu mir gewandt fügt Delmarr hinzu: »Sie brauchen Schuhe, Strümpfe und eine Tasche. Gehen Sie mit Ruth und leihen Sie sich was aus.«

Ruth und ich ziehen in der Mittagszeit von Abteilung zu Abteilung, um bei Delmarrs Bekannten Gefälligkeiten zu erbitten. Die Abteilungsleiter leihen ihm gern etwas aus, weil er ihnen unsere Kunden schickt, damit sie Accessoires kaufen. In der Abteilung für Abendschuhe sucht Ruth weiße Seidenpantoletten mit kleiner Perlverzierung aus. Wir finden eine prächtige Abendtasche aus Shantung-Seide, Ton in Ton bestickt, und lange Abendhandschuhe mit winzigen Perlmuttknöpfen. Ich bin so beschäftigt, dass ich kaum an John Talbot denke, obwohl ich mir wünsche, er könnte mich in diesem Kleid sehen.

Ich gehe früh von der Arbeit heim, um für die Gala mein Haar vorzubereiten. Auf dem Heimweg gehe ich beim St. Vincent vorbei, um Maria Grace zu besuchen, aber sie und ihre Mutter schlafen gerade. Dann mache ich im Blumengeschäft Halt, um eine Gardenie für mein Haar mitzunehmen. Mein Begleiter bringt mir wahrscheinlich Blumen mit, aber ein Mädchen kann nie zu viele davon haben.

Christopher Smith holt mich um Punkt halb acht ab. Zwischen Village und Neunundfünfzigster Straße erfahre ich seine Lebensgeschichte. Er ist Ingenieur mit Abschluss in Princeton, hat das College für zwei Jahre verlassen, um in der Marine zu dienen (obwohl ihm sein Vater eine Freistellung hätte besorgen können, wollte Christopher unbedingt zum Militär), und jetzt arbeitet er im Eisenbergwerk seines Vaters. Er ist blond, groß und blauäugig und damit der typische Vertreter der Privilegiertenklasse der Upper East Side. Aber er ist freundlich und warmherzig und hat Humor. Es wird ein großartiger Abend werden. »Ich will ehrlich sein«, beginnt Christopher. »Mädchen, mit denen man verkuppelt wird, entsprechen – zumindest meiner Erfahrung nach – nie der Beschreibung, die man bekommen hat. Aber Sie sind wirklich schön.«

Ich danke ihm. Diesmal jedoch glaube ich, dass es nur an dem Kleid liegt. Ich bin froh, es zu tragen.

Der Wagen hält vor dem Haupteingang des Plaza. Als wir die Treppe zum Großen Ballsaal hinaufgehen, hat man den Eindruck, die Highsociety verkünde den Anbruch des kommenden Frühlings. Die Damen sind in rosafarbene und buttergelbe Seidenstoffe gekleidet, und ich bin offenbar die Einzige, die den Mut zu Weiß hatte. Im Foyer scheint Christopher jeden zu kennen. Ein paar Mädchen eilen herbei, um ihn sehr herzlich und mich höflich zu begrüßen. Wahrscheinlich fragen sie sich, was er von mir will. Ich mag so aussehen, als gehörte ich dazu, aber sie wissen, dass ich keine von ihnen bin. Die Highsociety ist wie eine große Familie, in der sich alle kennen. Jeder Neuzugang sticht heraus wie rote Schuhe zu einem grünen Kleid.

Im Gegensatz zu den Mädchen haben sich die jungen Männer in dieser Schicht jedoch verändert. Durch den Zweiten Weltkrieg sind einige Trennungsmauern gefallen. Sitten und Gebräuche, die bislang nur einigen Auserwählten vorbehalten waren, sind keineswegs mehr so exklusiv, wie sie einmal waren. Die Grenze zwischen Uptown und Downtown wurde verwischt, als junge Männer nach dem Krieg mit Bräuten aus der ganzen Welt heimkehrten. Noch vor zehn Jahren wäre ein katholisches Mädchen wie ich im Plaza nicht willkommen gewesen, und Christopher hätte mich nie mitgenommen. Doch der Krieg hat alles umgewälzt. Die Jungs aus Uptown sind von sorglosen Dandys zu nüchternen Männern gereift. Die Jungs aus Downtown, die für ihr Land gekämpft haben, werden respektiert und nicht wie Bürger zweiter Klasse behandelt. Mit hoch erhobenem Kopf betrete ich an Christophers Seite den Ballsaal. Schließlich bin ich die Schwester von vier Veteranen und die Tochter eines erfolgreichen Manhattaner Geschäftsmanns. Egal, in welchen Kreisen ich mich bewege, ich gehöre dazu und kann die Einladung von jedem annehmen, der mich ausführen will.

Das wundervolle Vincent-Lopez-Orchester spielt gerade, als wir die Tanzfläche zu unserem Tisch überqueren. Girlanden aus Gänseblümchen und Kirschblüten hängen wie Bänder von der Decke. Wandgemälde mit Gartenlandschaften heben sich vor den prächtigen Goldstuckdekorationen des Raums ab. Die Tische sind mit frischem weißem Leinen gedeckt, und als Tafelschmuck dienen Goldfischgläser, in denen echte Fische schwimmen. Ruth wird es nicht glauben, wenn ich es ihr erzähle.

Delmarr winkt mir von der anderen Seite der Tanzfläche zu und bahnt sich einen Weg durch die Menge. »Christopher, nett, Sie wiederzusehen«, sagt er, als sie sich die Hand schütteln. Dann wendet er sich zu mir. »Wie finden Sie's?«

»Es ist ein Wunderland«, sage ich, und er wirbelt mich einmal herum.

»Sie sind das hübscheste weibliche Wesen hier«, sagt Delmarr mit Blick über die Tanzfläche. Er beugt sich zu einer kleinen Gruppe von Leuten hinüber, ergreift die Hand eines Mädchens und zieht sie zu uns. »Nancy, ich möchte dir Lucia vorstellen.« Nancy Smith ist die weibliche Version ihres Bruders, groß und schlank mit blauen Augen, die von ihrem blassgrauen Kleid wundervoll betont werden.

»Freut mich, Sie kennen zu lernen. Danke, dass Sie sich heute Abend eines Sozialfalls annehmen«, sagt sie und wirft ihrem Bruder ein strahlendes Lächeln zu.

»Ganz meinerseits ...«, beginne ich, aber Nancy wird von einem anderen Paar fortgezogen.

»Viel Spaß!«, ruft sie über die Schulter zurück.

Delmarr flüstert mir ins Ohr: »Gerade ist ihre Scheidung durchgegangen. Es ist ihr erster Abend ohne ihren Ex. Ich hab das Gefühl, einem fahrenden Zug nachzurennen.«

»Lucia, ich würde Ihnen gern meine Freunde aus Princeton vorstellen.« Christopher legt den Arm um meine Taille. Hinter ihm steht eine Gruppe gut aussehender junger Männer, wie man sie auf Gruppenfotos in den Klatschspalten sieht. Er stellt mich jedem Einzelnen vor, und sie machen mir Komplimente zu meinem Kleid und meiner Frisur.

»Sind Sie eine Prinzessin?«, fragt mich einer von ihnen.

»Nein, warum fragen Sie?«

»Der Stoff Ihres Kleids trägt das Symbol der Medici.«

»Sie kennen sich aus«, erwidere ich. »Wissen Sie, was die Biene in Italien bedeutet?« Er schüttelt den Kopf. »Königliche Abstammung.«

»Haben Sie in Vassar Ihren Abschluss gemacht?«, fragt mich ein anderer junger Mann.

»Nein, ich war nicht auf dem College. Ich habe Katie Gibbs Sekretärinnenschule besucht und dann einen Job als Schneiderin bei B. Altman's bekommen«, erkläre ich stolz.

»Oh, ein altmodisches Mädchen, das gern näht«, sagt einer der Typen freundlich.

»Schluss jetzt. Sie gehört mir bis Mitternacht«, sagt Christopher und führt mich auf die Tanzfläche hinaus. Er ist ein sehr guter Tänzer. Ich könnte mich an ein solches Leben gewöhnen, denke ich, als er mich enger an sich zieht. Als ich über seine Schulter blicke, bin ich überrascht, John Talbot zu sehen. Er hält Amanda Parker in den Armen, die Society-Debütantin, von der zur Zeit jeder spricht. Als die Musik wechselt, hebt John sie hoch und küsst sie, genauso wie er mich vor knapp einer Woche vor meinem Haus geküsst hat. Der Anblick tut so weh, dass ich die Augen schließe. Als ich sie wieder öffne, ist sie noch immer eng an ihn geschmiegt. In meinem Kopf setzt ein Monolog ein: Er ist nicht dein Verehrer, sondern hat dich bloß auf einen Ausflug mitgenommen. Du hast seine Mutter kennen gelernt, aber er hat dir nichts versprochen, du kennst ihn kaum. Aber dann erinnere ich mich wieder an seinen Kuss. Ist ein Kuss kein Versprechen? Keine Absichtserklärung?

»Alles okay bei Ihnen?«, fragt Christopher.

»Ja, bestens«, lüge ich. Dann beschließe ich, das Ruder herumzureißen. Ich lasse mich von keinem Mann so abservieren. John Talbot soll wissen, dass ich kein hübsches Nichts bin, das ohne ihn verlassen in der Welt herumsteht. »Christopher? Kennen Sie Amanda Parker?«

»Sicher.«

»Ich würde sie gern kennen lernen.«

Christopher führt mich über die Tanzfläche zu Amanda und John. Als John mich auf sich zukommen sieht, starrt er mich ungläubig an, als sei ich ein aus schottischem Nebel auftauchendes Traumgebilde, dem ein Trupp rachsüchtiger Bauern folgt. Er wird bleich, als er feststellt, dass ich es wirklich bin und dass ich tatsächlich mit ihm reden will.

»Amanda, darf ich dir meine Begleitung vorstellen? Lucia Sartori«, sagt Christopher.

Amanda neigt den Kopf, lächelt mich an und streicht ihre glänzenden Locken hinters Ohr. Diese Pose, die gleiche, die ich aus den Gesellschaftsseiten kenne, soll dazu dienen, ihrer dunklen patrizischen Schönheit einen Anstrich von Verletzlichkeit zu geben, obwohl klar ist, dass sie alles andere als verletzlich ist. Amanda stellt John vor, dann necken sie und Christopher sich ein wenig, aber ich halte den Blick auf John Talbot gerichtet, der mich immer noch nicht ansehen kann.

»John?«

»Ja?« Endlich treffen sich unsere Blicke, und er sieht mich von oben bis unten an, aber nicht auf unverschämte Weise, sondern eher bewundernd.

»Schön, Sie wiederzusehen«, sage ich.

Christopher nimmt meinen Arm, entschuldigt uns, und wir gehen an die Bar. Ich bin versucht, mich umzudrehen, um festzustellen, ob John Talbot mir nachsieht, tue es aber nicht. Es hätte auch keinen Sinn. Er ist in anderen Händen. Ich hätte wissen müssen, dass er nicht frei ist. So wütend ich auch bin, so gut kann ich ihn verstehen. Auch er strebt danach, zu dieser Welt zu gehören. Was er allerdings nicht weiß, ist, dass er und ich sie nur am Arm eines jeweils anderen Begleiters betreten können.

Sobald ich zu Hause bin, rufe ich Ruth an, um ihr von dem Abend zu erzählen. Sie hört mir geduldig zu und meint dann, dass ich dem Kuss, den John Amanda Parker gegeben habe, zu viel Bedeutung beimesse. Ich widerspreche ihr und denke nach dem Gespräch über alles nach. Jedes Mal, wenn ich mir diesen Kuss vergegenwärtige, rückt John Talbot für mich ein Stück weiter in die Ferne. »Es ist vorbei«, sage ich laut, als würde es offiziell, wenn ich es ausspreche. Ich mache mich fürs Bett zurecht und wünschte mir, ich wäre nicht zu dem Ball gegangen. Es wäre das Beste gewesen, ich hätte diesen John Talbot nie getroffen.

»Lucia! Wach auf!« Mama rüttelt mich.

»Was ist?«

»Zieh dich an. Beeil dich!«

Ich sehe auf die Uhr. Es ist Viertel vor fünf morgens. »Was ist denn los?«

»Das Baby!«

Ich höre Mama die Treppe hinunterlaufen. Schnell ziehe ich mir die Hose und den Pullover vom Tag zuvor an, vergesse meine Socken und eile ihr hinterher. Papa wartet an der Tür. Mama zieht ihren Mantel an und schluchzt haltlos. Ich schlüpfe in die Stiefel, die ich am vorigen Abend neben der Bank habe stehen lassen, packe meinen Mantel und folge meinen Eltern auf die Straße hinaus.

»Was ist denn passiert? Papa? Mama?«

»Es ist weg. Das Baby ist weg.«

»Weg? Was soll das heißen?«

»Sie ist gestorben«, schluchzt meine Mutter. »Lucia, sie ist gestorben.«

Ich kann es nicht glauben. Auf der Hudson Street finden wir ein Taxi, und der Fahrer bringt uns schnell zum St. Vincent. Mama hört nicht auf zu weinen. Papa hält sie fest, aber er kann sie nicht trösten. Ich bin sicher, dass es sich um ein schreckliches Missverständnis handelt. Ich habe das Baby in meinen Armen gehalten. Es ging ihm gut. Was könnte denn schief gegangen sein?

Statt auf den Aufzug zu warten, nehmen wir die Treppe in die Wöchnerinnenabteilung hinauf. Wir laufen den Gang zu Rosemarys Zimmer hinunter, aber es ist leer. Eine Schwester führt uns zu dem Raum, in den Maria Grace gebracht worden ist. Durch die Scheibe sehe ich meinen Bruder und seine Frau, die sich umarmt halten. Ein Arzt steht bei ihnen. Wir öffnen die Tür. Mama schreit inzwischen. Papa versucht sie zu beruhigen, aber es gelingt ihm nicht, egal, was er sagt.

Der Ausdruck auf Rosemarys Gesicht ist so niederschmetternd, dass ich mich abwenden muss. Roberto weint, aber aus Frustration – er versteht es nicht. Das tut keiner von uns. Ich trete zu dem Arzt und packe seinen Arm. »Was ist mit dem Baby passiert?«, frage ich ihn.

Wahrscheinlich hat der Arzt Rosemary und Roberto schon alles erklärt, doch geduldig erläutert er nun auch uns, was passiert ist. »Die Schwester hat mich auf die Station gerufen. Maria Grace hatte Atemprobleme. Ich hab sie gründlich untersucht und festgestellt, dass sich ihr Herzrhythmus verlangsamt hat. Ich habe Sauerstoff verordnet, aber es kam zum Herzstillstand. Ihr Herz hat versagt. Wir haben versucht, sie wieder zu beleben, aber ohne Erfolg. Ich habe keine Erklärung dafür. Sie war vom Wuchs her klein, aber daran lag es nicht. Ich glaube, es war angeboren, sie hatte ein schwaches Herz von Geburt an, so schwach, dass wir nichts tun konnten, um sie zu retten.«

Roberto holt gegen den Arzt aus, aber mein Vater fährt dazwischen und hält Roberto fest. »Mein Sohn«, sagt er. »Sohn.« Dann beginnt Papa zu weinen.

»Es tut mir Leid. Es tut mir aufrichtig Leid«, sagt der Arzt.

Mama hält Rosemary fest, deren Arme steif herabhängen. Sie kneift die Augen zu, als könne sie so die Todesbilder in ihrem Kopf verscheuchen, als hoffe sie, alles sei nur ein Traum. Maria Grace starb am 23. Februar 1951 um 3.32 Uhr. Sie hatte nicht einmal zwei Wochen gelebt.

Auch wenn ich ganz alt werden sollte, werde ich nie etwas Schlimmeres erleben als die Beerdigung meiner Nichte. Jedes Wort, das Vater Abruzzi während der Totenmesse am Altar Unserer Lieben Frau von Pompeji sagt, klingt wie eine Lüge. Der Friede, der im Herzen Christi für diejenigen wohnt, die an ihn glauben, und die Versicherung, ein Baby ruhe sicher in den liebenden Armen der Heiligen Jungfrau, klingen für verzweifelte Menschen wie leere Versprechungen. Ich glaube nicht ein Wort davon. Es ist grausam genug, wenn ein Kind stirbt, aber zu dem ganzen Horror kommt noch die Frage, wer schuld daran ist. Der Arzt? Das Krankenhaus? Die Muttermilch? Die Umstände der Empfängnis des Kindes? Lauter Ratespiele, mit denen der Wille Gottes ergründet werden soll.

Am Ende der Totenmesse gehen unsere Familien hinter dem Sarg hinaus. Ich schaffe es nicht, mich ihnen anzuschließen. Als Orlando meine Hand nehmen will, ziehe ich sie weg und schüttle den Kopf. Ich will bei dem letzten Akt nicht zugegen sein. Ich ertrage es nicht, Rosemary anzusehen, während sie ihrer Tochter hinterherschreitet, wohl wissend, dass sie sie nie mehr im Arm halten wird. Genauso wenig ertrage ich Robertos Anblick, der sich die Schuld gibt, weil er glaubt, Gott habe ihn wegen irgendeines Makels seines Charakters bestrafen wollen und ihm das geliebte kleine Wesen weggenommen.

Mama betet, und Papa auch. Ich kann es nicht. Ich sitze in einer Kirchenbank und warte, bis alle gegangen sind. Ich will keine tröstenden Worte hören und kann auch keine bieten. Als alle Trauergäste die Kirche verlassen haben, gehe ich zum Altar hinauf, der von einem Schleier aus Weihrauch umhüllt ist.

Die letzten Tage sind furchtbar gewesen, und ich habe beschlossen, nie ein Baby zu bekommen. Ich möchte das Risiko nicht eingehen, dass meinem kleinen Mädchen dasselbe passiert. Das habe ich Papa gesagt, und er hat geantwortet: »Das kannst du nicht tun, Lucia. Es ist nicht deine Entscheidung, sondern die Gottes.« Aber ich finde, wenn Gott die Entscheidung traf, dieses Baby wegzunehmen, kann man ihm nicht trauen. Noch immer verfolgt mich die Erinnerung, wie sich Maria Grace in meinen Armen anfühlte. Das Gefühl des absolut Neuen, das sie ausstrahlte, war mit nichts zu vergleichen, was ich bis dahin erlebt hatte. Ich fühle eine Hand auf meiner Schulter, drehe mich aber nicht um, um zu sehen, wer es ist. Ich kann nicht.

»Tut mir Leid, Lucia«, flüstert Dante, der neben mir steht. Ich greife nach seiner Hand, und er setzt sich neben mich. Er legt den Arm um mich, und ich weine. »Was für ein schrecklicher, furchtbarer Verlust«, sagt er.

»Ich hab Angst, Rosemary und Roberto tun sich was an. Sie ertragen es nicht, sich anzusehen. Wir waren so glücklich, als sie geboren wurde. Ich versteh nicht, warum das passiert ist. Wozu? Warum?«

»Vielleicht ist das Baby gekommen, um alle zusammenzubringen.«

»Aber warum wurde es uns genommen, wenn es doch so viel Freude gebracht hat?«

»Ich weiß nicht, Lucia.«

»Niemand weiß das. Das ist ja das Entsetzliche. Es gibt keinen vernünftigen Grund dafür. Dante, fällt dir ein Grund ein, warum das passieren musste?«

»Nein. Es gibt keinen.« Dante nimmt sein Taschentuch heraus und wischt mir die Tränen ab. »Dein Bruder und deine Schwägerin brauchen dich. Du musst stark sein. Ich weiß, dass du das kannst«, sagt er. »Komm, ich bring dich zu eurem Wagen.«

Die Kirche ist leer, aber auf dem Gehsteig sind immer noch viele Leute, die Rosemary und Roberto trösten und meine Eltern und Brüder umarmen. Ich halte Dante an der Hand, als wir durch die Türen ins Sonnenlicht hinaustreten. Ruth kommt auf mich zu und nimmt mich in den Arm. Hinter ihr sehe ich Delmarr, Helen und Violet, die genauso niedergeschmettert sind, wie ich es wäre, wenn ihnen so etwas passieren würde.

Es ist kalt, und grauer Matsch vom letzten Schneesturm türmt sich in den Abflussrinnen. Wie hässlich das Village aussieht, wie grob die Hupen im Verkehrsgewühl klingen. Wo gehen all die Leute überhaupt hin? Wissen sie nicht, was wir verloren haben?

Der Wind fährt schneidend durch mich hindurch. Ich schluchze aus tiefster Seele, und es ist mir egal, wer mich weinen hört. Ich lehne mich an Dante und lade all meinen Kummer auf ihn ab. Ich bin erst sechsundzwanzig Jahre alt, und von einem Moment zum anderen hat sich diese herrliche Welt mit all ihren Möglichkeiten und freudigen Ereignissen aus einem blühenden Tal in ein dunkles Verlies verwandelt. Maria Grace hat all die Schönheit mit sich genommen.

Ich blicke auf und sehe Dantes Mutter, seinen Vater und seine Geschwister. Sie umringen mich und halten mich wortlos fest. Ich spüre ihre Stärke und schäme mich nicht, zu nehmen, was ich brauche. Wenn etwas sehr Schlimmes passiert, sind oft die einzigen Menschen, die einen wirklich verstehen, diejenigen, die man von Kindheit an gekannt hat. Die

DeMartinos gehörten praktisch zur Familie, und sie wissen, was man sagen und tun muss.

Dante hilft mir in den Wagen, der mich und meine Familie zum Friedhof nach Queens bringt, wo das Baby im Grab der Sartoris beigesetzt wird. »Ich komme nach«, sagt Dante. Bevor er die Tür schließt, greift er noch nach Robertos Hand. Roberto zieht ihn nach drinnen, umarmt ihn und weint an seiner Schulter. Dante sieht mich an und lässt meinen Bruder eine Weile weinen. Schließlich legt Papa den Arm um Roberto, und Dante steigt aus.

Während der ganzen Beerdigung, die noch schlimmer ist als die Totenmesse, bleibt Dante an meiner Seite. Es ist so bitterkalt, dass wir es kaum aushalten. Der Priester spricht die abschließenden Gebete, aber Rosemary will nicht zulassen, dass der Sarg ins Grab gesenkt wird. Wir wissen nicht, was wir tun sollen. Roberto kniet sich neben ihr nieder, und lange Zeit wollen beide Maria Grace nicht loslassen. Orlando und Angelo beugen sich hinunter, um Roberto und Rosemary aufzuhelfen. Ich sehe mich nach Exodus um, aber der steht mit dem Rücken zu uns drüben auf der Straße, und seine Schultern beben vor Schluchzern.

In den Tagen nach Maria Grace' Tod bewegen wir uns wie Gespenster durchs Haus. Es gibt keine Musik und keine Gespräche. Jede Mahlzeit ist ein stummes Martyrium. Dante kommt nach der Beerdigung jeden Tag vorbei, entweder vor oder nach der Arbeit. Manchmal setzt er sich ein paar Stunden zu mir, manchmal bleibt er nur ein paar Minuten. Er scheint genau zu wissen, was er sagen und tun muss. Sein Mitgefühl erstreckt sich auch auf meine Brüder, auf Rosemary und meine Eltern.

Genau eine Woche nach Maria Grace' Beerdigung klopft es an meiner Schlafzimmertür.

»Hallo, Süße.« Dante öffnet die Tür. »Kann ich reinkommen?«

»Sicher.«

»Das ist also dein Zimmer«, sagt Dante und nimmt alle Einzelheiten in sich auf. Er sieht auf mein Bett, als hätte er sich mich oder sich selbst mit mir dort vorgestellt, dann wendet er sich verlegen ab. »Es ist genauso, wie ich es mir gedacht habe.«

»Wirklich? Ich dachte immer, wenn ein Mann auf mein Himmelbett sähe, würde er Feuer fangen wie der heilige Lorenzo.« Ich klopfe neben mir auf das Bett und bitte ihn, sich zu setzen.

Dante nimmt Platz. »Na schön.«

»Wie gefällt es dir?«

»Es sieht so aus, als würde hier eine Prinzessin leben, die gern liest und näht.« Er nimmt meine Hand. »Süße, ich mach mir Sorgen um dich. Du musst mal an die frische Luft.«

Ich sehe aus dem Fenster und überlege, ob ich rausgehen soll. Jeden Tag versuche ich es, und jeden Tag bleibe ich in meinem Zimmer.

»Je länger du wartest, desto schlimmer wird es. Komm mit. Ich begleite dich.«

Dante sieht meine Wildlederschuhe am Toilettentisch, bringt sie mir und hilft mir hinein. Liebevoll zieht er mich vom Bett hoch und umarmt mich. Er führt mich zur Tür und legt den Arm um mich, als wir die Treppe hinuntergehen. In der Diele hilft er mir in den Mantel und bindet mir einen Schal um. Dann nimmt er meine Hand und öffnet die Tür. Ich folge ihm auf die Stufen hinaus.

»Siehst du, es war gar nicht so schlimm«, sagt er und legt mir beim Gehen schützend den Arm um die Schultern.

Ich blicke auf unser Haus zurück. »Es ist so still dort drinnen.«

»Ich weiß. Es ist sehr ungewohnt.« Dante nimmt meine Hand, als wir zur Grove Street gehen. Ich bleibe stehen und lege die Hände auf das Revers seines Mantels.

»Dante, ich danke dir, dass du für uns da bist. Ich weiß nicht, wie ich das wieder gutmachen kann. Ich glaube nicht, dass das möglich ist.«

Dante nimmt mich in die Arme. »Du gehörst zur Familie, Lucia.«

»Ich hätte fast dazugehört.«

»Du wirst immer mein Mädchen bleiben. Das warst du schon von dem Moment an, als dich das erste Mal gesehen habe. Du hast mit deinen Brüdern in der Kirche gesessen. Du warst acht und ich zwölf, und ich dachte, hoffentlich wartet sie auf mich. Lucia, ich warte für immer, wenn ich muss.«

Er zieht mich an sich. Wir stehen vor dem schmiedeeisernen Tor der McIntyres, genau an derselben Stelle, wo er mich zum ersten Mal geküsst hat, als ich fünfzehn war. Ich frage mich, ob er sich daran erinnert. Er beugt sich vor, küsst mich zart auf jede Wange und sucht dann meinen Mund. Ich bin so traurig wegen allem, was passiert ist, dass ich mich den vertrauten Lippen hingebe, genauso wie ich mich in die alten Chenillekissen sinken lasse, die seit meiner Jugend auf meinem Bett liegen. Ich frage mich, wie oft er mich geküsst hat, seit wir zusammen waren. Tausendmal? Öfter? Wie oft habe ich mein Gesicht an seinem Hals vergraben und den Geruch seiner Haut eingesogen?

»Sicher hasst du mich für die Art, wie ich unsere Verlobung gelöst habe«, sage ich.

»Wie kann ich das Mädchen hassen, das ich früher in der Kirche immer angestarrt habe?«

»Und ich hab zurückgestarrt. Ich hielt dich für den attraktivsten älteren Mann, den ich je gesehen hatte.« Dante lacht, nimmt meine Hand, und wir gehen lange schweigend weiter.

Die einzigen Menschen, die mich länger kennen als Dante, sind meine Familienangehörigen. »Dante…«, beginne ich nach einer Weile.

»Du musst nichts sagen, Lucia«, erwidert er. »Ich versteh schon.«

Das Einzige, was mich wieder in die Welt zurückbringen könnte, ist der Gedanke an meine Arbeit bei B. Altman's. Ich vermisse meine Freunde und die wohltuende Routine in der Maßabteilung. Ich habe mir zwei Wochen frei genommen, was nur möglich war, weil Hilda Cramer die Modeschauen in Paris besuchte und keine Ahnung hatte, wer im Atelier fehlte. Jetzt ist Hilda wieder zurück, und ich bin bereit, an meinen Arbeitsplatz zurückzukehren. Mein Zimmer zu Hause kam mir ohnehin schon wie ein Gefängnis vor.

Neben meinem Arbeitstisch befindet sich ein Ständer mit Debütantinnenkleidern zum Säumen. Beim Durchsehen entdecke ich, dass Helen sie säuberlich umgesteckt hat. Ich nehme das erste weiße Shantung-Kleid vom Bügel und streife es der Kleiderpuppe über. Dann nehme ich Nadel und Faden und beginne, entlang der perfekt gesteckten Nadeln zu säumen.

Wie kann ich ausdrücken, wie gern ich nähe? Es ist, als hätten meine Hände vom ersten Moment an, als sie eine Nadel hielten, gewusst, was sie tun mussten. Mit der linken Hand ziehe ich den Stoff straff, die rechte führt die Nadel. Ich kann das so gut und mache es schon so lange, dass die kleinen Stiche praktisch unsichtbar sind. Säumen war am schwersten zu lernen. Es bedarf größter Präzision, den Saum beim Nähen gerade zu halten, denn ein schiefer Saum ruiniert das ganze Kleid. Nonna Sartori sagte immer zu mir: »Niemand muss erfahren, wie oft du einen Saum wieder aufgetrennt hast.« Manchmal hab ich ihn fünfzigmal wieder aufgetrennt, bis er richtig war. Jetzt ist mir die Arbeit zur zweiten Natur geworden. Sie klappt auf Anhieb.

Ruth stürzt ins Atelier und rennt auf mich zu. »Er ist da! Talbot. Auf dem Weg hierher.«

»Na und?«, frage ich ruhig, ohne den Blick von dem Saum zu heben.

»Wenn du abhauen willst, ist noch Zeit.«

»Wenn er mich sehen will, bin ich bereit dafür.«

Ruth setzt sich an ihren Zeichentisch, den Blick auf die Tür gerichtet. »Er ist da«, flüstert sie. Ich sehe nicht auf, sondern halte den Blick auf meine Arbeit gerichtet.

»Hallo, Lucia. Wie geht's Ihnen?«, fragt John Talbot.

»Besser. Danke für die schönen Blumen, die Sie geschickt haben. Sie waren wundervoll.«

»Das war nur eine Kleinigkeit, aber ich wollte, dass Sie wissen, dass ich an Sie … und Ihre Familie denke.«

»Das war sehr aufmerksam.«

»Ich möchte etwas erklären«, beginnt er.

Ruth räuspert sich, nimmt ihren Zeichenblock und verzieht sich in Delmarrs Büro.

Ich spüre den Drang, ihm endlose Vorhaltungen zu machen, weil er Amanda Parker mir vorgezogen hat, aber ehrlich gesagt, kann ich ihn verstehen. So sehr ich mich vielleicht selbst bemühen mag, in die Kreise aufzusteigen, für die ich die Kleider nähe, gibt es dennoch einiges an der Highsociety, was ich abstoßend finde. Ich könnte nicht nach ihren Regeln leben. Jedermann weiß, dass oberhalb der Vierunddreißigsten Straße die Ehe eine andere Bedeutung hat. Affären werden toleriert, und den Blaublütigen ist die Loyalität gegenüber ihrem Familienwappen wichtiger als die Verbindung zwischen Mann und Frau. Mir gefällt vielleicht ihr Lebensstil, aber mit ihrer Moral bin ich nicht einverstanden. Dafür bin ich mir zu gut. »Bitte John, Sie müssen mir nichts erklären. Ich finde, Sie sollten sich treffen, mit wem Sie wollen. Ansonsten viel Glück.«

»Ich hab mich von ihr getrennt, Lucia. Ich will Amanda nicht. Ich will Sie.«

Wie es scheint, haben Papa und sein Cousin hunderte von Briefen gewechselt, um unsere Augustferien im Veneto zu planen. Cousin Domenic und seine Frau Bartolomea haben Rosemary und Roberto ein wundervolles silbernes Heiligenbild der Jungfrau Maria geschickt, als Maria Grace starb. Ro hat es auf ihren Nachttisch gestellt, betet ihren Rosenkranz davor und bittet um Stärke.

»Ich hab eine Idee«, sagt Papa, als ich ihm im Laden das Wechselgeld zählen helfe. »Ich werde Rosemary und Roberto überreden, mit uns nach Italien zu fahren. Was hältst du davon?«

»Das ist eine großartige Idee.«

»Eine andere Umgebung hilft ihnen vielleicht.« Papa senkt die Stimme. »Wie geht's Rosemary deiner Meinung nach?«

»Ich weiß nicht. Manchmal scheint sie sich ein wenig erholt zu haben, aber dann weint sie wieder und kann nicht mehr aufhören. Mama versucht, sie zu trösten, aber es ist so schwer.«

»Ich schließ jetzt ab«, sagt Papa und beginnt sein abendliches Ritual. Seit meiner frühesten Jugend bin ich gern zu Geschäftsschluss im Laden, wenn ich ihm zusehen kann, wie er zum letzten Mal das Gemüse besprüht, die »mausende« Katze namens Moto füttert und, von hinten nach vorn gehend, die Lichter löscht.

»Heute ist Dante vorbeigekommen«, sagt Papa beiläufig.

»Wie geht's ihm?« Seit John Talbot wieder eine Rolle in meinem Leben spielt, ist Dante erneut in den Hintergrund getreten.

»Ganz gut. Er fragt sich, warum du ihn nicht sehen willst.«

Ich kann nicht glauben, dass Dante sich meinem Vater anvertraut hat! Ich habe zu Papa kein Wort über ihn gesagt.

»Aber sei nicht sauer auf ihn«, fährt Papa fort. »Er hat nicht davon angefangen. Ich hab ihn gefragt, wie es mit euch beiden steht.«

»Warum denn?«

Papa besprüht das Gemüse und dreht sich nicht um. »Vielleicht mag ich ihn. Und vielleicht finde ich, dass er der Richtige für dich ist.«

»Ach, Pop.«

Ich wünschte, ich könnte meinem Vater erklären, warum ich Dante seit dem Abend, an dem er mich küsste, aus dem Weg gehe. Ich spürte, dass ich mich wieder zu ihm hingezogen fühlte, aber dann befiel mich erneut das Gefühl, in der Falle zu sitzen.

»Papa, magst du John Talbot?«

»Warum fragst du?« Papa geht zur Ladentheke hinüber. »Du siehst ihn doch nicht mehr, oder?«

»Wir essen manchmal zusammen zu Mittag«, antworte ich beiläufig, aber in Wirklichkeit sehen wir uns fast jeden Tag. Wir essen zusammen, machen Ausfahrten oder besuchen seine Mutter. Er hat mir bewiesen, dass ich die einzige Frau in seinem Leben bin.

»Er ist nichts für dich, Lucia.«

»Papa!«

»Du hast mich gefragt. Und ich antworte dir. Mr Talbot ist mir ein Rätsel. Und ich weiß nicht, was er mit seiner Zeit anfängt«, fügt er hinzu, als er seine Schürze auszieht, zusammenfaltet und unter die Theke legt. Dann kommt er nach vorne und stellt sich direkt vor mich.

»Er ist Geschäftsmann, genau wie du«, behaupte ich.

»Nein, er ist ein Modegeck mit einem schicken Wagen, der große Pläne, aber keinen Job hat.«

»Ich mag Männer, die sich gut kleiden und Manieren haben. Das ist ein Zeichen von Selbstbewusstsein. Und was seine Pläne angeht, so hat er große Träume, was gerade du verstehen solltest, der du mit nichts in der Tasche in dieses Land gekommen bist und ein Geschäft aufgebaut hast.«

»Lucia, richte dein Augenmerk auf das, was Männer tun, nicht auf das, was sie sagen.« Papa legt die Hände auf die Theke und beugt sich zurück.

»Papa, was entgeht mir denn? Was siehst du, was ich nicht sehe?«

»Alle Menschen haben einen schwachen Punkt. Und deiner heißt Mr Talbot. Du bist zu sehr von seinem Äußeren angetan. Dir gefallen seine Kleider und sein Lebensstil. Das ist eine Schwäche von dir, aber auch dein Talent. Du machst schöne Kleider und hast ein Auge für Schönheit. Aber du kannst auch Fehler geschickt verdecken. Du hast mir von der Frau mit der Tonnenfigur erzählt, die ein neues Kleid brauchte. Du hast einen geschickten Trick angewendet: Du hast die Taille nach unten verschoben und die Schultern gepolstert, womit der Eindruck einer wohl proportionierten Figur vorgespiegelt wurde. Was John Talbot angeht, kannst du nicht sehen, was er ist, weil du ihn zu sehr bewunderst. Und wenn er irgendeinen Charakterfehler haben sollte, bist du überzeugt, ihn beheben zu können. Das ist nicht gut.«

»Papa, ich weiß, was ich will. Ja, ich bewundere ihn! Aber das ist doch nichts Falsches.«

»Ich weiß, dass du seine Schwächen zugunsten seiner Stärken übersiehst. Doch wenn du jemanden heiratest, musst du seine Schwächen verstehen, um seine Stärken schätzen zu können, Lucia«, sagt Papa müde. »Wer kennt dich denn seit dem Tag, an dem du geboren wurdest? Habe ich dich je wegen meiner eigenen Schwächen irgendwie eingeschränkt?«

»Nein, Papa.«

»Ich werde dir nie vorschreiben, was du tun oder wen du lieben sollst. Ich bitte dich nur, auf der Hut zu sein. Bleib wach. Überstürz nichts.«

»Das kann ich dir versprechen, Papa, ich werde nichts überstürzen.«

Ich habe ein flaues Gefühl im Magen. Ich möchte, dass Papa John mag. Wenn ich ihn weiterhin sehen will, ist es wichtig, die Unterstützung meines Vaters zu haben.

»Lucia. Lad den Mann am Sonntag zum Essen ein.«

»Wirklich, Pop?«

»Wir wollen uns ansehen, aus welchem Holz er geschnitzt ist.« Papa lächelt und gibt mir einen Kirschlutscher, wie früher, als ich noch ein kleines Mädchen war. »Lass uns heimgehen.«

Nachdem John Talbot an drei aufeinander folgenden Sonntagen bei uns gegessen hat, gelten wir offiziell als Paar. Mama betet ihn an. Papa ist noch nicht überzeugt, aber zumindest bemüht er sich. Da John und ich jetzt fest miteinander gehen, haben Ruth und Harvey uns zu ihrem ersten Passah-Fest im eigenen Heim eingeladen. Gewöhnlich verbringe ich die ganze Osterwoche in der Kirche, angefangen beim Gründonnerstag über Karfreitag bis zur Mitternachtsmesse am Ostersonntag. Besonders gern mochte ich immer den Ostermorgen, aber dieses Jahr werde ich zu keiner dieser Feierlichkeiten gehen. Seit Maria Grace gestorben ist, war ich nicht mehr in der Kirche Unserer Lieben Frau von Pompeji. Manchmal will ich beten, aber wenn ich's versuche, gelingt es mir nicht. Ich bin noch immer böse auf Gott, und in diesem

Zustand zu beten, kommt mir falsch vor. Mama sorgt sich um meinen Glauben, aber ich kann nicht so tun, als fände ich Trost an einem Ort, der immer noch Schmerz in mir auslöst und mich daran erinnert, wie leichtfertig uns Gott verlassen hat, als wir ihn am meisten brauchten.

Ich war noch nie bei einem Passah-Essen, aber ich weiß, dass Ruth zur Vorbereitung der traditionellen Speisen, die den Auszug der Juden aus Ägypten symbolisieren, ein paar Wochen gebraucht hat. Die frisch verheirateten Goldfarbs (Ruth hat den Kampf um ihren eigenen Namen verloren) haben eine gemütliche Wohnung am Gramercy Park, auf der entgegengesetzten Seite der Stadt, im Osten.

»Bist du sicher, dass du zu Fuß gehen möchtest?«, fragt John, als er auf der Haustreppe meine Hand nimmt.

»Möchtest du?«

»Sicher.« John sieht sehr gut aus in seinem neuen marineblauen Gabardine-Anzug. »Bin ich richtig angezogen für ein Passah-Mahl?«

»Ich denke schon.« Ich finde es reizend, dass John sich Gedanken macht, ob meine Freunde ihn mögen werden. »Du siehst prima aus. Ganz toll.«

»Und du siehst fantastisch aus«, antwortet er. »Ich mag dich in Gelb.«

»Das hab ich selbst genäht«, erwidere ich. Delmarr hat von einer Einkaufstour in Montreal einen weichen Wollkrepp mitgebracht. Daraus habe ich mir ein Tageskostüm mit schwarz-weißem Fischgrätbesatz und Goldknöpfen an der Jacke genäht. Das Schönste daran ist aber das Schößchen, das vorn raffiniert gerafft und im Rücken länger ist, um der Jacke Schwung zu geben. In einem Ausverkauf habe ich die passenden Schuhe gefunden, schwarze Seidenrips-Pumps.

»Ich liebe Mädchen, die sich ihre Kleider selbst machen können«, sagt John.

»Alle Mädchen?« Sofort ist mir meine freche Frage peinlich. John und ich sind weit darüber hinaus.

»Nicht alle. Nur dich.« John bleibt stehen, zieht mich an sich und küsst mich an der Ecke der Cornelia Street. Ein Taxifahrer pfeift im Vorbeifahren.

»Danke. Ich fühle mich gut, wenn du so was sagst.«

»Ich liebe dich, Lucia.«

Ich schließe die Augen, um die Worte zu genießen. John Talbot liebt mich. »Ich liebe dich auch«, antworte ich.

»Das hab ich gehofft.« Er lächelt.

Nach einer Weile machen wir bei einem Spirituosenladen Halt, wo John eine Flasche Wein für die Gastgeber kauft. Rosemary hat Makronen gebacken, die ich in einer hübschen Dose bei mir trage. John nimmt meinen Arm, als wir die Fifth Avenue überqueren.

»Lucia, eine Sache macht mir Sorgen.«

Ich spüre einen Stich im Magen. Erst sagt er, dass er mich liebt, aber jetzt kommt die schlechte Nachricht. »Was denn?«, frage ich so leichthin wie möglich.

»Dein Vater mag mich nicht.«

»Er mag dich«, lüge ich. Aber John durchschaut Papas höfliche Manieren.

»Nein, das tut er nicht. Er hält mich für einen Blender.«

»Einen Blender?«, frage ich ungläubig. »John, hör mir zu. Papa ist von der alten Sorte. Er versteht die Dinge auf seine schlichte, einfache Art. Er begreift nicht, womit du dein Geld verdienst. Seiner Meinung nach gibt es nur drei Branchen, in denen man tätig sein kann: Lebensmittel, Mode und Immobilien. Du tust dich auf anderen Gebieten um, von denen er keine Ahnung hat. Das ist alles.«

»Aber du verstehst doch, was ich tue, oder?«

»Du bist Unternehmer.« Wenn ich ehrlich bin, mache ich mir keine großen Gedanken, womit John seinen Lebensunterhalt bestreitet. Ich weiß, dass er sehr beschäftigt ist, viel reist und gutes Geld verdient. Er ist gut gekleidet und führt mich in die besten Lokale. Er hat einen festen Tisch im Vesuvio auf der Achtundvierzigsten Straße West. Was muss ich sonst noch wissen? Papas Sorge ist die Reaktion eines überfürsorglichen Vaters.

»Ich wünschte, ich könnte mit deinem Vater reden und ihm erklären, dass ich vertrauenswürdig bin.«

»Versetz dich doch mal in seine Lage. Ich bin seine einzige Tochter. Du weißt, dass er mich mein Leben lang beschützt hat, und je älter ich werde, desto schlimmer wird es. Der Druck scheint für ihn immer größer zu werden.«

»Wie steht's mit dem Druck auf mich? Er gibt mir das Gefühl, ich wolle dich ausnützen.«

»Du weißt, dass das nicht stimmt, also mach dir keine Sorgen darum.« Ich hänge mich fester bei ihm ein.

»Ich bin ja selbst altmodisch. Mir geht's nicht um seine Anerkennung. Ich will seinen Respekt.«

»Lass ihm Zeit«, sage ich beschwichtigend.

»Ich weiß, dass du der beste Fang im Greenwich Village bist.«

Ich lache. »Du bist verrückt!«

»Merkst du nicht, wie es ist, wenn wir die Straße hinuntergehen? Alle drehen sich nach uns um, weil jeder dich ansehen will. Du bist kein Mauerblümchen mit einem bescheidenen Leben. Auf dich warten große Dinge.«

Ich weiß nicht, was ich sagen soll. Niemand hat mich je so gesehen. Vielleicht Delmarr bis zu einem gewissen Grad, aber gewiss nicht Dante, der die Bäckersfrau in mir sah. »Ich selbst denke nicht so von mir. Wie weit kann es ein berufstätiges Mädchen schon bringen, das weder im richtigen Viertel wohnt noch den entsprechenden Nachnamen vorzuweisen hat?«

»Du kannst alles erreichen.«

Ich bleibe stehen und küsse John. Mir gefällt es, dass er an mich glaubt und versteht, was ich will. Er sieht mich in der großen Welt, nicht bloß in meiner gewohnten Umgebung. John erkennt, was aus mir werden kann.

Die kleinen Zimmer in Ruth' und Harveys Wohnung gehen jeweils von einem Flur ab wie die Abteile in einem Eisenbahnwaggon, aber Ruth hat sie kühn mit Farbe, Tapeten und Stoffen, die im Lager übrig waren, dekoriert. Der Tisch ist wunderschön gedeckt. Die Wahl ihres Hochzeitstisches war erstklassig. Auch wenn das edle Porzellan und das geschliffene Kristall viel zu elegant für das Zwei-Zimmer-Apartment sind, macht das nichts. Ruth ist glücklich. Nach ihrer langen Verlobungszeit gehören sie und Harvey einfach zusammen, und obwohl auf beide keine Überraschungen warteten, ist deutlich sichtbar, wie sehr sie ihr neues gemeinsames Leben genießen.

Während des Essens drückt John unterm Tisch meine Hand. Es ist fast so, als hätten wir ein Geheimnis vor der Welt. Wir lieben uns und machen kein Hehl daraus. Falls er verrückt nach mir ist, bin ich noch verrückter nach ihm. Ich würde alles tun, um John Talbot glücklich zu machen, buchstäblich alles.

Als ich früh ins Atelier komme und sehe, dass Hilda Cramers Assistentin einen Berg Arbeit für uns bereitgelegt hat, komme ich mir vor wie in dem Märchen mit dem Schuhmacher (Hilda) und den Elfen (wir). Ein geheimnisvoller Bote bringt nachts Aufträge, und wir nähen die Kleider. Dann reißt uns der Bote die Kleider aus den Händen, um festzustellen, ob sie den Anforderungen genügen. Ich stelle mir vor, wie Hilda in ihrem schicken Penthouse auf der Upper East Side sitzt, während der Bote jedes Teil hochhält, und sie ihre Zustimmung oder Ablehnung signalisiert.

»Was machen Sie so früh hier?«, fragt Delmarr, als er mich an meinem Tisch sieht.

»Ich kann im Moment nicht gut schlafen«, antworte ich.

»Es gibt doch tausend andere Dinge, die lustiger sind, als früh zur Arbeit zu gehen.«

»Mir fällt keines ein. Deshalb bin ich ja hier.«

»Na, dann ist ja gut.« Delmarr nimmt sich eine Tasse Kaffee und gießt mir nach.

Ich danke ihm und greife nach der Tasse. »Und was machen *Sie* so früh schon hier?«

»Wollen Sie die Wahrheit wissen?« Delmarr zündet sich eine Zigarette an. »Ich plane meinen nächsten Schritt.«

»Sie gehen doch nicht weg von B. Altman's, oder?« Panik ergreift mich. Was würde aus mir, aus Ruth und den Flappers werden, wenn Delmarr ginge? Er ist unser Chef. Das Atelier müsste schließen ohne ihn.

»Vielleicht.«

»Aber ...«

»Beruhigen Sie sich Lucia, ich würde Sie nicht zurücklassen. Sie würden mit mir kommen.«

Ich bin erleichtert, aber auch traurig. Ich mag Altman's. Wie könnte ich von hier weggehen? Aber wie viel von meiner Liebe für diese Abteilung besteht aus Respekt und Ehrfurcht für Delmarr? Sofort beschließe ich, dass ich ihm folgen würde.

»Also würden Sie mit mir kommen?«, fragt er.

»Überallhin. Wann immer Sie wollen. Sie müssen es nur sagen.«

»Wirklich?« Delmarr lehnt sich zurück.

»Ja. Und dafür müssen Sie mich nicht mal heiraten.«

»Tut mir Leid, aber das kann ich weder Ihnen noch sonst jemandem antun. Ich verbringe meine Freitagabende gern im El Morocco, trinke Manhattans, rede mit den Stammgästen, gehe bei Tagesanbruch heim und verschlafe den Großteil des Samstags. Ich tauge nicht zum Ehemann.«

»Das stimmt.«

Er lächelt. »Ich kam hierher, um ein Junggesellenleben zu führen. Wenn ich in die Falle hätte gehen wollen, wäre ich auf der Farm in Versailles, Indiana, geblieben. Es wird wie die französische Königsresidenz geschrieben, aber ausgesprochen, als reime es sich auf ›For Sale‹. Wahrscheinlich war das für mich der Hauptgrund wegzugehen. Leb nie in einer Stadt mit einem Namen, den die Eingeborenen nicht aussprechen können.«

»Sie haben nie erzählt, woher Sie kommen.«

»Ich dachte, Sie könnten ausflippen vor Begeisterung.« Er lacht. »Es war ländlich. Es gab nur ein Kino: meine Rettung. Ich liebte Filme. Vor allem die Park-Avenue-Komödien, wo sich die junge Erbin in den Butler verknallt, der sich als Prinz entpuppt. Die Männer waren umwerfend: charmant, witzig, makellos gekleidet, und sie kriegten am Schluss immer das richtige Mädchen. So wollte ich sein, nicht wie die Bauern um mich herum, die im Freien arbeiteten und ziemlich maulfaul waren. Ich liebte die Konversation. Und dann entdeckte ich mein Talent. Ich zeichnete Szenen aus den Filmen nach, verstehen Sie, wahre Tableaus mit Figuren. Einer meiner Lehrer sah die Zeichnungen und hat mich ermutigt.«

»Sie waren ein Wunderkind.«

»Oh ja. Niemand konnte so zeichnen wie ich. Zumindest nicht in Versailles. Aber es war nicht mein Talent, das mich von den Leuten unterschied, mit denen ich aufwuchs. Es war meine Neugier. Ich wollte den Atlantischen Ozean sehen. Ich weiß, das klingt verrückt, aber ich wollte wissen, wie sich der Sand unter meinen Füßen anfühlt und wie die weißen Wellen aussehen. Ich hatte eine Liste von Dingen, die ich sehen wollte. Ich wollte Orte finden wie den Ballsaal, wo

Fred Astaire und Ginger Rogers in *Top Hat – Ich tanz mich in dein Herz hinein* tanzten.«

»Sie sind Stammgast im El Morocco. Das kommt der Sache doch ziemlich nahe.«

»Ich arbeitete auf der Farm und als Illustrator bei der Lokalzeitung. Als der Krieg begann, ging ich zur Marine, mit dem Ziel, schnell nach New York zu kommen. Ein alter Lehrer schickte meine Zeichnungen an die New York School of Design, und schließlich kam ich auf Kosten des Militärs hierher. Stellen Sie sich vor: Ich musste an der schlimmsten Front im Pazifik kämpfen, um meine Chance in der Großstadt zu kriegen. Ich wollte einen Ozean sehen und hab bei Gott einen zu sehen bekommen. Dann war der Krieg vorbei, und ich war so froh, dass ich nicht mein Leben hatte lassen müssen, dass ich mir schwor, was ganz Großes zu versuchen. Damals beschloss ich, meinen Nachnamen aufzugeben und erfand den mondänen Mann, den Sie vor sich sehen. Delmer Dickinson aus Versailles, Indiana, wurde Delmarr.«

»Delmarr klingt eindeutig weltläufiger als Delmer.«

»Hilda wollte beim Einstellungsgespräch wissen, ob ich Franzose sei. Ich wollte schon lügen und ja sagen, aber dann hab ich's mir anders überlegt und sagte: ›Miss Cramer, das einzig Französische an mir ist das Croissant, das ich zum Frühstück hatte.‹ Sie lachte, und ich bekam den Job.«

Kapitel 7

Die meisten Leute lieben den Herbst in New York, für mich jedoch ist der Juni der schönste Monat. Die Damenhüte sind nicht mehr aus Filz, sondern aus Stroh, die Winterstiefel verschwinden im Schrank und werden gegen luftige Sandalen getauscht, und an Stelle der Wollröcke trägt man wundervoll schwingende Kleider aus Baumwoll-Pikee. Wohin man blickt, sehen die Frauen aus wie bunte Blüten in üppigen Gärten.

Alle haben nur Hochzeiten im Kopf. Die Mädchen aus der Society nennen diesen Juni »die Verzückung«, Delmarr nennt ihn »Drachenhexenmonat«, weil wir uns vor gereizten Bräuten und anspruchsvollen Müttern nicht mehr retten können. Rund um die Uhr arbeiten wir, um Kleider für Bräute, Mütter, Brautjungfern und Blumenmädchen fertig zu stellen. Die meisten Bräute haben ihre letzte Anprobe zehn Tage vor der Hochzeit, daher herrscht fieberhafte Hektik im Atelier.

Delmarr bestellte tonnenweise knisternden Voile in allen Pastelltönen, angefangen bei Rosa, Blau und Mintgrün bis hin zu Buttergelb. Bis Ende Juni wird jeder Zentimeter davon verbraucht sein. »Vertrauen Sie auf Klassik«, hören wir Delmarr zu einer nervösen Braut sagen, die in seinem Büro Musterbücher durchblättert. Nachdem sie ihre Entscheidung getroffen hat und fort ist, kommt er heraus und verkündet feierlich: »Noch eine Hochzeit. Rosafarbener Voile.« Delmarr mag ein begnadeter Modeschöpfer sein, aber er ist ein noch besserer Verkäufer.

Die vielen Kunden, die uns besuchen, bringen den neuesten Klatsch ins Atelier. Ruth machte eine Anprobe für eine Society-Braut und bekam zufällig mit, was sich das Mädchen und ihre Brautjungfer über Amanda Parker erzählten, die kürzlich mit einem Anwalt aus einer der großen Kanzleien der Stadt Verlobung gefeiert hatte. Bei der Nachricht, dass sie endgültig vom Markt ist, muss ich lächeln. Es wäre mir nicht angenehm, wenn eine von Johns alten Flammen wieder auftauchte und unsere neue Beziehung ruinierte.

Nur fünfzig Blocks trennen mich und mein Leben in Greenwich Village von der Upper East Side, aber in Wirklichkeit liegen Welten dazwischen. An den glanzvollen Traditionen des Lebens dort oben haben wir Mädchen der ersten Einwanderergeneration keinen Anteil, und das wissen wir auch. Als Italienerin bin ich in den schicken Privatclubs nur am Arm eines Mitglieds willkommen. Ruth ist Jüdin und daher vollkommen ausgeschlossen. Helen Gannons Vater war Revierpolizist in Brooklyn, weshalb auch sie ausgeschlossen ist. Und die arme Violet, Tochter einer Witwe, die von der Sozialhilfe lebt, konnte nie die richtigen Kontakte knüpfen, um in die besseren Kreise aufzusteigen. Dennoch würde ich meine Freundinnen all den Töchtern aus gutem Haus vorziehen, deren Kleider ich genäht habe. Meine Freundinnen haben die Art von Charakter, die nur dadurch entsteht, dass man sich seinen Platz in der Welt selbst verdient hat.

Helen misst auf dem Zuschneidetisch dreieinhalb Meter weiß gepunkteten Musselin ab. Ich gehe gerade hinüber, um ihr zu helfen, den Stoff festzustecken, als sie aufsteht und sich zu uns umdreht. »Also gut, ich kann das Geheimnis nicht länger für mich behalten«, sagt sie in ungewohnt fröhlichem Tonfall. »Mädels, ich hab Neuigkeiten. Bei Gannons gibt's demnächst Nachwuchs.« Wir umringen sie und gratulieren ihr.

»Darf ich auch eine Neuigkeit verkünden?«, fragt Violet bescheiden. »Ich möchte aber Helen nicht die Schau stehlen.«

»Keine Sorge«, antwortet Helen. »Nur raus damit. Ich hab neun Monate Zeit, um mich wieder ins Rampenlicht zu drängen.«

»Ich freue mich, euch sagen zu können, dass ich seit einiger Zeit mit einem Polizeioffizier namens Daniel Cassidy ausgehe. Ich hab ihn kennen gelernt, als ich einen Mann meldete, der sich an der U-Bahn-Station in der Neunundfünfzigsten Straße rumdrückte. Wir sind bei der dritten Verabredung. Ich glaub, er mag mich.«

»Bist du auch verknallt?«, frage ich sie.

»Ich hoffe es«, antwortet Violet seufzend. Dann strahlt sie. »Sagen wir, ich hab eine sehr presbyterianische Sicht der Dinge, trotz meiner katholischen Erziehung.«

»Lass mich raten, der Bulle ist Presbyterianer«, sagt Ruth und wendet sich wieder ihrer Arbeit zu.

»Ja, das stimmt, aber das ist nicht der Grund, weshalb ich für neue religiöse Ideen aufgeschlossen bin«, erklärt Violet. »Statt an die Register der lässlichen Sünden, Todsünden und Höllenstrafen zu glauben, hänge ich inzwischen der Prädestinationslehre an. Die Geschichte unseres Lebens ist schon geschrieben, und wir folgen einfach dem göttlichen Plan. Die guten Dinge, die uns widerfahren, sollen so geschehen, und die bösen sind Lektionen, damit wir uns bessern.«

»Du machst Scherze, oder?«, sagt Ruth. »Ich brauch einen Drink.«

»Die Einzige, die bei der Arbeit trinken darf, ist Hilda ›das Biest‹ Cramer.« Helen beugt sich vor. »Und das weiß ich, weil ich den Aufschlag ihrer Kostümjacke festnähen musste, und der hat um drei Uhr nachmittags nach Eau de Gin gerochen.«

»Deshalb hat sie nie geheiratet«, sagt Ruth und fegt die Stoffreste vom Zuschneidetisch in einen Abfalleimer. »Sie ist zu sehr beschäftigt, mit Tom Collins und anderen Drinks zu schäkern.«

»Hey, sagt nichts gegen unsere erste Karrierefrau«, werfe ich ein, weil es mich drängt, das alte Schlachtross zu verteidigen. »Es ist doch nicht falsch, sein Leben dem Beruf zu widmen. Ohne sie würden wir nicht bei B. Altman's arbeiten.«

Violet schlägt die Ränder des Schnittpapiers um. »Das musst gerade du sagen. Du bist doch die Letzte, die wie Hilda enden würde. Du hast doch an jedem Finger zehn Verehrer. Ist dein Vater John gegenüber inzwischen ein bisschen aufgetaut? Fährt John mit deiner Familie nach Italien?« Sie steckt die Schnittmusterteile auf den Stoff. Helen reicht ihr die Schere, und Violet beginnt, den Stoff zuzuschneiden.

»Du weißt doch, dass mein Vater mir nie erlauben würde, jemand anderen als meinen Ehemann auf eine Reise mitzunehmen, die irgendwelche Übernachtungen einschließt.«

»Mach dir keine Sorgen«, sagt Helen. »Es mag eine Weile dauern, aber wenn du erst mal verheiratet bist, kriegt dein Vater sich schon ein.«

»Er will's dir bloß schwer machen«, sagt Ruth. »Das ist alles ein Teil von Papa Sartoris Meisterplan. Er will dich aus dem Land und von John weglocken, damit er dich mit einem Europäer in Versuchung führen kann.« Sie reicht mir einen Stapel Zeichnungen für die Ablage. Ich lache über ihre Bemerkung, finde sie aber nicht komisch. Obwohl sich Papa John gegenüber freundlich verhält, ist er immer noch nicht mit ihm warm geworden, und egal, was John sagt oder tut, Papa lässt sich nicht umstimmen. Ich bin aber genauso stur wie Pop. In Italien habe ich einen ganzen Monat, um ihn zu überzeugen. Wenn er sieht, dass ich John nach der Trennungszeit noch mehr liebe, wird er ihn sicher akzeptieren.

Ich setze mich an meinen Tisch und beginne, Delmarrs Skizzen durchzusehen. Ein paar der Entwürfe werden wir für den Herbst produzieren, der Rest geht in die Ablage. Während ich seine Arbeiten vor mir ausbreite, stechen mir bestimmte Neuerungen ins Auge. Delmarr gibt dem New Look Diors mit seinen engen Taillen und weit schwingenden Röcken eine neue Form, die sich demnächst sicher durchsetzen wird: Er entwirft sehr feminine, fließende Kleider aus pflegeleichten Materialien. Die Plissees, Falten und Polster sind fort und werden durch schlichte Linien ersetzt. Er bietet sowohl der berufstätigen Frau wie der viel beschäftigten Hausfrau bequeme Kleidung. An die Ränder hat er Wörter wie »locker«, »pflegeleicht« und »waschbar« geschrieben. Er versteht die Bedürfnisse der arbeitenden und im Haushalt tätigen Frauen besser als diese selbst. Der neue Luxus heißt Zeit, und Delmarr weiß das.

Manchmal habe ich vor einer Verabredung ein paar Stunden Zeit. Dann stelle ich meinen Nähstuhl auf meine winzige Terrasse und lasse mir von der frischen Luft, statt von Max Factor, die Wangen rosig färben. Der Ausblick gehört mit zum Schönsten an meinem Zimmer. Wenn ich über den Weg in die Hinterhöfe unserer Nachbarn blicke, die durch Zäune und einzelne niedrige Bäume voneinander getrennt sind, sehe ich alle Formen und Stilarten von Gärten, angefangen vom prächtigen Rokoko-Garten mit Marmorengeln bis hin zur ländlich-einfachen Holzbank unter einem einsamen Eichbaum. Das Leben in der Commerce Street ist so vielschichtig wie Rosemarys Napoleon-Torten.

Delmarr behauptet, die längste Wartezeit im Leben sei diejenige, wenn man darauf warte, dass jemand stirbt, aber das finde ich nicht: Am längsten ist es, wenn man darauf wartet, einen Heiratsantrag zu bekommen. Seit dem Abend bei

Ruth' Passah-Fest, als John mir sagte, dass er mich liebe, habe ich darauf gewartet. Was müssen wir denn noch voneinander wissen?

Bei John ist nie die Rede davon, dass ich meinen Job aufgeben muss, und es gibt auch keine Erwartungen, wie Harvey sie Ruth' Arbeit gegenüber hat, sondern nur Überlegungen, wie wir beide als Partner in allen Bereichen zusammenarbeiten können. Ich würde ihm ein schönes Heim schaffen. Den Sommer könnten wir in Huntington Bay verbringen, und für den Rest des Jahres stelle ich mir ein Penthouse auf der Fifth Avenue mit einer umlaufenden Terrasse vor, auf der ich Rosen anpflanzen kann. Ich stelle mir Dinnerpartys im Kerzenschein vor und lange, faule Sonntagnachmittage auf unseren Chaiselongues, wo wir lesen würden, bis langsam die Sonne über dem Central Park untergeht. Ich dachte, ich würde Greenwich Village nie verlassen, aber jetzt möchte ich in Uptown wohnen.

Ich glaube nicht, dass unsere Zukunft Kinder mit einschließt. Der Tod meiner Nichte hat meine Haltung in dieser Frage für immer verändert, und John zeigt ebenfalls wenig Neigung, Kinder aufzuziehen. Ich kann mir vorstellen, dass er meine Neffen und Nichten zum Eisessen bei Rumpelmayer und in den Central Park zu Kutschfahrten einlädt. Unser Leben wird von Gesellschaften und Beruf erfüllt sein. Wo wäre da Platz für Kinder?

So aufmerksam, warmherzig und liebevoll John auch ist, so finden dennoch unsere Gespräche über die Zukunft immer ein abruptes Ende, wenn ich über den Sommer 1951 hinaussehen will. Sicher ist ihm klar, dass ich ihn nach Italien eingeladen hätte, wenn wir verlobt gewesen wären. Aber er hat mich nicht gefragt, und deshalb wird er nicht dabei sein, wenn ich zum ersten Mal das Veneto sehe. Auch morgen, am 30. Juni, wird er mich nicht fragen. John hat den ganzen Juli geschäftlich in Chicago zu tun, und ich fahre am 1. August ab, weshalb ich ihn zwei ganze Monate nicht sehen werde. Er müsste doch merken, dass ich enttäuscht bin, aber ich bin entschlossen, das Thema nicht anzusprechen. Es gibt nichts Schlimmeres als eine Frau, die einem Mann einen Antrag abringen muss.

Die italienische Tradition, die mein Vater am meisten pflegt, ist der Urlaub, der freie Monat, den er sich ohne Ausnahme jeden August gestattet. Seit Roberto geboren wurde, hat Papa jedes Jahr die Groceria geschlossen und seine Familie aus der Stadt gebracht. Wir mieteten ein Cottage am See in Maine, ein Haus am Strand von Jersey oder einen Bungalow am Rehoboth Beach in Delaware. Sobald wir an unserem Zielort eingetroffen sind, wird nicht mehr von Arbeit gesprochen. Wir schwimmen, essen, lachen und spielen Brettspiele. Doch nie habe ich Papa so aufgeregt gesehen wie dieses Jahr, da er mit seiner gesamten Familie ins Haus seiner Kindheit zurückkehren wird.

Um unseren letzten gemeinsamen Tag zu etwas Besonderem zu machen, will John mit mir an den Strand an der Ostspitze von Long Island fahren. Ich achte ganz besonders auf mein Outfit, damit er mich in bester Erinnerung behält, bis wir uns im September wiedersehen. Ich trage einen neuen weißen Baumwollbadeanzug, der um die Taille leicht durchbrochen wirkt und den ich mir gemeinsam mit Ruth im Ausverkauf von Cole of California besorgt habe.

John wird mich in ein paar Minuten abholen, also ziehe ich mich schnell an. Über dem weißen Badeanzug trage ich einen kühnen, weiß-rosa gemusterten Tulpenrock, dazu pinkfarbene Espadrillas mit Ballerinabändern um die Fesseln und eine Menge goldener Armreifen am Handgelenk. An meinen breitrandigen Strohhut stecke ich die Seestern-Brosche aus Korallen und Perlen, das einzige Schmuckstück, das ich von John bekommen habe.

Als ich in den Spiegel meiner Frisierkommode blicke, sehe ich, wie abgespannt ich bin. Einen Monat lang rund um die Uhr zu arbeiten macht kein ausgeruhtes Gesicht und keine glänzenden Augen. Ich hoffe, die frischen Farben meines Ensembles lenken von den dunklen Ringen unter meinen Augen ab.

»John ist da!«, ruft Mama vom Fuß der Treppe herauf. Ich nehme meine Strandtasche und gehe hinunter, wo er mich in weißen Baumwollhosen und einem blassblauen Hemd erwartet. Er ist schon gebräunt und sieht mit seinem dunklen Haar wie einer der reichen Playboys auf der Terrasse einer Villa in Capri aus, die man im *Life*-Magazin bewundern kann.

»Du siehst hübsch aus«, sagt er und küsst mich auf die Nase.

»Du auch«, erwidere ich.

John nimmt meine Strandtasche und widersetzt sich gleichzeitig Mamas endlosen Bitten, Essen für die Fahrt mitzunehmen. »Nein, danke, Mrs Sartori, wir essen eine Kleinigkeit draußen am Strand.«

»Also gut«, gibt sich Mama geschlagen, als sie uns hinausbegleitet.

Im Wagen erzählt John aufgeregt von einem Geschäft mit einer Baumschule in New Jersey, das er gerade einfädeln will. Offensichtlich ist der Vertrag zur Versorgung der Parks von Manhattan ausgelaufen, und er möchte dort einsteigen.

»Gibt es irgendeine Art von Geschäft, die du nicht machen würdest?«, frage ich ihn.

»Was soll das heißen?« John schaut mich empört an, dann richtet er seine Aufmerksamkeit wieder auf den Verkehr.

Papa glaubt immer noch, dass er seine Zeit in Nachtclubs verbummelt und schicke Partys ehrlicher Arbeit vorzieht.

Papa meinte kürzlich, dass John sich auf einen Geschäftszweig konzentrieren solle, statt sich mit allem zu befassen, was ihm gerade in die Quere kommt. Ich versuchte Papa zu erklären, dass ein Hotelier in Manhattan Verbindungen brauche, und dass man diese in Restaurants und Nachtclubs knüpfe, die von der Elite besucht würden.

»Liebling, du bist sehr sprunghaft, was deine Geschäfte angeht. Das ist alles, was ich meine.«

»Ah. Na ja, das stimmt.« John entspannt sich ein wenig. »Es ist eine große Stadt, und es gibt viel zu tun. Ich hab einen der Vertrauten des Bürgermeisters im Speisesaal des Taft Hotels getroffen – da frühstücken sie alle – und hab bei den Rühreiern am Büfett ein Gespräch mit ihm angefangen. Er hat den Vertrag mit den Parks erwähnt, ich machte ein paar Anrufe, und siehe da, es winkt ein kleines Geschäft mit der Stadt.«

»Das ist fantastisch«, sage ich und drücke leicht seinen Arm.

John lächelt mich an, erleichtert, dass ich es gutheiße. Ich sage ihm nie, was ich wirklich denke, wenn es um seine Geschäfte geht, und er stellt meine Haltung nie in Frage. Ich frage mich, ob das ein schlechtes Zeichen ist. Er spürt nicht, was in mir vorgeht, und ich zögere inzwischen, ihn einzuweihen. Aber ich bin sicher, dass diese albernen Ängste verschwinden werden, wenn wir erst einmal verheiratet sind.

Als Mädchen, das seit seinem zwanzigsten Lebensjahr arbeitet, bin ich nicht auf den Kopf gefallen, was Geschäfte anbelangt. Ich bin keine Expertin, bin aber mit Papa einer Meinung: Um Erfolg zu haben, muss man sich auf ein Produkt konzentrieren, den besten Artikel anbieten und ihn dann möglichst vielen Kunden verkaufen. Papa lehrte mich, wie wichtig es ist, die Kundschaft gut zu bedienen und ihr das Einkaufen angenehm zu machen. Die Waren in der Groceria sind kunstvoll arrangiert, damit sich die Kunden an den Auslagen genauso erfreuen können wie am Essen, und während sie einkaufen, bietet er ihnen kleine Häppchen zum Probieren an. Als ich Delmarr davon erzählte, ahmte er Papa sofort nach und servierte Kaffee, Tee und Gebäck, wenn Damen zur Anprobe kamen. Es ist der persönliche Service, der so wichtig ist.

John fährt den ganzen Weg zum Montauk Point hinaus. Wir genehmigen uns an einem Kiosk Hotdogs und Limonade und machen einen langen Spaziergang am Strand. Wir steigen auf den Leuchtturm und schlendern durch den Garten, der ihn umgibt. Während wir durch die Straßen gehen und die Häuser mit Meerblick bewundern, weist John auf die verschiedenen Baustile hin und fragt mich, welcher mir am besten gefällt. Mir gefällt, dass er uns beide in Häusern sieht, die ich bislang nur aus Magazinen kenne. Dabei fällt mir Dante DeMartino ein, der sich damit zufrieden gegeben hätte, sein Leben lang mit mir im Haus seiner Eltern zu wohnen, und allenfalls gelegentlich einen Ausflug nach Coney Island mit mir gemacht hätte. Das Leben, das ich mit John Talbot führen werde, übersteigt alles, was sich Dante je hätte vorstellen können.

Als wir in die Stadt zurückfahren, kommen wir an einem alten viktorianischen Haus vorbei, in dessen Vorgarten ein Flohmarkt stattfindet. Ich sehe einen gelb gestrichenen Schaukelstuhl, der wunderbar vor mein Fenster passen würde. Im Vorbeifahren recke ich den Hals, um das Angebot zu begutachten. John hält an und wendet. Ich mache Einwände, aber er schneidet mir das Wort ab. »Ich hab gesehen, dass du interessiert bist. Jetzt sag bloß nicht, dass du dir die Sachen nicht ansehen möchtest.«

Wir sind nicht die Einzigen, die auf dem Rückweg vom Strand einen Abstecher machen, um herauszufinden, welche

Schätze das alte Haus birgt. Auf dem Rasen parken Autos, und Dutzende von Leuten stöbern herum. Auf dem Schaukelstuhl klebt ein Zettel: »verkauft«. »Das war ein Köder«, sagt John leise. »Wer liebt schon keine alten Schaukelstühle?« Dann geht er zu einem Klapptisch mit persönlichen Gegenständen, von Taschentüchern bis zu Schuhen, und hält einen kleinen türkisfarbenen Emaillespiegel mit passender Haarbürste hoch.

»Das musst du haben«, sagt John, zieht seine Brieftasche heraus und dreht sich zu dem Mann um, der den Verkauf beaufsichtigt. Er reicht ihm einen Geldschein, den dieser sofort zurückgibt; er erklärt, dass er ihn nicht wechseln könne.

John blättert die Scheine in seiner Brieftasche durch, doch es scheint sich durchweg um Hundert-Dollar-Noten zu handeln.

»Wie viel kostet die Garnitur?«, frage ich.

»Zwei Dollar.«

Ich öffne meine Börse und gebe dem Mann zwei Dollarscheine.

John sieht den Verkäufer an, zuckt die Achseln, küsst mich dann auf die Stirn und sagt: »Ich geb's dir wieder, Süße.« Ich spüre, dass uns der Verkäufer beobachtet, als wir zum Wagen zurückgehen. Entlang malerischer Straßen fahren wir durch eine Reihe kleiner Seeorte und kommen an einer altmodischen Eisdiele und einigen Boutiquen vorbei, die auf den Gehsteigen Ständer mit Kleidern, Büchern und Kunsthandwerk aufgestellt haben. Der Abendhimmel färbt sich von einem strahlenden Blau in Purpur, als die Sonne langsam ins Meer sinkt. Als wir uns Huntington nähern, biegt John von der Hauptstraße ab und fährt zu unserem Platz.

Er hält vor dem Grundstück an, zu dem er mich letzten Winter geführt hat, geht um den Wagen herum und öffnet mir die Tür. »Da wären wir«, sagt er und hilft mir heraus.

»Schau, es werden mehr Häuser gebaut.« Ich deute auf das Grundstück hinter uns, wo zwei neue Häuser errichtet werden. »Bald werden wir hier keinen Parkplatz mehr finden.«

»Warum?«

»Weil das Land demnächst verkauft sein und ein Haus darauf stehen wird.«

»Du hast Recht«, antwortet John. »Es ist verkauft worden.«

»Ich wusste es«, sage ich und sehe seufzend auf die Bucht hinaus. »Wie hätte ein Grundstück mit solchem Blick auch lange unverkauft bleiben können? Diese Leute haben Glück gehabt.«

»Du hast es«, antwortet John grinsend.

»Was meinst ...«

Er zieht mich an sich und küsst mich. »Hier werde ich dir ein Haus bauen, Mrs Talbot.«

»*Mrs Talbot?*« Allein der Klang des Namens lässt mich vor Freude erschauern. Dieser Moment übersteigt alles, was ich mir je erträumt hatte.

»Das wirst du sein, wenn du ›Ja‹ sagst. Willst du mich heiraten, Lucia Sartori?«

John Talbot kniet nieder und öffnet ein Samtkästchen. Darin liegt ein Brillant mit Smaragdschliff, einfach, schlicht und weiß, in einer wundervollen Platinfassung.

»Ja, ich will dich heiraten.« Ich lege die Hand auf seine Schulter.

Er steht auf. »Na los, steck ihn an.« Er zieht den Ring aus dem Kästchen und legt ihn mir in die Hand. Mir kommen die Tränen. »Jetzt ist es amtlich. Zwei Karat Amtlichkeit.«

Ich lache. »›Amtlichkeit‹? Was für ein Wort!«

John umschließt meine Hand mit der seinen. »Du bist alles für mich, Lucia. Du glaubst an mich, und das hat bisher noch niemand wirklich getan. Ich bin ein erfolgreicher Mann, aber ich musste mich immer durchboxen und kämpfen, um unter den vielen Männern, die ihren Reichtum ererbt haben, meinen Platz zu erobern. Ich bin viel herumgekommen in der Welt und hab mich überall nach der Frau umgesehen, die für immer die meine werden sollte. Und jetzt hab ich sie gleich hier in New York gefunden. Ich hätte nicht geglaubt, dass dies geschehen würde. Ich bin der glücklichste Mann der Welt.«

Ich stelle mir vor, wie John früher ohne mich gereist ist, und der Gedanke macht mich traurig. Ich fühle mich so stark mit ihm verbunden und möchte für ihn sorgen. Und jetzt kann ich ein Leben lang mit ihm zusammenbleiben. Er bedeckt mein Gesicht mit Küssen, dann mein Ohr und meinen Hals.

Ich kenne die Regeln. Ich muss bis zur Hochzeitsnacht warten, kann es aber nicht. Werde es nicht. In diesem Moment würde ich John Talbot alles geben, mein Herz, meinen Verstand, mein Heim, alles, und es wäre das Richtige. Johns Hände gleiten unter meinen Rock, und er führt mich zum anderen Ende des Grundstücks, wo ein Hügel zu einer Düne hinabfällt. Der Himmel ist ein Schleier aus orangefarbenem Dunst. Ich blicke in Johns Augen und sehe darin das, worum ich gebetet habe. Dieser Mann liebt mich, mich ganz allein. Langsam knöpft er meinen Rock auf und breitet ihn dann wie eine Decke auf dem Sand aus. Vorsichtig legt er sich auf mich. »Ich liebe dich«, sagt er.

Mein ganzes Leben lang habe ich mich gefragt, wie dieser Moment sein würde, und jetzt, nachdem er gekommen ist, habe ich das Gefühl, als befände ich mich außerhalb meines Körpers. Ich fliege irgendwo über dieser romantischen Szene, genieße jede Einzelheit und scheine trotzdem nicht ganz beteiligt zu sein. Dann erinnern mich Johns Küsse daran, warum ich hier bin und warum er *mich* unter allen Frauen der Welt ausgewählt hat. Während sein Atem sich hebt und senkt und er mich sanft liebkost, verstehe ich plötzlich, dass es gar nicht anders sein kann. Langsam treten alle Geräusche und Dinge in den Hintergrund, genau wie in dem Moment, als ich ihn kennen lernte. Wenn etwas richtig ist, braucht man keine Angst zu haben, und es gibt keinen Grund, unsicher zu sein.

Ich fahre mit den Händen durch sein dichtes Haar, und der glänzende Stein des Rings reflektiert die letzten Strahlen der Sonne, bevor sie hinter der Düne untergeht. Der beste Tag meiner sechsundzwanzig Jahre geht allmählich in die Nacht über, und selbst wenn die Sonne nie mehr aufginge, würde es mir nichts ausmachen.

Schweigend fahren John und ich in die Commerce Street zurück. Ich sitze nahe bei ihm, er hat den Arm um mich gelegt, und alle paar Minuten beugt er sich herüber und küsst mich. Die Kunst der Konversation ist eigentlich gar keine Kunst, bedeutsam ist nur das Schweigen. Als er vor meinem Haus anhält, bitte ich ihn, mit hereinzukommen.

»Sie werden sich so freuen. Wir müssen auf unsere Verlobung anstoßen, das ist Tradition!« Ich küsse John auf die Wange. »Du heiratest eine Italienerin. Wir stoßen auf alles an, sogar auf den Waschtag!«

John lacht. »Schon gut, schon gut, du bist der Boss.«

»Vergiss das bloß nicht.«

Als wir die Treppe hinaufgehen, fühlen die Stufen sich anders an. Ich habe mich verändert, und die Welt, in der ich lebe, ebenso. Dies sind die Stufen, auf denen ich als kleines Mädchen gespielt habe, aber mich überkommt das seltsame Gefühl, dass dies nicht mehr mein Zuhause ist. Mein Platz ist bei John.

»Mama?«, rufe ich, als wir in die Diele treten.

»Sie ist in der Küche«, ruft Papa aus dem Wohnzimmer. Ich werfe meine Tasche auf die Bank, nehme Johns Hand und führe ihn ins Wohnzimmer. »Habt ihr schon gegessen?«, fragt Papa von seiner Zeitung aufsehend. Er wirft einen Blick auf die Uhr. »Es ist schon spät. Wahrscheinlich habt ihr schon gegessen.«

»Ich hab keinen Hunger, Pop«, antworte ich.

»Wie geht's Ihnen, Sir?«, fragt John und schüttelt Papa die Hand.

»Gut. Und Ihnen?«, antwortet Papa.

Mama kommt aus der Küche. »Oh, ihr seid da. Soll ich euch ein Sandwich bringen?«

»Nein, danke, Mama. Ich hab ... *wir* haben euch etwas zu sagen.«

Mama ahnt, was ich sagen will, bemüht sich aber, ihre Aufregung zu zügeln, um mich die Neuigkeit verkünden zu lassen.

»John hat mich gebeten, ihn zu heiraten, und ich hab ›Ja‹ gesagt.«

Mama stößt einen Schrei aus, läuft auf uns zu, umarmt uns und küsst mich auf beide Wangen. Während sie mich umarmt, sehe ich über ihre Schulter zu Papa hinüber, der zu Boden starrt. »Das ist wundervoll! Wundervoll!«, sagt Mama. »Meinen Glückwunsch! Antonio, hol die Gläser. Wir müssen auf sie anstoßen!«

»Ich hab's dir ja gesagt.« Ich zwinkere John zu.

Papa steht auf, um in der Küche Gläser zu holen, und kommt mit einer Flasche Portwein zurück. Er schenkt uns davon ein und reicht jedem ein Glas. »Lucia, du bist mein Leben.« Er hebt sein Glas.

»Pop?« Die Augen meines Vaters sind nass. »Papa?«

Mama unterbricht das Schweigen. »Ach, ihm geht's gut.

Er ist überwältigt, sein kleines Mädchen wird heiraten, das ist alles.« Sie wirft ihm schnell einen Blick zu.

»Nein, Maria, mir geht's nicht gut und ich bin nicht überwältigt«, sagt Papa und sieht dabei von Mama auf John. »Ich bin enttäuscht, dass dieser junge Mann meine Tochter gebeten hat, ihn zu heiraten, ohne vorher mit mir zu sprechen. Was für ein Mann tut so etwas?« Er wendet sich an mich. »Und welche Tochter gibt unter solchen Bedingungen ihre Einwilligung?«

Es folgt eine peinliche Stille. Schließlich ergreift John das Wort. »Mr Sartori, ich entschuldige mich. Ich dachte, ich müsste Sie nicht fragen, weil Lucia bereits schon einmal verlobt war ...«

Mama sieht Papa an. John hat keine Ahnung, dass er mit dieser Bemerkung meine Tugend in Frage stellt. Die Andeutung, dass ich gebrauchte Ware und daher keine Rücksicht auf meine Familie mehr nötig sei, ist starker Tobak für meine Eltern.

»Er meint es nicht so, wie es klingt, Papa.« Ich stelle mich neben John. »Es ist nur, dass John morgen auf eine Geschäftsreise geht und wir uns ein paar Monate lang nicht sehen werden. Er hat einfach nicht mehr daran gedacht, zu dir zu kommen und dich um Erlaubnis zu fragen.«

»Ja, ja, genauso ist es gewesen«, versichert John. Papa sieht John mit einem mitleidigen Blick an, als würde sich mein Verlobter hinter meinem Rock verstecken, während jemand eine Waffe auf ihn richtet.

»Du bist sechsundzwanzig Jahre alt, Lucia«, sagt Papa. Ich wünschte, er würde mein Alter nicht auf diese Weise hervorheben. Es hört sich an, als sei ich eine alte Jungfer. Und so komme ich mir auch vor, als ich mich in unserem Wohnzimmer mit seinen verblichenen Chintzüberzügen, altmodischen Deckchen und Keramiklampen mit Fransen an den Schirmen umsehe. Wissen sie nicht, dass ich mir heute Herrenhäuser angesehen habe? Grundstücke mit Meerblick? Ich mag hier vielleicht aufgewachsen sein, aber ich will höher hinaus. Aus dem gleichen Grund kam mein Vater nach Amerika. Sieht er denn nicht, dass ein Mann vom selben Schrot und Korn vor ihm steht? John wird mir all die Dinge geben, die ich mir wünsche, aber er ist ihm nicht gut genug. »Du kannst machen, was du willst, aber erwarte nicht, dass ich mich für dich freue.« Papa stellt sein Glas ab und verlässt den Raum.

Ich bin wütend. Ich stelle ebenfalls mein Glas ab und folge ihm. »Papa, wie kannst du es wagen, mir diesen Moment zu verderben? Dabei willst du angeblich immer, dass ich glücklich bin. *Stai contenta! Stai contenta!* Das sagst du jeden Tag, meinst es aber nicht. Sei glücklich, Lucia, aber du darfst nur glücklich sein, wenn ich es dir erlaube! Was ich will, interessiert dich einen feuchten Kehricht. Niemand ist gut genug für mich, aber wenn ich jemanden finde, den ich liebe, den ich ehrlich liebe, demütigst du ihn. Er hat nichts Schlechtes getan! Wir leben im Jahr 1951, und deine lächerlichen Bauernsitten gehören auf den Bauernhof, von dem sie stammen. Ich kann auf mich selbst aufpassen und brauche deinen Segen nicht!«

»Lucia!« Mama ist von meiner Ausdrucksweise mehr schockiert als von dem, was ich sage.

»Ich will nichts mehr hören gegen diesen Mann. Mir ist egal, womit er seinen Lebensunterhalt verdient. Mir ist egal, aus welcher Familie er kommt, und mir ist egal, was ihr von ihm haltet. Er gehört mir, und ich will ihn.«

Papa platzt der Kragen. »In diesem Ton redest du nicht …«

»Wie soll ich nicht mit dir reden? Mal ehrlich? Und du, Mama, du hättest mich liebend gern als Küchenmagd zu Claudia DeMartino abgeschoben, also bist du auch nicht schuldlos. Du willst bloß, dass ich heirate. Egal ob John Talbot oder irgendeinen anderen Typen mit Anzug und dem passenden Hut auf dem Kopf.«

»Das ist nicht wahr«, antwortet Mama empört.

Ich nehme Johns Hand und bringe ihn zur Tür. Mama und Papa kommen uns nicht nach. »Gute Nacht.« Ich küsse John kurz, aber zärtlich auf die Lippen. Er wirkt verwirrt. »Ich deichsle das schon. Geh jetzt.«

Ich kehre ins Wohnzimmer zurück. Mama ist auf ihren Stuhl gesunken, Papa kehrt mir den Rücken zu und sieht in den Garten hinaus. »Weißt du was?«, sage ich zu ihm, »wenn einer deiner Söhne ein Mädchen mit einem Brillantring am Finger heimgebracht hätte, hättest du dich ihr gegenüber nie so aufgeführt wie gegenüber John. Du hast mir den schönsten Tag meines Lebens verdorben. Zur Hölle mit dir.«

Zwei Stufen auf einmal nehmend, laufe ich in mein Zimmer hinauf. Wütend ruft mein Vater mir hinterher. Ganz gleichgültig, wie alt ich sei, er sei immer noch der Herr im Haus und dulde keine Respektlosigkeit. Aber ich kann seine Respektlosigkeit genauso wenig hinnehmen. Ich gehe in mein Zimmer und sperre die Tür ab. Dann knipse ich die Lampe am Toilettentisch an und öffne die Schublade. Ich nehme mein Sparbuch von der Chase National Bank heraus und mache mir klar, dass ich die Mittel habe, um von hier auszuziehen. Die lange Reihe der in blauer Tinte geschriebenen Einzahlungen beruhigt mich. Ich bin eine unabhängige Frau, sage ich mir, und beim Blick in den Spiegel bin ich auch überzeugt davon.

Ruth und ich gehen mit unseren Lunchpaketen in den Garten hinter der Bibliothek, sowohl um den Schauplatz zu wechseln, als auch weil wir dringend frische Luft brauchen. Helen hat sich einen Tag freigenommen, um ihre geschwollenen Füße zu pflegen. Violet verbringt ihre Mittagszeit immer mit Officer Cassidy im White Tower auf der Einunddreißigsten Straße.

Es ist ein schöner Tag, und wir setzen uns auf den Rasen, nachdem wir unsere Sandwiches gegessen haben. Ruth hat die Beine ausgestreckt, stützt sich nach hinten auf ihre Hände und hält mit geschlossenen Augen das Gesicht in die Sonne. »Hat dein Vater immer noch nicht mit dir gesprochen?«, fragt sie.

»Ich hab nicht mit ihm gesprochen«, antworte ich und streiche über ein paar umgeknickte Grashalme. »Mama ist so wütend, dass sie mich nicht mal ansieht.«

»Möchtest du die Sache wieder einrenken?«

»Entweder ich renk sie ein, oder ich fahr nicht mit nach Italien.«

»Du solltest nach Italien fahren. Wenn du erst mal verheiratet bist, das weiß ich aus eigener Erfahrung, ist sogar ein Ausflug nach Queens eine Belastung für die Haushaltskasse.«

»Wirklich?« Ich möchte Ruth sagen, dass das vielleicht auf Harvey und sie zutreffen mag, aber ich heirate einen aufstrebenden Geschäftsmann. Ich glaube nicht, dass bei uns Reisen reiner Luxus sein wird.

»Glaub mir. Du solltest Folgendes tun.« Ruth setzt sich auf und zieht die Beine an. »Ruf deinen Priester an. Vereinbare ein Treffen, bring deine Eltern hin und schließ Frieden.«

»Bist du sicher, dass *du* keine Italienerin bist?«

»Als Harvey und ich uns mit seiner Mutter über die Hochzeitsvorbereitungen in die Wolle kriegten, hat sie mitbekommen, wie ich Harvey gegenüber nicht gerade freundlich über sie geredet habe. Sie hätte nicht lauschen sollen, aber das Kind war schon in den Brunnen gefallen. Also ließ ich den Rabbi kommen und den Streit beilegen. Eltern sind beeindruckt, wenn man die Reife hat, sich an den Klerus zu wenden.«

»Ruth, warum weißt du immer, was zu tun ist?«

»Ich hab eben als Erste geheiratet. Das ist alles. Wie geht John damit um?«

»Er hat seine Reise nach Chicago um eine Woche verschoben.«

»Was macht er dort überhaupt?«

Ich wünschte, ich könnte Ruth antworten, aber jedes Mal, wenn ich John über das Geschäft in Chicago frage, wird er ungeduldig und murmelt irgendwas über eine anstehende Partnerschaft. Offensichtlich gib es dort einen reichen Mann, der ein Projekt mit ihm durchziehen will, und John muss hinfahren und sich mit ihm treffen. Ich räume die Überreste unseres Lunchs zusammen und antworte: »Ach, weißt du, irgendein großer Abschluss steht an.«

»Hast du dieses Gespräch schon geführt?«, fragt Ruth, als sie unsere Thermoskannen zuschraubt.

»Was für ein Gespräch?«

»Das Geldgespräch. Darüber, wie viel du hast und wie viel er hat, und was ihr damit machen wollt?« Wir stehen auf und falten das Tuch zusammen, auf dem wir gesessen waren.

»Nein!« Ich finde Ruth' Vorschlag geschmacklos. Es ist noch genügend Zeit, um Budgets festzulegen und über Sparguthaben zu reden.

»Sprich diese Sache lieber gleich an. Du willst doch keine Überraschungen erleben.«

»Ich könnte mit John nie über Geld reden!« Er hat immer eine Menge Bargeld, wohnt in einem der besten Hotels der Stadt, hat mir einen wunderschönen Brillanten gekauft und führt mich in die schönsten Lokale. Ich kann mir nicht vorstellen, um jeden Dollar zu feilschen wie meine Eltern, die sich bis tief in die Nacht hinein am Küchentisch über Rechnungen streiten.

»Was wirst du tun, wenn du verheiratet bist und etwas brauchst?«

»Ich schätze, dann geh ich los und kauf es.«

»Nein. Du musst ihn *fragen,* ob du es kaufen darfst.«

»Aber ich hab mein eigenes Einkommen!«

»Das ist egal. Ihr seid ein Team, und die eine Hälfte des Teams kann nicht Schecks ausstellen, von denen die andere nichts weiß.« Ruth legt ihr Tuchende an meines und faltet das Tuch dann abschließend zusammen. Ich sage nichts mehr, als wir uns auf den Rückweg zu B. Altman's machen.

Ich weiß, dass Ruth es gut meint, aber ihre Eheregeln treffen auf John und mich nicht zu. Ich mag immer noch Fragen haben, was sein Berufsleben angeht, aber er will sie nicht beantworten, und solange er zufrieden damit ist, bin ich es auch. Das ist alles, worauf es ankommt.

»Versprich mir, dass du dieses Gespräch führst«, ermahnt mich Ruth, als wir in die Fifth Avenue einbiegen.

»Ich versprech's.« Aber ich habe nicht vor, es zu tun. Ruth ist meine beste Freundin, aber sie macht die Dinge auf ihre Art und ich auf die meine.

Mama, Papa und ich knien in unserem Wohnzimmer, während Vater Abruzzi den Segen für uns spricht. Eineinhalb Stunden lang haben wir über unseren Streit gesprochen, Vater Abruzzi hat alles wieder zurechtgebogen und kam zu dem Schluss, dass nichts mehr zu ändern sei. Ich sei verlobt. Meine Eltern müssten das akzeptieren, und ich müsse ihre Sorge anerkennen. Dann ruft Vater Abruzzi John von der Straße herein, wo er eine Schachtel Camels gepafft hat. Er wirkt erleichtert, als Papa ihm die Hand schüttelt und Mama ihn auf beide Wangen küsst.

»Lucia, wenn Sie aus Italien zurückkommen, möchte ich, dass Sie und John sich von mir unterweisen lassen. Wenn Sie ein Datum festsetzen, hängen wir das Aufgebot aus«, erklärt mir Vater Abruzzi. Meiner Ansicht nach ist unser Pfarrer geradezu besessen, was Aufgebote anbelangt. Was mich betrifft, müsste niemand von unserer Hochzeit erfahren, außer den Leuten, die ich dazu einlade. Mit dem Aufgebot öffne ich mein Privatleben der ganzen Gemeinde italienischer Großmütter, die mir dann unbedingt eine Hochzeitstruhe packen wollen, für die sie Deckchen, Schonbezüge und Schuhbeutel für mein zukünftiges Heim häkeln werden. Ich bräuchte ihnen bloß eine Farbvorlage zu liefern, und von der Carmine bis zur King Street würden die Nadeln zu klappern anfangen.

»Wir werden kommen, Vater«, verspricht John. Für einen Nicht-Italiener lernt mein Verlobter schnell.

Ich dachte, der Rest des Julis würde mir lang werden ohne John, aber zwischen meiner Arbeit und den Reisevorbereitungen ist die Zeit nur so verflogen. Am Morgen unserer Abreise ziehen Roberto, Angelo, Orlando und Exodus früh los, um die schweren Koffer zum Flughafen zu bringen. Papa trägt gerade den Rest des Gepäcks zu einem Taxi, das am Bordstein wartet, während Rosemary und ich uns fertig machen und Mama sich ums Frühstücksgeschirr kümmert.

»Lucia!«, ruft mein Vater von unten herauf. »Wie viele Hutschachteln nimmst du eigentlich nach Italien mit?«

»Drei, Papa.«

»Aber du hast doch nur einen Kopf«, antwortet Papa und hält die drei Schachteln hoch.

»In der heißen venezianischen Sonne muss man sich bedecken. Es war ja nicht meine Idee, im heißesten Monat des Jahres an einen Ort zu fahren, wo es warm genug ist, Oliven zu züchten.« Ich laufe die Treppe hinunter und küsse Papa auf die Wange. »Möchtest du, dass ich dort drüben verbrenne?«

»Na dann, nimm sie mit«, sagt Papa ergeben.

Mama streckt den Kopf aus der Küchentür. »Sie bringt es immer fertig, dich um den Finger zu wickeln«, sagt sie und wringt ihr Geschirrtuch aus.

»Genau wie du«, erwidert Papa.

Rosemary drückt mir die Hand, als wir zur Queensboro Bridge und in Richtung des neuen internationalen Flughafens fahren. »Betrachte es als einen langen Einkaufstrip für deine Hochzeit und dein neues Heim«, sagt meine Schwägerin. »Eh du dich versiehst, sind wir wieder zu Hause.«

Das Erste, was ich auf Mamas Betreiben tat, war, eine Hochzeitliste bei B. Altman's auszulegen. Sie möchte, dass mein Heim mit dem Besten von allem ausgestattet wird, angefangen von irischer Leinenbettwäsche und ägyptischen Baumwollhandtüchern bis hin zu englischem Porzellan und Silber. John hat kein richtiges Zuhause mehr gehabt, seit er den Familienwohnsitz auf Long Island verkauft und seine Mutter nach Creedmore gebracht hat. Das Hotel Carlyle ist zwar top eingerichtet, aber ich weiß, dass ich es noch besser kann.

Mama und ich haben vor, die Möbel und alle Dekorationsstoffe in Italien zu kaufen. Ich möchte mich mit so viel Murano-Glas eindecken, wie ich transportieren kann. John hat mir die Pläne für das Haus in Huntington gezeigt, und ich möchte einen ähnlich umwerfenden bunten Kronleuchter, wie ich ihn bei den Milbanks gesehen habe, als Ruth und ich die Dame des Hauses zu einer Anprobe aufsuchten.

Delmarrs Geschenk ist mein Brautkleid, also wird er mit dem Entwerfen beschäftigt sein, während ich fort bin. Die Mädchen haben versprochen, beim Nähen zu helfen. Der

Tag meiner Rückkehr wird Helens letzter Arbeitstag sein. Meine Freundinnen ersparen mir eine riesige Ausgabe, indem sie die Kleider für mich, meine Brautjungfern und meine Mutter schneidern. Das ist erspartes Geld, das ich für die Möbel ausgeben kann.

Es ist kaum zu glauben, dass ich in sechs Arbeitsjahren 8 988 Dollar und 78 Cent gespart habe. Ich bin nie in den Urlaub gefahren, außer mit meinen Eltern, und hab nie Geld für Schmuck oder Autos verschwendet. Die meisten meiner Kleider habe ich mir selbst genäht, und die Dinge, die ich nicht selbst machen konnte, kaufte ich mit Angestelltenrabatt bei Altman's im Ausverkauf. Ich wusste, dass ich eines Tages einen Spargroschen brauchen würde. In Italien will ich etwa tausend Dollar für Möbel ausgeben, fünfhundert Dollar sollen als Notgroschen auf dem Sparkonto bleiben. Den Rest verwende ich für die Anzahlung der Baukosten unseres Hauses in Huntington Bay. Mein Beitrag ist natürlich kümmerlich, gemessen daran, was John ausgibt, aber ich habe ihm das Geld gern gegeben, weil ich ja weiß, dass wir Partner sind. Außerdem suche ich die Fliesen aus, helfe bei der Planung der Küche mit und möchte unbedingt ein riesiges Erkerfenster zum Meer hinaus haben, weshalb meine Investition jeden Penny wert ist.

Als wir in Rom aus dem Flugzeug aussteigen, fällt Papa tatsächlich auf die Knie und küsst den Boden.

»Wie der Papst, dein Vater.« Mama wirft die Hände in die Höhe. Dann hilft sie Papa auf. »Du machst dir deine Hosen schmutzig«, tadelt sie ihn und klopft ihn ab.

Papa schart uns um sich und beginnt auf Italienisch zu sprechen, aber er redet so schnell, dass wir ihn kaum verstehen.

Orlando sagt: »Papa, bitte, wir sind Amerikaner. Mach langsam.«

Papa erklärt jetzt etwas langsamer, dass wir den Zug nach Treviso nehmen und dort die Nacht verbringen werden. »Dann fahren wir heim. Heim nach Godega di Sant'Urbano.«

Delmarr sagte mir, dass Rom und New York ziemlich ähnlich seien, aber das finde ich nicht. New York hat keine antiken Ruinen, kein Kolosseum und keine dreihundert Jahre alten Brunnen wie den auf der Piazza Navona. Sicher, es gibt eine Menge Menschen und den gleichen wahnsinnigen Verkehr, aber damit hören für mich die Ähnlichkeiten auch schon auf.

Mit den Flirtversuchen der italienischen Männer habe ich keine Probleme, weil ich mit Papa und vier Brüdern unterwegs bin, die mich mit Argusaugen bewachen. Wenn ich ein paar Schritte vor meiner Familie hergehe, um in Schuhauslagen zu sehen, umkreisen mich Männer wie Tauben, die ein Stück Brot aufpicken wollen. Dann tritt Papa neben mich, sieht sie streng an, und sie verdrücken sich. Ich bin nicht die Einzige, hinter der sie her sind. Sogar Mama wird nachgepfiffen. Und als sich am Bahnhof ein Typ der zerbrechlich wirkenden Rosemary näherte, zischte sie ihn mit bestem Brooklyn-Akzent an: »Hau ab, du Macker, bevor ich dir eins drüberzieh!«

Als wir auf der Fahrt von Rom nach Venedig in Rimini zum ersten Mal das adriatische Meer sehen, beginnt mein Herz zu klopfen. Die Straßen winden sich wie Bänder zum Wasser hinunter, und von dem weißen Sand ist vor lauter Menschen und Sonnenschirmen kaum etwas zu erkennen. Die Wellen kräuseln sich, bevor sie am Strand ersterben, und bilden einen glitzernden Saum, und die korallenrosa und himmelblau gestrichenen Häuser in den Hügeln sehen aus wie Pailletten auf einem Seidenstoff. Trotz der Hitze ist die Luft klar, und es weht eine leichte Brise mit einem Hauch von Zitronen und Orangen darin.

Da ich mitten in einer Großstadt wohne und mein Leben lang von Stein und Pflaster umgeben war, hatte ich keine Ahnung, wie viel mir Wasser bedeuten könnte. Beim Blick auf die Adria denke ich an mein Haus in Huntington. Ich frage mich, ob John die Arbeiter antreibt, ob sie die Kellerdecke schon betoniert oder die Stützbalken für die Wände schon aufgestellt haben. John hat mir versichert, dass alles fertig sein wird, wenn wir in unserer Hochzeitsnacht einziehen.

Als der Zug in Faenza einen Zwischenstopp einlegt, laufen Kinder an den Waggons entlang und sammeln aufgeregt die Münzen ein, die Reisende aus dem Fenster werfen. Der Krieg ist zwar seit sechs Jahren vorbei, aber Italien hat sich noch lange nicht davon erholt. Wir sehen geradezu wohlhabend aus in unseren einfachen Baumwollkleidern und weißen Handschuhen, während die Menschen hier zwar saubere, aber offensichtlich abgetragene Kleider und zerrissenes Schuhwerk tragen.

Ich sehe ein barfüßiges kleines Mädchen in einem Unterhemd und weißen, bis zu den Knien hochgerollten Hosen. Ihre Haut ist karamellbraun, und ihr schwarzes Haar und ihre Augen glänzen in der Sonne. Rosemary drückt die Stirn ans Fenster und betrachtet das Mädchen, während neue Reisende zusteigen. Ich weiß, dass sie an ihre Tochter denkt und sich fragt, wie Maria Grace sich entwickelt hätte, wie sie sitzen gelernt, ihren Brei gegessen und ihren ersten Zahn bekommen hätte.

»Die Bonbons!« Rosemary richtet sich auf und greift nach ihrer Tasche im Gepäcknetz. »Ich hab eine Tüte Bonbons! Lu, mach das Fenster auf.« Ich schiebe das Fenster auf, und Rosemary ruft: *»Vieni qua! Vieni qua!«* Die Kinder kommen zu uns gelaufen, und Rosemary wirft Hände voller in Goldpapier eingewickelter Herzen mit Kirschfüllung hinaus. Sie springen hoch und fangen sie wie Sternschnuppen. Das kleine Mädchen greift nach einem Bonbon, verfehlt es aber, ein Junge packt es und rennt davon. Ich rufe ihr zu: »*Corri! Corri!*« Als sie zu unserem Fenster läuft, wirft ihr Ro das letzte Bonbon zu, und sie fängt es auf. Als der Zug anfährt, sehen wir auf sie zurück, während sie lächelnd das Bonbon lutscht.

Treviso, das durch seinen Mauerring und einen künstlichen Graben wie eine Insel wirkt, ist schon immer Papas Traumstadt gewesen. Das Licht in den Straßen ist sanft und leicht dunstig. Zarte Weidenbäume säumen tiefe Kanäle, in denen gurgelndes Wasser über bemooste Felsen rauscht.

Die Häuser entlang des Grabens sind aus verblichenem, goldrotem Backstein und haben hohe Fenster mit schwarzen Läden davor, und über den Graben spannen sich schmale Fußgängerbrücken. In Treviso hat man das Gefühl, alles und alle seien miteinander verbunden. Es gibt keine frei stehenden Gebäude, die Stadt ist eine Festung.

Die Straßen haben Kopfsteinpflaster, aber es ist nicht grau wie in den holländischen Vierteln im Greenwich Village. Hier hat es eine grünliche Färbung, die mich an angelaufenes Kupfer erinnert; vielleicht kommt sie vom Moos, das sich wegen der Nähe zum Wasser überall ausbreitet. Das Moos macht Treviso still, als wäre es mit weichem Teppich ausgelegt.

Als wir im Hotel ankommen, begrüßt uns der Direktor mit solcher Begeisterung, als wäre Papa ein Mitglied der ehemaligen italienischen Königsfamilie.

»Wer ist Lucia?«, ist seine erste Frage, und er sieht Rosemary, Mama und mich an.

»Das bin ich«, antworte ich.

»Sie haben ein Telegramm bekommen, Signorina.« Mit großer Geste reicht er mir einen gelben Umschlag.

Hab eine schöne Zeit.
Ich warte. Vermisse dich.
In Liebe, John

»Wie romantisch!«, seufzt Rosemary wehmütig. Meine Brüder lachen. »Ach, ihr seid blöd«, sagt sie zu ihnen.

Der Direktor will uns unbedingt Zimmer mit Blick auf den Kanal geben und empfiehlt uns ein nahe gelegenes Restaurant zum Abendessen. Nach einem Nickerchen ziehen wir uns um, und Papa führt uns zu dem Markt am Fluss. Hier erklärt er uns, dass die Händler am Abend ihre nicht verkauften Waren, das Gemüse und den Fisch, ins Wasser werfen, und dass die dann von der Strömung flussabwärts geschwemmt werden. Ganz anders als in New York, wo er viel Geld dafür ausgeben muss, damit der Abfall der Groceria von einem Lastwagen abgeholt wird.

Der Oberkellner des Lavinia Stella, des besten Restaurants der Stadt, ist zufällig der Bruder unseres Hoteldirektors. Die Art, wie er uns empfängt, macht deutlich, dass er uns erwartet hat.

»Meine Söhne«, sagt Papa, nachdem wir uns gesetzt haben, »seht ihr, wie es in der Heimat ist? Alle arbeiten zusammen. Das soll euch eine Lehre sein.«

»Pop, wir arbeiten doch schon zusammen«, sagt Roberto.

»Ja, aber ihr streitet viel zu viel.« Papa macht eine weit ausholende Geste, um unsere Aufmerksamkeit auf die Atmosphäre im Raum zu lenken. »Seht ihr, nie hört man streiten.«

Ich beuge mich vor uns flüstere: »Das kommt daher, weil sie das in der Küche tun.«

Orlando hört es und lacht, aber Papa meint es ernst. Sein höchstes Lebensziel besteht darin, dass er seinen Söhnen ein gut gehendes Geschäft hinterlässt und dass sie gut miteinander auskommen. »*Niente litigi!*«, sagt er immer. »Keinen Streit.«

Als Erstes serviert man uns einen delikaten Fischsalat aus Süßwasserbrasse und Baby-Shrimps mit Gemüse. Danach bringt uns der Kellner Orecchiette in einer Soße aus Basilikum, Tomaten, Sahne und Butter. Anschließend gibt es gegrillte Lammkoteletts mit in Olivenöl gerösteten Weißbrotbröseln. Zum Nachtisch für jeden ein Schälchen Crème Caramel.

»Wenn hier alles so gut schmeckt, werde ich mir ein Gummiband in jeden Rockbund nähen müssen«, sage ich zu Rosemary, falte die Hände über dem Bauch und lehne mich zurück.

»Darüber würde ich mir keine Sorgen machen. Heute sind wir nach der langen Zugfahrt auch noch fünf Meilen marschiert. Das ist genauso, als würde man von der Commerce Street über die Brooklyn Bridge zum Haus meiner Mutter gehen«, antwortet Rosemary lächelnd und isst noch einen Löffel Crème.

Papa erhebt sein Glas. »*La mia famiglia.*« Ich lächle ihn an. So sehr ich John auch vermisse, so weiß ich doch, dass ich eines Tages sehr froh sein werde, diese Reise mit meinem Vater gemacht zu haben.

»Mein Gott, Pop, könntest du wohl aufhören zu flennen? Wir kommen sonst noch ins Gerede«, sagt Exodus und sieht gespielt nervös nach hinten.

»Tut mir Leid. Ich trinke auf euch, meine Familie, die ich mehr liebe als alles andere auf der Welt. Morgen sehen wir Venedig und dann mein Zuhause. *Salute!*«

Wir erheben unsere Gläser und rufen »*Cent'anni!*«, hundert Jahre Gesundheit und Glück für alle. Jetzt hat sogar Exodus Tränen in den Augen, aber ich necke ihn nicht, weil es mir genauso geht.

Kapitel 8

Es gibt drei Möglichkeiten, nach Godega di Sant'Urbano zu kommen: mit dem Auto, dem Pferd oder zu Fuß. Unser Wagen gleicht einem der Modelle aus der Jahrhundertwende, die man im Smithsonian Museum bewundern kann. »Man erwartet beinahe, dass jeden Moment Teddy Roosevelt um die Ecke kommt, um den Motor anzukurbeln«, sagt Mama, als sie ihn sieht. Das einzige Mitglied unserer Gruppe, das sich für den alten Citroën begeistert, ist Exodus, der das Fabrikat dieses Albtraums internationalen Autobaus kennt und als Oldtimer bezeichnet. Der Rest von uns nennt es ein Wrack.

Am sicherlich heißesten Tag der italienischen Geschichte zwängen wir uns in das Gefährt. Die Fahrt ist so anstrengend, dass Mama dreimal den Rosenkranz betet und Gott anfleht, dass der Wagen so lange durchhalten möge, bis wir unbeschadet ans Ziel gelangen. Godega war nichts als ein kleines Bauerndorf, bis die Gemeinde eine neue Kirche baute und Papst Urban XXI. dazu überredete, sie persönlich einzuweihen. Das brachte Ansehen für den Ort, er wurde in Godega di Sant'Urbano umbenannt, und die armen Bauern galten in ganz Italien als leuchtendes Beispiel für Frömmigkeit und Beharrlichkeit.

Nach einer Fahrt, die uns zu den äußersten Rändern der Zivilisation zu führen schien, sehen wir ein Schild, auf dem »Godega di Sant'Urbano« steht. Der Ort hat eine sehr kurze Hauptstraße, die vor dem Hintergrund ausgedehnter Felder noch kleiner wirkt. Es gibt natürlich die Kirche, eine

Gemischtwarenhandlung, ein Café mit Tischen und grasgrünen Sonnenschirmen davor, ein Kriegerdenkmal und, in der Mitte eines begrünten Platzes, einen schmalen Marmorobelisk, der von einer an niedrigen Pfeilern befestigten Kette umgeben ist. Ein paar Pferde ohne Halfter und Sattel stehen neben einer Toreinfahrt, wo ein paar Hühner im Dreck scharren.

»Das ist also ländlich«, sagt Mama mit kläglichem Unterton in der Stimme. Die arme Mama. Sie ist in den lärmigen Straßen Brooklyns aufgewachsen und teilt Papas Begeisterung für die Heimkehr auf seinen Bauernhof nicht so ganz. Ich hingegen habe das Gefühl, als hätten mich die Geschichten, die uns Papa jahrelang erzählte, schon vorbereitet. Godega ist genauso, wie er es beschrieben hat.

»Mir gefällt es«, sagt Orlando, meine Gedanken erratend. »Ich fühl mich zu Hause hier.« Während die anderen Brüder herumtollten, saß Orlando früher immer bei mir und lauschte Papas Erzählungen über das Veneto.

Der Himmel wölbt sich über uns wie ein Baldachin aus mediterranem Blau, und nirgendwo ist ein Wölkchen zu sehen. Die Hügel und Weiden breiten sich aus wie Rohseide auf einem Zuschneidetisch, und die Weizenfelder wiegen sich in der leichten Brise. In der Ferne sehen wir die Dolomiten, deren Felswände grau wie Taubenfedern und deren Gipfel weiß wie Salz sind.

»Domenic! Eccoci qua!« Papa winkt. Sein Cousin, der einen offenen Kleinlaster fährt – auch ein altes Wrack –, hupt, als er uns sieht. Er hält an, springt heraus und umarmt meinen Vater. Er ist ungefähr in Papas Alter, hat dichtes, kurz geschnittenes graues Haar und die typischen breiten Schultern der Familie. Nach ihm steigen zwei bildhübsche Mädchen aus dem Wagen, gemeinsam mit einer Frau in seinem Alter.

»Wow«, sagt Angelo und stößt einen leisen Pfiff aus, als er die Mädchen sieht. Eine ist groß und schlank mit langem, glänzendem Haar, das bis zur Taille hinabfällt. Sie trägt ein ärmelloses marineblaues Baumwollkleid und Sandalen. Ihre selbstbewusste Art lässt mich vermuten, sie könnte älter sein, als sie aussieht. Wenn sie nach New York käme, würde unser Mannequin Irene Oblonsky ihren Job verlieren. »Das ist meine Nichte Orsola Spada«, erklärt uns Cousin Domenic. Jeder meiner Brüder drängelt sich vor, um möglichst als Erster vorgestellt zu werden. »Und das ist meine Tochter Domenica«, fährt Domenic fort. Sie ist genauso schön, zierlich, mit weiblichen Kurven, und hat offensichtlich einen starken Charakter.

»Und ich bin Bartolomea, Domenics Frau.« Bartolomea hat seltsamerweise rotes Haar und tiefbraune Augen und ebenfalls eine hübsche Figur. Das Essen auf dem Bauernhof scheint den Frauen offensichtlich sehr gut zu tun.

Domenic hilft uns auf die Ladefläche des Lasters, wo er zwei Bänke installiert hat. Wir alle haben genügend Platz, nachdem das Gepäck in die Mitte gelegt wurde. Ich winke Papa und Roberto zu, die uns mit dem Auto folgen.

»Das ist ein ziemliches Abenteuer«, sagt Mama gut gelaunt zu mir.

Ich stoße sie an, damit sie zu Angelo und Orlando hinübersieht, die Domenica und Orsola in die Mitte genommen haben, tausend Fragen übers Veneto stellen und so tun, als bräuchten sie dringend Führer, die ihnen die Sehenswürdigkeiten zeigen.

»Idioten. Sie führen sich auf, als hätten sie noch nie ein Mädchen gesehen«, schnaubt Exodus.

Als der Laster in einen Feldweg einbiegt, werden wir ordentlich durchgeschüttelt und stoßen gegeneinander wie die Heuballen. Zu beiden Seiten des Wegs steht das Korn so hoch, dass man den Eindruck hat, man führe durch einen Tunnel. Alles ist anders in Italien: das Essen, die Hitze, Papas Gefühlsausbrüche, das Gekasper meiner Brüder, die plötzliche Geduld meiner Mutter. Alles, außer mir. Mein Herz ist zu Hause bei John Talbot.

Domenic hält vor einem dreistöckigen, weiß gekalkten Haus in der Mitte einer Lichtung und hilft uns beim Aussteigen. Papa hat sein Zuhause seit seinem siebzehnten Lebensjahr nicht mehr gesehen und beginnt zu weinen. Domenic klopft ihm fest auf den Rücken, als wolle er ihm helfen, etwas freizukriegen, was in seiner Luftröhre feststeckt. Nachdem Papa seine Tränen getrocknet und sich geschnäuzt hat, hört Domenic mit dem Klopfen auf. Bartolomea und die Mädchen holen frisches Gemüse aus dem Garten, während Domenic die Rolle des Fremdenführers übernimmt.

»Kommt, ich zeig euch, wie's drinnen aussieht.« Es wirkt alles wesentlich primitiver als die Bauernhäuser, die ich bislang gesehen habe. Wir folgen Domenic durch zwei große Türflügel in einen Raum, den ich nur als Stall beschreiben kann. Der Boden ist mit Stroh bedeckt, und vor den Fenstern hängen Jalousien aus dünnen Holzschindeln. Obwohl es Mittag ist, ist es dunkel im Raum. »Die Tiere sind auf meinem Hof. Der Esel und zwei Schweine.« Domenic denkt einen Moment nach. »Möchtest du sie zurück?«

»Ganz bestimmt nicht«, antwortet Mama entschieden.

In der Ecke raschelt ein mageres Huhn im Heu, was Mama erschreckt. Domenic lächelt. »Ach ja, die Henne. Aus irgendeinem Grund ist sie hier geblieben.«

»Hier geht's in die Wohnräume«, fährt er fort und schickt sich an, eine roh behauene Leiter hinaufzusteigen, die durch ein Loch in der Decke führt. Wir folgen wie Ameisen, die einen Ast hinaufklettern.

»Nicht schlecht!«, sagt Roberto vor mir. Papa hilft zuerst mir, dann Mama durch die Öffnung.

»Zio Antonio hat hier gelebt, bis er gestorben ist«, erklärt uns Domenic.

Wir kommen in einen Raum mit einem langen, selbst gezimmerten Tisch und zwölf Stühlen mit geflochtenen Sitzen. Die Wände sind in einem hellen Pfirsichton gestrichen, der an der Decke und um die Fußleisten in Rosa übergeht. Vor den Fenstern stehen ein weiches Sofa und zwei niedrige Sessel. Die Rückseite des Raums wird ganz von einem offenen Kamin aus grauen Feldsteinen eingenommen, einige so groß wie eine Hutschachtel. Noch nie habe ich so eine große Feuerstelle gesehen – ich könnte darin stehen. Über dem Kamin hängen alte Bauerngeräte, die sich vor dem hellen Hintergrund wie Schattenrisse ausnehmen. Daneben befindet sich eine Stehlampe mit einem einfachen rosafarbenen Glasschirm. Nachdem ich den Stall unten gesehen habe, bin ich froh, dass es elektrisches Licht gibt.

»Siehst du, Maria. Einfach. Keine Kinkerlitzchen«, neckt Papa seine Frau. »Meine Frau hat mehr Geschirr als ein Restaurant«, fährt er zu Domenic gewandt fort.

Mama ignoriert den Scherz und fragt: »Wo schlafen wir?«

»Oben«, antwortet Domenic mit einer Handbewegung.

»Noch eine Leiter«, bemerkt Mama fröhlich und klettert in den zweiten Stock hinauf. Ich folge ihr. Dort gibt es zwei große Schlafzimmer mit jeweils zwei Doppelbetten, die uns ganz normal vorkommen, bis wir uns darauf setzen. Statt Betten mit Springfedern und Matratzen sind es bloß Holzkisten, die mit Strohsäcken belegt sind. Mit Laken und Decken darüber sehen sie wie normale Betten aus.

Ich streiche die Decke glatt. »Gar nicht so schlecht.«

»Jetzt wissen wir, wie man sich als Huhn fühlt.« Mama verdreht die Augen.

Papa und Mama nehmen das eine Zimmer, und Rosemary und ich das andere. Die Jungen werden unten im Stall schlafen. Bevor Roberto mit seinen Brüdern nach unten geht, umarmt er Rosemary, die sich an seinen Hals schmiegt. Der Verlust hat sie noch enger zusammengeschmiedet.

Der Garten ist voll von reifen Tomaten, gelben Paprika, Salat, Rettichen und Kartoffeln. Domenic hat Prosciutto und Bresaola, mageres, in hauchdünne Scheiben geschnittenes Rindfleisch, gebracht. Beides hat er selbst geräuchert. Dazu bringt er eigenes Olivenöl in einer schwarzen Flasche und eine Menge herzhaften Chianti in Keramikkrügen.

Bartolomea führt Mama hinaus und zeigt ihr den steinernen Backofen mit dem hohen Kamin. Daneben befindet sich eine kurze Steinmauer (zum Auskühlen der Backwaren) und dahinter ein noch größerer Tisch als drinnen, mit einer Bank darum.

»Es ist zu heiß, um drinnen zu kochen, das macht man hier«, sagt Bartolomea zu Mama und zeigt ihr die ordentlich aufgestapelten Utensilien unter dem Backofen, der auf beiden Seiten offen ist. Italienische Erfindungsgabe, denke ich, als ich hindurchsehe. Man stellt das ungekochte Essen auf eine Seite und serviert die fertigen Speisen von der anderen.

»Ihr habt jetzt bestimmt Hunger, nicht?« Bartolomea breitet eine leuchtend gelbe Tischdecke aus und stellt kleine schwarze Flaschen mit Olivenöl darauf, damit sie nicht wegweht. Orsola legt Besteck auf und stellt Teller und kleine Holzbecher an jeden Platz. Aus einem Korb, den Domenics Laster hierher transportiert hat, holt Bartolomea Platten voller Spezialitäten: kleine Sandwiches aus knusprigem Brot, Anchovis, Blutorangen, mit Olivenöl und Pfeffer besprenkelt, frische Feigenhälften mit Hartkäse, saftige Räuchersardinen, Parmesan und glänzende schwarze Oliven. Zum Dessert gibt es in Öl gebackene Krapfen. Neben jeden Teller legt Orsola frische Trauben: Es ist ein einziges großes, malerisches Festmahl!

Bartolomea ruft uns zum Essen. Als wir auf der Bank unsere Plätze einnehmen, scheint die Zeit still zu stehen. Wie viele Generationen Sartoris vor uns versammeln wir uns unter der Sonne des Veneto zum Mahl.

Nachdem ich eine Woche auf süß duftenden Strohsäcken geschlafen habe, nachmittags auf einen Cappuccino in die Stadt gegangen bin und Goethes *Italienische Reise* gelesen habe (ein Abschiedsgeschenk von Delmarr), merke ich, dass ich mich an die italienische Lebensart gewöhnen könnte – allerdings nicht ohne meinen Verlobten. Ich sehne mich nach John, und jedes Mal, wenn ich etwas Schönes sehe, wünsche ich mir, er wäre hier, um es mit mir zu teilen.

Ich erhalte meinen ersten Brief von Ruth, die mir mitteilt, dass Helens Umfang stündlich zunnimmt, weshalb sie ihren Arbeitskittel bereits zweimal habe weiter machen müssen. Violet dränge ihren Polizisten und erwarte am Labor Day einen Ring. Delmarr scheine sehr besorgt zu sein. Sie würden bald gemeinsam zum Mittagessen gehen, nähere Einzelheiten wolle sie mir dann berichten. Dann erwähnt sie, dass John ein paarmal im Kaufhaus gewesen sei und kurz bei ihr hereingesehen habe. Er sagte, er sei oben in der Einrichtungsabteilung gewesen, um die richtigen Schubladengriffe für einen begehbaren Kleiderschrank zu finden, den er für unser Schlafzimmer plane.

»Lucia!«, ruft Ro, und der Klang ihrer Stimme verrät mir, dass etwas passiert sein muss. Ich laufe ums Haus und sehe sie neben Papa knien, der am Boden liegt.

»Mama!«, rufe ich laut. Sie kommt mit Exodus aus dem Haus gelaufen. Ich knie mich neben Papa und fühle seinen Puls, der sehr schwach ist. »Hol Wasser«, sag ich zu Ro. »Wir müssen ihn in die Stadt bringen.« Exodus und ich versuchen, Papa wieder zu beleben. Er öffnet die Augen, weiß aber nicht, wo er ist. »Halt ihn wach«, sage ich zu Mama, als wir ihn auf die Ladefläche des Lasters heben, den Domenic uns zurückgelassen hat. Die anderen Jungs sind heute Nachmittag auf Domenics Hof, um Heu in sein Silo zu füllen. Er liegt etwa eine Meile von der Stadt entfernt, also beschließen wir, uns in Godega selbst nach einem Arzt umzusehen.

So schnell er kann, fährt Exodus über den mit Schlaglöchern übersäten Feldweg. Das Holpern macht nichts aus, weil Papa dadurch wach bleibt. Wir fahren in die Stadt hinein, sehen eine Gruppe von Leuten vor dem Café und rufen *»Dottore, dottore!«*. Der Kellner eilt ins Restaurant und holt Hilfe. Mama, die in Krisensituationen immer ruhig bleibt, bittet um einen kühlen Lappen für Papas Gesicht.

Der Arzt, ein Mann um die vierzig, kommt heraus und dirigiert uns zu einer Bank im Schatten. Er schüttet ein Pulver in etwas Wasser, das er Papa zu trinken gibt, und erklärt, dass das Pulver Kalium, andere Mineralien und Salz enthalte. Es muss schrecklich schmecken, denn Papa verzieht beim Trinken das Gesicht.

»Was ist passiert?«, fragt er, sichtlich erholt nach dem scheußlichen Gebräu.

»Signore, Sie dürfen nicht in die Sonne gehen«, antwortet der Arzt lächelnd. »Jedes Mal, wenn Amerikaner hierher kommen, fallen sie in der Hitze in Ohnmacht.«

»Mir war gar nicht heiß«, protestiert Papa.

»Signore, wenn es an einem Ort heiß genug ist, Orangen zu züchten, ist er zu heiß für Menschen.«

Exodus hilft Papa beim Aufstehen, und wir gehen zum Laster zurück. Mama hält uns auf. »Oh nein. Du gehst nirgendwohin. Nicht, bevor die Sonne untergeht.«

»Maria«, beginnt Papa und will sich zur Wehr setzen.

»Nein, wir setzen uns in die Kirche. Gleich dort drüben in die hintere Bank von St. Urbano. Wir setzen uns ins Kühle, beten einen Rosenkranz und danken Gott, dass es nicht schlimmer gekommen ist.«

Papa wirft die Hände in die Höhe. Mit Exodus auf der einen und Mama auf der anderen Seite tritt er in die Kirche. Rosemary und ich tauschen ein Lächeln aus.

Papa geht mit der ganzen Familie zum Gericht in Godega, um sich die letzten noch fehlenden Papiere für seine Erbschaft zu besorgen. Obwohl das Gebäude sehr klein ist, scheint es gleichzeitig die Polizeistation zu beherbergen: Der einzige *carabiniere* der Stadt steht davor. Ich sitze neben Roberto, und Rosemary, Orlando und Angelo stehen an der Tür, als würden sie sie bewachen; Exodus lehnt an der Wand und flüstert mit Orsola. Mama dreht sich um und bedeutet ihnen, still zu sein. Orsola steht auf und entfernt sich von Exodus, um nicht weiter unangenehm aufzufallen.

Während der Beamte das Testament laut vorliest, schließt Papa die Augen und hört aufmerksam zu. Als Enzos Name fällt, beugt sich Domenic vor und erklärt Papa, dass Enzo seinen Anteil am Hof abgetreten habe. Papa nickt. Ich sehe, dass ihn der Bruch mit seinem Bruder immer noch belastet. Genau das verstehe ich nicht bei meinem Vater. Er ist ein so friedfertiger Mann. Wie hält er es aus, all die Jahre auf seinen Bruder böse zu sein? Nachdem der Beamte fertig ist, steht er auf und küsst Papa auf beide Wangen, und es stellt sich heraus, dass er einer von Papas Cousins mütterlicherseits ist.

Nach zehn Tagen in dem Bauernhaus schmieden wir Ausflugspläne. Ich möchte in Venedig einkaufen gehen, also stellen Rosemary und ich eine Reiseroute zusammen und packen Koffer für eine Woche. Es ist nicht leicht, in der heißen Sonne Kleider zu waschen, aufzuhängen und mit einem Eisen zu bügeln, das wie ein Türstopper aussieht. Aber wir haben keine andere Wahl.

Kurz bevor Ro und ich loswollen, trifft ein Päckchen von John ein. Es stammt von Bonwit Teller's und wurde eine Woche vor unserer Abreise nach Italien abgeschickt.

»Ich kann nicht glauben, dass er bei der Konkurrenz eingekauft hat!«, sagt Ro lachend. Ich öffne den Karton und nehme eine kleine Tiara aus weißen Satinrosen heraus, mit Blättern aus grünem Samt und einem Band glitzernder Strasssteine. »Ach, wie zart und zerbrechlich!«, ruft Ro aus. Auf dem beiliegenden Zettel steht:

Meine Liebste,
Für deinen Schleier.
Ich liebe dich, John

»Mann, du hast tatsächlich einen Prinzen gefunden.«

»Als ob ich das nicht wüsste«, antworte ich und packe die Tiara weg.

Die meisten Italiener sind im August in den Ferien, also bedarf es längerer Verhandlungen, um jemanden zu finden, der uns zum Bahnhof nach Treviso bringt. Papa verhandelt mit einem Mietwagendienst, wobei sich herausstellt, dass die Fahrt genauso teuer ist wie unser Flug. Aber für Papa hat diese Lösung den Vorteil, dass der Fahrer gleichzeitig als Aufpasser fungieren könnte. Und der ist sein Geld wert, wie wir feststellen, als Ro und ich uns in die Menge auf der Rialto-Brücke in Venedig begeben. Sie deutet auf die Gondeln, die unter uns fahren. Bei San Marco machen wir Halt, um den Dogenpalast anzusehen, dessen Marmorintarsien an der Fassade Farben aufweisen, von denen ich bislang gar nicht wusste, dass es sie gibt: Rot mit türkisfarbenen Adern,

Gold mit Weiß, Grün mit Orange, alles in fein ziselierten byzantinischen Formen. Im Führer steht, Venedig sei ein Tor zum Welthandel gewesen, für Waren aus Afrika und dem Orient, und der Einfluss vieler Kulturen ist offensichtlich.

»*Scusi*«, spricht uns ein Mann auf Italienisch an. Er spricht jedes Wort sorgfältig aus. *»Può fare una fotografia di me e mia moglie? Grazie.«*

»Prego«, antworte ich. »Sind Sie Amerikaner?«, frage ich, als ich die Kamera nehme.

»Ja«, antwortet er auf Englisch, als er sich neben seine Frau stellt. »Sie auch?«

»Endlich Landsleute!«, sagt seine Frau unter ihrem breitrandigen Hut hervor, während sie posiert. Sie ist etwa fünfzig, schlank und groß. Ihr blondes Haar ist zu einem langen Zopf geflochten. Sie hat vornehme Gesichtszüge, weit auseinander stehende blaue Augen und eine hohe Stirn.

»Uns geht's genauso«, sage ich, als ich das Bild knipse. »Wir haben bis jetzt auf dem Land gewohnt. Ich bin Lucia Sartori, und das ist meine Schwägerin Rosemary.«

»Ich bin Arabel, und das ist mein Mann Charlie Dresken.« Charlie ist etwa in Arabels Alter, aber ansonsten das Gegenteil von ihr: klein, muskulös, mit rotem Haar und Bart.

Charlie nimmt mir die Kamera ab und fragt: »Woher kommen Sie denn?«

»New York City. Greenwich Village.«

»Commerce Street«, fügt Ro hinzu.

»Die Welt ist klein«, antwortet Charlie lächelnd. »Wir sind aus Long Island, Syosset.«

»Wirklich?«, sage ich. »Mein Verlobter und ich bauen gerade ein Haus in Huntington.«

»Oh, Huntington ist herrlich!«, sagt Arabel. »Da werden gerade ganz hinreißende Häuser gebaut. Was macht Ihr Verlobter?«

»Er ist Geschäftsmann. Import«, erkläre ich.

»Wo wohnen Sie beide denn?«

»In der Pensione Pavan auf dem Campo Santa Marina«, liest Ro von unserem Reiseplan ab.

»Wir sind auf der Giudecca. Eigentlich wollten wir gerade essen gehen. Hätten Sie Lust, sich uns anzuschließen?«

»Sehr gern!«, antworte ich.

»Wir treffen uns um zwei in der Hotellobby«, sagt Arabel und schreibt die Adresse auf unseren Plan.

Rosemary und ich sind so aufgeregt und gespannt auf unsere Verabredung, dass wir auf der Suche nach der Pensione Pavan praktisch durch die Straßen rennen. Man gibt uns ein Zimmer im ersten Stock, das sparsam möbliert, aber sauber ist, mit einem Gemeinschaftsbad auf der Etage. Es macht uns nichts aus, ein Bad zu teilen, da wir in Godega nur eine Dusche im Freien haben, was ungefähr genauso ist, wie in einem Holzzuber zu baden. Wir ziehen Strümpfe und Handschuhe an und setzen Hüte auf, was wir seit dem Verlassen des Flugzeugs in Rom nicht mehr getan haben. Ich finde, wir sehen sehr italienisch aus: Ich trage einen schwarzen tellerrunden Baumwollrock mit weißer Bluse, dazu eine leuchtend rote Schärpe, und Ro einen beigefarbenen Leinenrock mit pinkfarbener Bluse und pinkfarbenem Gürtel. Als wir auf der Giudecca ankommen, sind wir froh, uns beim Anziehen so viel Mühe gegeben zu haben. Die Hotellobby mit prächtigen Kristallkandelabern und schwerem viktorianischem Mobiliar wirkt sehr beeindruckend.

Arabel begrüßt uns und führt uns in den voll besetzten Speisesaal, wo Charlie einen Tisch mit Blick zum Garten für uns reserviert hat. Wir finden heraus, dass sie Kunstprofessorin am Marymount-College in Manhattan und Charlie Anwalt ist. Die beiden sind seit zehn Jahren verheiratet und haben keine Kinder.

»Ihre Kinder sind ihre Bücher und die Antiquitäten, die wir von unseren Reisen mitbringen«, sagt Charlie lachend.

»Und bei dir ist es nicht anders.« Arabel zwickt ihn in die Backe, und er lächelt sie an. »Wissen Sie, Charlie und ich kommen jedes Jahr nach Venedig. Jedes Mal besuchen wir die gleichen Kirchen und sehen uns die gleichen Kunstwerke an, weil wir immer etwas Neues an ihnen entdecken.«

»Bei Fotos in Büchern funktioniert das nicht«, fügt Charlie hinzu.

»Sie müssen mit uns nach St. Stae kommen. Dort gibt es eine Reihe von Gemälden, die von Andrea Stazio in Auftrag gegeben wurden …«

»Einem sehr reichen Mann«, wirft Charlie ein.

»Einem wirklich sehr reichen Mann, der das Leben der zwölf Apostel von zwölf jungen Künstlern darstellen lassen wollte. Also hat er sich die besten ausgesucht. Mein Lieblingsbild ist das von Giambattista Tiepolo. Er hat das *Martyrium des heiligen Bartholomäus* gemalt.«

»Es wird Ihnen den Atem rauben«, erklärt Charlie.

»Das Bild berührt mich jedes Mal von Neuem«, fährt Arabel fort. »Ich glaube, es hat damit zu tun, dass Bartholomäus aus dem Dunkel ins helle Licht tritt. Er ist vom Bösen und von Zweifeln umgeben, hält aber an seinem Vorsatz fest, ehrenvoll zu sterben und das Antlitz Gottes zu sehen. Es ist die beste Darstellung des Leidens, die ich je gesehen habe. Man spürt förmlich die Todesqualen.«

Rosemary, die ihr Bestes gibt, einer Unterhaltung zu folgen, die sie nicht interessiert, braucht einen Mittagsschlaf. Ihre Augen sind ganz glasig. All das Gerede über Kunst ist zu viel für sie. Auf mich jedoch hat es den gegenteiligen Effekt. Ich giere nach weiteren Einzelheiten und stelle Fragen, die Arabel und Charlie bereitwillig beantworten.

An der Art, wie die Dreskens miteinander umgehen, kann ich erkennen, dass sie sich lieben, aber gleichzeitig findet auch ein Austausch zwischen ihnen statt, und sie haben eine bestimmte intellektuelle Verbindung, über die ich bei meiner Beziehung zu John noch nie nachgedacht habe. Als Arabel über die Geschichte Venedigs und die hier ausgestellten Meisterwerke spricht, frage ich mich, was ich wohl verpasst habe, als ich nicht aufs College gegangen bin. An meiner Highschool haben sich nur diejenigen Mädchen dafür entschieden, die außerordentlich intelligent waren und Lehrerinnen oder Bibliothekarinnen werden wollten. Ich wusste, dass ich mit den Händen arbeiten würde, aber auch diese Arbeit wäre durch Kunst- und Literaturunterricht gefördert worden. Arabel scheint über alles ein bisschen Bescheid zu wissen. Was ich über die Welt weiß, kenne ich im Detail, aber mein Blickfeld ist eingeschränkt. Es ist auf Greenwich Village und B. Altman's beschränkt. Vielleicht haben so genannte »richtige Verbindungen« nicht nur mit Gesellschaftsschichten, sondern auch mit gemeinsamen Ideen und entsprechendem geistigem Austausch zu tun. In Gesellschaft von Arabel verspüre ich den Wunsch, an dieser Welt teilzuhaben. Wir vereinbaren, dass wir uns ihnen auf ihren Touren durch Venedig anschließen.

Arabel und Charlie zeigen uns so viel von Venedig, wie wir aufnehmen können, ohne vor Erschöpfung zusammenzubrechen. Was für ein Glücksfall, eine echte Kunsthistorikerin als Führerin zu haben! Heute bestand Arabel darauf, die Glasbläserwerkstätten in Murano zu besuchen. Auf der Fähre zur Hauptinsel erklärt Arabel, dass dieses Gewerbe wegen des Rauchs und der Hitze, die die Schmelzöfen verursachen, aus Venedig verbannt wurde. Die Werkstätten, die wir uns ansehen, erinnern mich an das Atelier bei B. Altman's. Jeder Arbeiter führt eine bestimmte Aufgabe aus und gibt das noch ungeformte Glas an den nächsten weiter, bis der Kelch, der Kerzenhalter oder die Schale fertig ist.

»Ist es nicht schwer, einen Kronleuchter auszusuchen, wenn man das Haus noch gar nicht gesehen hat?«, fragt mich Arabel. Möglicherweise kann ich mir die endgültige Form eines Gegenstands besser vorstellen, weil ich Schneiderin bin. Vor meinem geistigen Auge wird ein Stück Stoff zu einem Rock, eine Hand voll Perlen zu einem bestickten Mieder, ein Stück schwarzer Samt zu einem Kragen. Als ich mit John über unser Grundstück ging, konnte ich unser fertiges Haus in allen Einzelheiten vor mir sehen: jedes Zimmer, jede Tür, den genauen Ort, an dem unser Erkerfenster sein sollte, damit die Nachmittagssonne das Erdgeschoss mit rosigem Licht erfüllt. Wie seltsam, denke ich, etwas tatsächlich bauen zu müssen, damit man es sich vorstellen kann. Ich könnte nicht tun, was Arabel tut, aber vielleicht könnte auch sie meinen Job nicht ausführen.

Nachdem ich einen herrlichen Kronleuchter entdeckt habe, den ich mir in den Staaten nie leisten könnte, verhandle ich mit einem Verkäufer. Die Aufhängung ist aus poliertem Kupfer, die Arme sind mit vergoldeten Blättern verziert, und die Glasornamente stellen Früchte in allen nur denkbaren Farben dar: rauchblaue Trauben, grünlichgelbe Birnen, granatrote Äpfel, pinkfarbene Kirschen. Er verspricht mir, jedes Teil sorgfältig einzupacken, und warnt mich, dass das Paket riesige Ausmaße haben wird.

»Hauptsache, der Leuchter kommt an, ohne dass etwas zerbrochen ist«, erkläre ich ihm. Was für sensationelle Ferien! Alles, was ich sehe, unterstützt meine Kreativität und bringt mich auf neue Ideen, angefangen von der Korallenschließe am Schuh einer Dame bis hin zu dem Zelt aus Seidenmoiré, unter dem wir in dem Hotel gesessen haben. Selbst die

Küchenutensilien mit ihren leuchtend bunten Emaillegriffen sind Kunstwerke in Italien.

Am nächsten Tag bestellt Arabel einen Wagen, um nach Florenz zu fahren und dort Seide zu kaufen. Von Franco Scalamandre, einem Seidenhändler auf der Fifth Avenue, weiß ich über den Antico Setificio Fiorentino Bescheid, also wird es mir endlich möglich sein, mich für Arabels Großzügigkeit mit meinem Wissen über Textilien und Stoffe zu revanchieren. Als ich bei Scalamandre Seidentaft für die Robe einer Mezzosopranistin an der New Yorker Oper kaufte, erklärte er mir, wo der Stoff gewebt wurde. Er lieferte mir eine detaillierte Schilderung des Ortes, erzählte von den Seidenraupen, die den Faden spinnen, vom Rattern der Webstühle, die von morgens bis nachts in Betrieb sind, vom Trockenraum, wo der frisch gefärbte Stoff auf Holzrahmen gespannt wird, damit die Farbe gleichmäßig trocknet. Als wir durch die Werkstätten gehen, wird mir klar, dass die Stoffe, die wir bei B. Altman's verarbeiten, nur eine kleine Auswahl dessen darstellen, was hier gefertigt wird. Wenn ich ein paar dieser Streifen und Karos hätte, könnte ich für eine ganze Saison Variationen in Pink entwerfen.

Arabel deutet auf gebrochen weißen Taft mit einem zart eingewebten Muster. »Ich weiß nicht, was ich damit anfangen sollte«, sagt sie, »aber er ist exquisit.« Sie hält ihn hoch, und ich weiß, dass er in seiner königlichen Schlichtheit nur zu einem dienen kann: meinem Hochzeitskleid. Arabel und Rosemary stimmen zu, also kaufe ich zehn Meter, genügend für jede Art von Entwurf, die Delmarr im Sinn haben könnte.

Als wir uns am nächsten Morgen von Arabel und Charlie verabschieden, bin ich traurig. Ich bin nie längere Zeit mit einer so gebildeten Frau zusammen gewesen, und mir wird bewusst, was mir durch meinen Mangel an Schulbildung entgangen ist. Ich bin stolz auf meine Ausbildung, aber jetzt erkenne ich, dass ich mehr hätte erreichen können. Ich erinnere mich an den Abend im Plaza, als einer von Christophers Freunden mich fragte, ob ich in Vassar gewesen sei. Welchen Spaß es mir gemacht hätte, von daheim fortzugehen und den Schlafsaal mit einer Menge intelligenter, ehrgeiziger Mädchen zu teilen! Ich habe meine Talente nicht vergeudet, sie aber auch nicht wirklich gefordert. Ich habe Ideen und die Leidenschaft, sie umzusetzen, aber es gibt eine ganze Welt, von der ich nichts weiß, und gerade dieses Wissen hätte mich an die Spitze gebracht.

Mama ist froh, als wir gesund von unserem Ausflug zurückkehren. Ich gebe ihr die Ketten aus Murano-Glas, die ich für sie gekauft habe. Als sie sie vor dem Spiegel anprobiert, fällt mir auf, dass sie genau wie ich den Kopf zur Seite neigt, wenn sie Schmuck anprobiert. Mama sieht mich im Spiegel an. »Alles in Ordnung mit dir?«

»Ja, Mama.«

Erneut sieht sie mich eindringlich an, wie sie es mein ganzes Leben lang getan hat. An ihrem Gesichtsausdruck kann ich ablesen, dass sie eine Veränderung an mir wahrnimmt. Meine Mutter war immer meine engste Vertraute, und ich kann so gut wie nichts vor ihr verbergen.

»Warum bist so ernst?«, fragt sie.

»Ich weiß nicht«, lüge ich. Wie kann ich ihr sagen, dass dieser Ausflug mich verändert hat? Ich habe Arabel kennen gelernt, die in einer Welt aus Literatur und Kunst lebt, und die mich mit ihrer Begeisterung angesteckt hat. Ich habe so erlesene Handwerkskunst gesehen, dass ich darüber nachdenke, wie ich eine bessere Schneiderin werden könnte. Aber warum machen mich meine ehrgeizigen Ziele traurig? Warum habe ich immer das Gefühl, etwas aufgeben zu müssen, was ich liebe, wenn ich etwas Höheres erreichen will?

Lachend, essend und unsere Gesellschaft genießend verbringen wir unseren letzten Abend in Godega. Dies wird mein letzter Familienurlaub als ledige Tochter sein. Von all den Dingen, die ich gelernt, und all den Orten, die ich gesehen habe, hat mir nichts so viel bedeutet wie diese kostbaren Tage in Papas Elternhaus. Es gibt Momente, die ich nie vergessen werde: Wie meine Mutter lachte, als sie auf Papas Schoß saß, wie Roberto mit Rosemary durch die Felder spazierte, wie Angelo, obwohl zwanzig Jahre zu alt, in der Kirche von St. Urbano ministrierte, wie Orlando in dem Backofen unter freiem Himmel Pizza buk, wie Exodus zum zwölften Mal den Motor des alten Autos reparierte, und wie ich meine nackten Füße in das Gras grub, in dem mein Vater als Junge spielte.

Während wir den Laster beladen, um nach Treviso zum Bahnhof zu fahren, wirkt Cousin Domenic abwesend. Er stopft Tabak in seine Pfeife, als wäre er wütend.

»Alles in Ordnung, Cousin?«, frage ich ihn.

»Ich werde euch nie mehr wiedersehen«, sagt er.

»Aber sicher. Du kommst nach Amerika, und wir kommen wieder her.«

»Nein, du bist jung, du weißt das nicht. Vor dir liegt so viel, dass du glaubst, du hättest alle Zeit der Welt. Ich weiß, dass diese Zeit für immer vergangen ist. Ihr werdet nicht zurückkommen.«

Ich lächle Domenic an und umarme ihn. So fröhlich und lustig die Italiener auch sein können, so kann ihre Stimmung dennoch von einem Moment zum anderen ins Gegenteil umschlagen. Nichts ist sicher im Leben, möchte ich meinem Onkel sagen. Dieser Monat war wundervoll. Hör auf zu klagen! Aber ich hab leicht reden, da ich die Stunden zähle, bis ich John wiedersehe.

Roberto lädt die letzten Taschen auf den Wagen. Domenic,

Bartolomea, Orsola und Domenica sind gekommen, um uns zu verabschieden.

»Wo ist Exodus?«, fragt Mama, die uns abzählt, als wären wir Hühner.

»Mama«, sagt Exodus mit einer Stimme, die ich kaum wiedererkenne. Sein Sarkasmus und Spott sind einem ernsten Tonfall gewichen.

»Lasst uns fahren. Vor dem Flugzeug müssen wir noch zwei Züge nehmen.« Ihre Tasche über dem Arm und eine kleine Mappe in der Hand, geht Mama zum Laster.

»Mama … ich komm nicht mit«, sagt Exodus.

Mit der freien Hand greift Mama nach der Tür des Lasters. »Was soll das heißen, du kommst nicht mit zurück?«

»Ich bleibe hier«, antwortet er entschieden.

»Aber was ist mit New York?«, frage ich ihn. Eine so unausgegorene Idee hätte ich vielleicht von Orlando oder Angelo erwartet, aber nicht von Ex, der mir mein Leben lang am nächsten stand.

»Was soll damit sein?«, fragt Exodus ungerührt.

»Es ist dein Zuhause«, antworte ich.

»Mein Herz ist hier.« Orsola tritt an seine Seite. »Wir wollen heiraten«, fügt er hinzu.

»*O Dio.*« Mama lässt sich im Innern des Lasters auf die Sitzbank fallen. »Antonio Giuseppe, sag du was.«

Wir wissen, dass es Mama ernst meint, wenn sie Pop mit beiden Vornamen anspricht, also machen wir ein paar Schritte zurück, weil wir einen Riesenkrach erwarten, als sich unsere Eltern an Exodus wenden.

»Ex, was soll das denn?«, fragt Papa ruhig.

»Pop, du weißt, ich liebe den Laden und arbeite gern mit dir. Aber mein ganzes Leben lang wollte ich eigentlich auf dem Land leben. Ich hab mir schon immer einen Bauernhof gewünscht. Mir gefällt es, von Sonnenauf- bis Sonnenuntergang zu arbeiten. Das ist es, wofür ich geschaffen bin. Ich möchte mein Gemüse selbst anbauen, nicht bloß verkaufen. Ich mag die Stille am frühen Morgen, wenn ich die Kuh melken gehe. Ich mag, wie meine Stiefel in die Erde versinken, nachdem ich sie gepflügt habe. Ich mag den Lärm nicht mehr. Ich mag die Ruhe.« Ex streckt die Hand aus, und wir hören das leise Rauschen des Winds, der durch die Ähren weht. »Das ist Musik für mich. Ich hab das Gefühl, ich hab gefunden, wofür ich geschaffen bin.«

»Aber ich brauch dich zu Hause«, sagt Papa ruhig, als er an seinem Sohn vorbei auf die Felder sieht.

»Du hast noch drei Söhne. Und du kannst jederzeit jemanden einstellen.«

Niemand in einem Familienunternehmen spricht je die Worte »jemand anderen einstellen« aus. Sie gelten als höchste Beleidigung, denn der ganze Sinn, ein Geschäft wie die Groceria zu betreiben, besteht darin, seinen Kindern ein profitables Unternehmen zu hinterlassen, damit die Familie zusammenbleiben und gemeinsam arbeiten kann.

Meine Mutter hebt die Stimme. »Wir werden nie jemanden einstellen, der nicht zur Familie gehört. Eher machen wir den Laden zu, bevor wir einen Fremden holen!«

»Maria, bitte!«, beschwichtigt Papa seine Frau. »Es gibt hier ein Erbe für ihn.«

»Und ein Mädchen! Ein schönes Mädchen! Das wollen wir nicht vergessen!«, stößt Mama hervor. Orsola sieht zu Boden. Ich würde ihr gern sagen, dass sie keine Schuld daran hat, dass unsere Familie eben so ist, und dass, sobald sie verheiratet ist, sie das alles selbst herausfinden wird.

Ex wendet sich an Papa, der diesmal der Vernünftige in dem Streit ist. »Es gibt nichts, was mich glücklicher machen könnte, als mein Leben selbst zu bestimmen. Mein eigenes

Essen anzubauen, Holz fürs Feuer zu schlagen und das alles. Das möchte ich machen. So möchte ich leben.«

Mama wirft die Hände in die Höhe. »Gott sei Dank wissen wir jetzt wenigstens, was Exodus will. Jetzt sag mir, mein Sohn, wer ist dieser Schwindler, den ich geboren, genährt und aufgezogen und für den ich all die Jahre wie ein Engel gesorgt habe? Wo ist er? Vielleicht kann *er* mir das erklären, weil du ... mir wie ein Betrunkener vorkommst. Betrunken von romantischen Weizenfeldern, italienischem Mond und Domenics Wein!«, bellt sie. »Du steigst jetzt in diesen Wagen und kommst mit heim in die Vereinigten Staaten von Amerika, deren Bürger du bist! Jetzt sofort!«

Exodus rührt sich nicht. Orsola weint, und Papa, der nicht in der Sonne sein sollte, beginnt zu schwitzen.

»Maria, lass den Jungen gehen.«

»Antonio!«

»Lass den Jungen gehen. Wenn einer meiner Söhne mich verlassen sollte, dann ist dies der Ort, den ich mir für ihn wünschen würde. Hier haben die Sartoris hunderte von Jahren Landwirtschaft betrieben. Ich freue mich, dass ein Sohn auf das Familienanwesen zurückkehrt, auf dem ich aufgewachsen bin, und ich werde mich freuen, wenn seine Kinder in diesem Haus groß werden.«

Das einzige Geräusch, das wir jetzt hören, ist das magere Huhn, das im Stall im Stroh scharrt. Mama stützt den Kopf auf die Hände, sie weiß, dass Papa Recht hat. Exodus klettert auf den Laster und nimmt sie in die Arme. »In meinem Herzen werde ich dich nie verlassen, Mama.«

Kurz darauf scheint Papa einzufallen, dass es noch einen anderen Aspekt an der Sache gibt. Die Fehler, die er bei Rosemarys Eintritt in unsere Familie gemacht hat, will er nicht noch einmal wiederholen. Er wendet sich an Orsola. »Orsola, willkommen in unserer Familie«, sagt er. Sie umarmt Papa, dann jeden von uns und schließlich Mama. Papa reicht Mama sein Taschentuch. Sie schnäuzt sich und sagt: »Wird denn je irgendeiner in dieser Familie eine normale Hochzeit feiern?« Roberto lässt den Motor an, Domenic und seine Familie steigen zu uns auf, und als wir auf die Straße nach Godega di Sant'Urbano einbiegen, ist das Letzte, was wir sehen, Exodus, der seinen Arm um Orsolas Taille gelegt hat, und ein sehr mageres Huhn, das aus der Tür des Bauernhauses späht, dem neuen Heim der jungen Familie.

Kapitel 9

Mit einem Dutzend roter Rosen, die mit einem weißen Satinband zusammengebunden sind, wartet John am Ausgang, als wir in New York aus dem Flugzeug steigen. Wie immer ist er makellos gekleidet, er trägt einen beigefarbenen Leinenanzug, ein blau-weiß gestreiftes Hemd und eine marineblaue Krawatte. Trotz der vielen Male, die ich in Italien das Foto von ihm betrachtet habe, bleibt mir fast die Luft weg, als ich ihn endlich leibhaftig und so überaus attraktiv vor mir sehe. Ich weiß, dass man als Dame eigentlich nicht rennen sollte, doch das ist mir egal. Ich stürze mich in seine Arme, vergrabe das Gesicht an seinem Hals und rieche den Duft seiner Haut, den ich so schrecklich vermisst habe.

»Wie wär's mit dem 15. November als Hochzeitstag?«, flüstert er.

»November! Wir müssen Einladungen verschicken, eine Band engagieren, das Essen bestellen, ein Kleid nähen! Das ist Wahnsinn!«, antworte ich. Inzwischen hat sich auch meine Familie um uns versammelt, bleibt aber wie festgefroren in einem gewissen Abstand stehen.

»Ich will nicht warten«, sagt er lächelnd.

»Ich auch nicht.«

»Wir können es bis zum 15. November schaffen«, sagt Mama mit einem Anflug von Panik in der Stimme. Ich kenne sie gut genug, um zu wissen, dass sie den Termin für zu früh hält, aber seit unserem Treffen mit Vater Abruzzi hat sie sich sehr bemüht, nicht jeden Vorschlag, den John und ich für unsere Hochzeit machen, von vornherein abzulehnen. Statt

Einwände zu erheben, küsst sie ihn auf die Wange. Nachdem meine Mutter gesprochen hat, tauen auch meine Brüder wieder auf und begrüßen John mit Handschlag. Nur Papa, der liebe Papa, muss sich ein Lächeln erst abringen. Er wird nichts mehr gegen John sagen, weil er es Vater Abruzzi versprochen hat und mich nicht verlieren will. Doch warum kann er nicht sehen, wie glücklich ich bin?

Roberto und Rosemary steigen mit mir und John in den Packard, während der Rest der Familie in einem Taxi folgt. Ich erzähle John von Exodus' Entscheidung, in Italien zu bleiben, und Rosemary unterhält ihn mit Geschichten über unseren Ausflug nach Venedig. In der Commerce Street hilft John meinen Brüdern, unser reichlich vergrößertes Gepäck auszuladen. Es sind ja Bücher, Kerzenleuchter, Ledertaschen und Seidenstoffe hinzugekommen. Den Kronleuchter und die Haushaltsartikel haben wir per Seefracht verschicken lassen. John hat verschiedene Dinge zu erledigen, deshalb küsst er mich und verspricht, mich zum Abendessen abzuholen.

Als Erstes nehme ich eine Dusche. Eine Viertelstunde lang stehe ich unter dem prasselnden heißen Wasser und genieße jede Sekunde. Was für ein Luxus, nachdem ich mich einen Monat lang mit lauwarmem Wasser waschen musste, das spärlich aus dem Hahn tröpfelte! Ich steige aus der Dusche und ziehe meinen Bademantel an. Als ich in den Gang trete, reicht mir Ro ein Glas Limonade. »Danke, das wär nicht nötig gewesen«, sage ich.

»Und ob es nötig war! Ich hab seit einunddreißig Tagen keinen Eiswürfel mehr gesehen und wollte dir zeigen, dass es tatsächlich noch welche gibt.« Sie stößt mit mir an und geht dann die Treppe hinunter, damit ich mich fertig machen kann.

Als ich mit John am Abend aus dem Haus gehe, nehme ich einen Pullover mit. In New York ist es abends zwar noch warm, aber verglichen mit dem Veneto fröstelt es mich. John hat im Vesuvio einen Tisch reserviert.

»Wie sehr hast du mich vermisst?«, frage ich, nachdem wir in unserer Nische Platz genommen haben.

»Jede Sekunde. Und du?«

»Jede halbe Sekunde.« Ich beuge mich über den Tisch und küsse ihn.

»Ich hab Todesängste ausgestanden, du könntest irgendeinen italienischen Grafen oder Fürsten kennen lernen und nicht mehr nach Hause kommen.«

»Und wenn sich von den Alpen bis zur Stiefelspitze sämtliche italienischen Junggesellen aufgereiht hätten, wäre ich nicht ansatzweise versucht gewesen. Ich hab den besten Verlobten der Welt. Warum sollte ich auch nur einen Blick an einen anderen verschwenden?«

»Schöne Mädchen haben die Wahl.«

»Und ich wähle dich.«

»Ich hab dir was gekauft, als du weg warst«, sagt er grinsend. »Als ich es sah, dachte ich, es gibt nur ein Mädchen auf der Welt, das ihm gerecht werden könnte.« John winkt Patsy heran, den großen, quirligen Besitzer des Restaurants, der einen riesigen Karton an den Tisch bringt.

»Was hast du getan? Ich … ich dachte, wir sparen für unser Haus …«

Der Karton ist so groß wie der Tisch, etwa dreißig Zentimeter tief, mit einem pinkfarbenen Seidenband darum, und ich brauche einen Moment, um es aufzuknoten. Als ich den Deckel abnehme, verschlägt es mir den Atem. Es liegt ein tiefschwarzer Nerzmantel mit Stehkragen, eckig geschnittenen Schultern und breiten Manschetten darin.

»Sieh dir das Futter an«, sagt John.

Ich öffne den Mantel und sehe mit Goldfaden meinen Namen eingestickt. »Es gibt keinen Zweifel, wem dieser Mantel gehört.«

»Lucia ist ein vornehmer Name«, sagt Patsy, offensichtlich stolz auf die Rolle, die er bei der Sache spielt. »Er bedeutet ›Licht‹. Sie sind ein so hübsches Mädchen, Sie brauchen keinen Nerzmantel. Viele andere Frauen brauchen einen.« Er geht zur Bar zurück.

»Liebling, können wir uns das denn leisten?«, frage ich John.

»Was soll das heißen? Du bekommst den ersten Pelzmantel deines Lebens und machst dir Sorgen, wie viel er kostet?«

Ich will John fast sagen, dass dies nicht mein erster Pelzmantel ist. Papa schenkte mir einen Wollmantel mit Fuchskragen, als ich meine Stelle bei B. Altman's bekam. Aber das braucht John ja nicht zu wissen. »Es ist nur, weil das Haus eine so große Investition ist. Es ist doch unser Traum.«

»Für das Haus ist gesorgt.« John nimmt einen Schluck von seinem Manhattan und klopft nervös mit dem Rührlöffel auf den Tisch.

Doch die Art, wie er das sagt, beunruhigt mich. Als sei für das Haus gesorgt, für andere Dinge jedoch nicht. Ruth fällt mir ein, die mich schwören ließ, mit meinem Verlobten über unsere finanzielle Lage zu reden. Was ich nie getan habe. Ich hatte nie den Eindruck, wir würden uns je wegen des Geldes in die Haare kriegen.

»Hör zu. Ich hab dir diesen Mantel nicht gekauft, um dich zu beunruhigen. Ich kann ihn zurückgeben«, sagt er.

»Nein, nein, er gefällt mir.«

»So verhältst du dich aber nicht.«

»Natürlich tue ich das. Du hast ihn mir geschenkt. Es tut mir Leid, wenn du mich für undankbar hältst.«

»Das Gefühl vermittelst du mir. Glaubst du, ich fahr durch die Stadt, dreh das Fenster runter und werf tausend Dollar auf die Straße, als wären es Konfetti? Glaubst du, ich geb wie ein Irrer Geld aus, um andere Leute zu beeindrucken?«

»Nein, das hab ich …«

»Du vertraust mir nicht, stimmt's?«

»Wovon redest du? Ich werde dich doch heiraten.«

»Aber *vertraust* du mir?«

»Ich wäre nicht hier, wenn ich dir nicht vertrauen würde.« Ich kann es nicht fassen, dass dieser wundervolle Abend mit dem außergewöhnlichen Geschenk in einen Streit ausartet. Ich hole tief Luft. »Ach John, ich bitte dich. Ich leide unter Jetlag und bin nicht ganz bei mir. Ich liebe diesen Mantel und werde ihn jeden Tag tragen.«

John entspannt sich. »So ist's recht. Ich will doch nur, dass du immer das Beste hast.«

»Das hab ich. Ich hab das Beste.«

»Also, probier ihn an«, sagt er, zieht den Mantel aus dem Karton und hält ihn mir hin, als sei er ein Badetuch und als würde ich gerade aus dem Wasser steigen.

»Jetzt?«

»Ja, jetzt. Ich möchte ihn an dir sehen.«

Ich stehe auf und schlüpfe in den Mantel. Er fühlt sich luxuriös, weich und leicht an. Patsy stößt einen leisen Pfiff aus.

»Danke, Liebling.« Ich beuge mich nach vorn und küsse John auf die Lippen. Als ich die Augen wieder öffne, sehe ich mich in dem aus vielen Facetten zusammengesetzten Spiegel hundertfach reflektiert.

»John, hast du Hunger?«, frage ich.

»Eigentlich nicht. Du?«

»Überhaupt nicht. Warum holst du nicht den Wagen?«

John lächelt und verlässt den Tisch. Ich treffe ihn unter der Markise vor dem Restaurant. Er tippt an seinen Hut. »Wo soll's hingehen, Ma'am?«

»Ins Hotel Carlyle, bitte«, antworte ich, auf sein Spiel eingehend. Bis zum 15. November ist noch viel zu lange hin.

Delmarr und Ruth haben mich im August vertreten, weil Hilda Cramer es nicht mag, wenn jemand mehr als zwei Wochen am Stück Urlaub nimmt. Aber nach so langer Abwesenheit bin ich jetzt freudig erregt, als ich die Tür zur Maßabteilung öffne und wieder im Atelier zurück bin. Ich habe die Seide für mein Brautkleid und eine Menge Geschichten für Delmarr und Ruth im Gepäck und bin früh dran, weil ich mir alles zurechtlegen möchte, bevor die Truppe eintrifft. Am Schwarzen Brett sehe ich auf den Arbeitsplan.

An Stelle des üblichen Systems, bei dem Anproben in Gelb und Ablieferungen in Pink gekennzeichnet sind, sehe ich Symbole, die ich nicht kenne. An Ruth' Zeichentisch scheint sich nichts verändert zu haben, aber die Ablagebehälter sind anders. Ich öffne die Tür zum Lagerraum und sehe, dass alle Stoffe flach gefaltet und bis zur Decke gestapelt sind, anstatt aufgerollt aufrecht zu stehen. Ein Gefühl der Panik packt mich. Ich gehe ins Atelier zurück und dann in Delmarrs Büro. Das signierte Foto der McGuire Sisters hängt noch an der Wand, und das Rad mit der Farbpalette steht noch auf dem Tisch. Erleichtert atme ich aus.

»Firmenspionage?«, fragt Delmarr hinter mir.

Ich fahre zusammen. »Sie haben mich erschreckt!«, sage ich und werfe dann die Arme um seinen Hals.

»Was denn? Geizt Talbot mit Zärtlichkeiten?« Er erwidert meine Umarmung.

»Ganz und gar nicht. Was geht hier vor, Delmarr? Alles sieht ganz anders aus.«

»Nicht alles, nur eine kleine Firmenanweisung, die man Inventur nennt. Sie wollen wissen, was wir hier haben: jeden Meter Stoff, jeden Zentimeter Litze, jede Jettperle, jede Größe. Ich glaube, Hilda Beast ist auf dem absteigenden Ast.«

»Wird sie gefeuert?«

»Hinauskomplimentiert.«

»Dann kommt Ihr Name aufs Etikett?«

»Nein.« Delmarr setzt sich und legt die Füße auf den Schreibtisch. »Wissen Sie denn nicht, wie's in der Geschäftswelt läuft? Der Untergebene derjenigen Person, die in die Wüste geschickt wird, kriegt nie den Job. Nein, man wird irgendeine Kanone von draußen reinholen.«

»Aber Sie sind eine Kanone.«

»Danke. Ich könnte eine sein, bin es aber nicht. Jedenfalls nicht in ihren Augen. Das haben sie mir übrigens auch gesagt.«

»Mistkerle.«

»Zudem war es nicht hilfreich, dass Helen aufgehört hat.«

»Aufgehört?«

»Ihr Umfang hatte so zugenommen, dass sie nicht mehr arbeiten konnte. Violet hat den Kopf in den Wolken wegen dieses Polizisten, mit dem sie sich trifft, und sie kann sich auf nichts mehr konzentrieren. Letzte Woche hat sie drei Kostüme ungesäumt rausgeschickt. Wir standen wie die Trottel da. Und Ruth ...«

»Was ist mit Ruth?«

»Harvey will, dass sie aufhört, damit sie ein Baby bekommen können. Er glaubt, der Job sei zu anstrengend. Und dann Sie. Sie werde ich auch verlieren, sobald Ihnen John den Ring an den Finger gesteckt hat.«

»Nein, das werden Sie nicht.«

»Ach, kommen Sie, Lucia. Seien Sie doch mal ehrlich. Ich krieg euch Mädels immer voller Schwung und Elan aus der

Highschool, ihr kommt mit fliegenden Fahnen hier rein, bereit, die Welt aus den Angeln zu heben, aber sobald ihr die Fünfundzwanzig überschritten habt, lasst ihr alles stehen und liegen, als hätte jemand eine Bombe gezündet. Ihr seht zu, dass ihr unter die Haube kommt, und sobald das geschehen ist, lasst ihr mich im Stich.«

»Das werde ich nicht, Delmarr. Bestimmt nicht.«

»Talbot wird Sie nicht weiterarbeiten lassen. Er wird Sie auf Hochglanz polieren wie die Kühlerfigur an seinem Packard und in einer Porzellanvitrine in Huntington einsperren. Das ist Ihr Schicksal, Kindchen.« Delmarr schenkt Kaffee in einen Becher und reicht ihn mir.

Ich bin unter Männern großgeworden, daher ist mir nie in den Sinn gekommen, ich könnte in irgendeiner Hinsicht eingeschränkt werden. Aber hier geht es nicht nur darum, was ich will, denn John hat auch ein Mitspracherecht. »Warum muss es immer so schwierig sein?« Ich weiß, dass Delmarr Recht hat. Niemand kann berufstätig *und* Hausfrau sein. Ich habe immer gehofft, mir würde beides gelingen. Aber nur Männer kommen in den Genuss einer tollen Karriere und eines schönen häuslichen Lebens. »Er liebt Sie, aber nur, wenn Sie jeden Moment für ihn da sind. Sie dürfen Ihre Träume haben, aber nur, wenn sie sich mit seinen decken. Glauben Sie mir. Ich bin älter als Sie und hab das schon hundertmal erlebt.«

Ich starre in meine Kaffeetasse, die mir wie eine schwarze Grube erscheint, in die ich springen möchte. »Was für ein Mist.«

»Ja, das stimmt. Aber was wollen Sie machen? So ist die Liebe.« Delmarr schwingt die Beine vom Schreibtisch und steht auf. »Aber jetzt, in den Tagen des Niedergangs der B.-Altman-Maßabteilung, bitte ich Sie, den Ashfield-Auftrag fertig zu machen. Zwei Abendkleider und einen Hosenanzug. Die Dame ist ein Pummelchen, also achten Sie auf losen Fall.«

»Eine Madame Rouge, also?« Das ist eines unserer Code-Wörter in der Näherei und bezeichnet die etwas fülligeren Damen unter unseren Kundinnen. Delmarr hat es aufgebracht, als er bei einer Dame Maß nahm, und die Zahlen in den rot markierten Bereich des Maßbands reichten.

»Tiefstes Rouge«, antwortet Delmarr lachend.

»Willkommen zu Hause, Lucia«, sage ich laut.

»Ach ja, das auch, Kindchen. Willkommen zurück.«

Jedes Jahr, wenn ich in den Urlaub gehe, befürchte ich im Geheimen, mein Tisch könnte nach meiner Rückkehr geräumt und mein Job weg sein. Und was ich am meisten befürchtet habe, ist eingetreten. Ich war einen Monat weg, komme in meine Glitzerwelt im dritten Stock des besten Kaufhauses von New York zurück und finde einen Trümmerhaufen vor. Ich gehe zu meinem Arbeitstisch, nehme meine Handtasche aus der Schublade und ziehe mein kleines rotes Sparbuch von der Chase National Bank aus der Seitentasche heraus. Am 5. Juli 1951 hab ich John einen Scheck über siebentausendfünfhundert Dollar für unser Haus ausgestellt. Mein Spargroschen ist weg. Wenn die Abteilung schließt, bin ich finanziell von John abhängig. Aber ich möchte von niemandem abhängig sein! Bei der Vorstellung, nie mehr arbeiten zu dürfen, überläuft mich plötzlich ein kalter Schauer.

»Wie war Italien?«, ruft Ruth und fegt herein.

Schnell stecke ich mein Sparbuch weg. »Hallo!«, sage ich betont fröhlich.

Ruth küsst mich auf die Wange. »Was ist los mit dir?«

»Ich hab dich vermisst!«

»Du siehst ja ganz verdattert aus. Was ist passiert?«

»Wir verlieren unsere Jobs.«

»Du hast bereits mit Delmarr gesprochen? Wir sind zu exklusiv für den neuen B. Altman's. Sie wollen auf allen Etagen Konfektionsware anbieten. Kannst du dir vorstellen, welchen Schrott sie hier reinschaffen werden? Die Verarbeitung wird schäbig, die Stoffe billig sein – lauter Zeug, das immer noch nach Färbemittel stinkt. Igitt. Die Oberen Zehntausend werden naserümpfend Reißaus nehmen.«

»Ruth?« Meine Stimme zittert, als ich ihren Namen sage. Alarmiert legt sie ihren Stift weg. »Ich hab John meine ganzen Ersparnisse gegeben.«

»Du hast was getan?«

»Mein ganzes Geld.«

»Was hat er damit gemacht?«

»Er verwendet es fürs Haus.«

»Na dann.« Ruth seufzt erleichtert auf und verschränkt die Hände hinterm Kopf. »Du hast mich erschreckt.«

»Na ja, er wollte es ja nicht zum Fenster rauswerfen«, sage ich abwehrend.

»Schon gut, schon gut. Ich glaub dir ja. Lucia, Schätzchen, ich muss dir was sagen.« Ruth beugt sich vor.

»Was?« Ich versuche, nicht in Panik zu geraten, aber ich denke sofort an Amanda Parker und dass sich die Society-Mädchen einen Sport daraus machen, sich gegenseitig die Männer auszuspannen.

»Du weißt ja, dass Harvey gelegentlich zum Spaß auf die Rennbahn geht. Seit dem Passah-Fest hat er John ein paarmal mitgenommen. Letzte Woche ist Harvey heimgekommen und hat mir erzählt, dass John ein echter Spieler ist. Wenn Harvey einen Dollar auf ein Pferd setzt, setzt John fünfzig oder hundert.«

Mir sinkt das Herz. Seit dem Moment, als ich in meinem Sparbuch nach den seitenlangen Einzahlungen die erste

Abhebung sah, hatte mich die Angst gepackt. »Du glaubst doch nicht, dass er mit *meinem* Geld spielt, oder?«

»Nein, nein, ich bin sicher, so was würde er nie tun. Aber ich kenne dich, du hast doch jeden Penny gespart, seit dem Tag, an dem wir hier angefangen haben.«

»Warum braucht er eigentlich mein Geld für das Haus, wenn er selbst so viel hat?«, frage ich mich laut. Ich sehe Ruth an. Sie denkt dasselbe.

»Schätzchen …« Ich weiß, was sie mir jetzt sagen will. »Du hast nie über Geld mit ihm gesprochen, nicht wahr?« Ich schüttle den Kopf. »Jetzt warte«, fährt sie fort. »Bevor wir uns grundlos aufregen, lass uns nachdenken. Du hast ihm deine Ersparnisse für *euer* Haus gegeben.«

»Schließlich wäre ja ohnehin irgendwann alles in einen Topf gekommen«, antworte ich, um mich zu rechtfertigen. »Ich wollte bei allem eine gleichberechtigte Partnerin sein. Ist was daran auszusetzen?«

»Natürlich nicht. Und er wird dein Ehemann. Du musst ihm vertrauen.« Ruth sieht mich fürsorglich an. »Wegen des Spielens würde ich mir mal keine Sorgen machen. Du weißt ja, Harvey zieht manchmal mit seinen Kumpeln herum, kippt ein paar Drinks und kommt ein bisschen angesäuselt heim. Ich akzeptiere das. Was bei dem einen die Cocktails sind, sind bei dem anderen die Pferde. Was soll man machen? Jeder hat seine Schwächen. Hauptsache, sie werden nicht zur Gewohnheit.«

Als ich an diesem Abend auf dem Heimweg die Fifth Avenue überquere, sehe auf B. Altman's zurück und breche in Tränen aus. Die schönsten Tage meines Lebens fanden in diesem Gebäude statt, und jetzt ist alles anders.

Was werde ich tun, wenn ich Ruth nicht mehr jeden Tag sehe? Sie weiß alles über mich, sogar dass ich mit John geschlafen habe, habe ich ihr gestanden, worauf sie mich zu ihrem Onkel, einem angesehenen Gynäkologen auf der Upper West Side geschickt hat, damit ich in Zukunft »Vorkehrungen« treffe. Auch Helen Gannon werde ich vermissen, die so präzise zuschneidet, als würde sie mit einem Diamanten Glas schneiden. Es war nie schwer, ein Kleidungsstück zu nähen, das Helen zugeschnitten hatte, weil sie auf die Maße, den Stoff, den Fall und die Figur der jeweiligen Kundin achtete. Außer ihr tut das niemand mehr, und jetzt wird sie ihr Talent dafür benutzen, Vorhänge oder Babykleider zu nähen. Und obwohl Violet einem auf die Nerven gehen konnte, war sie immer loyal. Wenn man bei einer Arbeit Hilfe brauchte und Überstunden machen musste, konnte man immer auf sie zählen. Und Delmarr wiederum nahm mich zu einer Zeit unter seine Fittiche, als ich ein Chanel nicht von einem Schiaparelli unterscheiden konnte.

Aber es geht nicht nur um den Verlust meiner Freunde. Die Welt selbst verliert etwas. Der Sinn für jene Qualität, die ich so schätze, geht gerade verloren. Ein handgenähter Saum ist kein Zeichen mehr für Präzision und Detailarbeit, ein Kleid wird durch eine Maschine gezogen und mit Dutzenden anderer zusammengestückelter Kleider in einen Behälter geworfen. Delmarr trifft sich nicht mehr mit einer Kundin, um herauszufinden, was ihr gefällt, oder um ihren Teint, ihre Haarfarbe und ihre Figur zu studieren, bevor er Kleider entwirft, die sie hinreißend aussehen lassen. Bei Fertigkleidung gibt es keinen persönlichen Service. Wollen Frauen wirklich dicht bepackte Ständer mit Kleidern in allen Größen und Farben durchwühlen? Meine bisherige Arbeitswelt wird im Frühling 1952 so erbärmlich altmodisch aussehen wie ein Schutenhut.

»Warum so ein Gesicht?«, fragt Papa, als ich meinen Mantel aufhänge.

»Das Kaufhaus. Die Maßabteilung wird geschlossen.« Ich will mich auf keine Einzelheiten einlassen, deshalb gehe ich in die Küche. Aber er folgt mir.

»Was ist mit deinem Job?«, fragt er.

»Ich weiß noch nicht«, antworte ich in einem Ton, der anzeigt, dass die Unterhaltung beendet ist.

Mama kommt in die Küche. »Lu, ich glaub, dass ich das Korallenfarbene zu deiner Hochzeit tragen werde. Eigentlich hatte ich mich für das Türkisfarbene entschieden, aber ich möchte etwas Helleres, Fröhlicheres. Was meinst du?«

»Lucia verliert ihren Job«, sagt mein Vater.

»Papa«, sage ich vorwurfsvoll.

»Na und? Sie heiratet doch«, sagt Mama leichthin. »Sie braucht nicht zu arbeiten. Sie wird mehr als genug zu Hause zu tun haben.«

»Jetzt hörst du dich an wie Claudia DeMartino«, sagt Papa.

»Was hat sie damit zu tun?«, entgegnet Mama.

»Weil sie von Lucia das Gleiche erwartete wie du.« Papa angelt ein Fleischbällchen aus dem Topf mit der Soße, die auf dem Herd köchelt.

Mama bringt ihm einen kleinen Teller und sagt: »Antonio, jetzt hör mir mal zu. Lucia hat sich einen sehr netten, gebildeten Mann ausgesucht. Die beiden werden nicht so leben wie wir. Er ist ein weltläufiger Typ, er reist und gehört« – sie macht eine Handbewegung in der Luft – »zur besseren Gesellschaft. Sie werden in einem Vorort leben, verstehst du? Mit Blick aufs Meer. Mit einem Kronleuchter aus Murano-Glas in der Diele. Guck, was ich hab: Ich hab eine Lampe im Eingang, die schon dort hing, als wir eingezogen sind. Dieses Mädchen ist anders als wir, damit musst du dich endlich abfinden.« Mama legt die Arme um mich. »Wir haben nur eine Tochter, und ich möchte sie nicht verlieren, weil deiner

Ansicht nach kein Mann, den sie nach Hause bringt, gut genug für sie ist.«

»Tatsächlich *ist* kein Mann gut genug für sie«, sagt Papa, »aber einige sind besser als andere.«

»Papa, was ist dein Problem mit ihm?«

»Ich verstehe ihn nicht, Lucia.«

»Warum musst du ihn denn verstehen?«, wirft Mama ein. »Du musst doch nicht mit ihm leben, sondern sie.«

»Du möchtest eigentlich, dass ich niemanden heirate!«, sage ich.

»Das stimmt nicht. Ich hab Rosemary akzeptiert, und inzwischen mag ich sie sogar sehr gern. Ich hab meinen Sohn Exodus in Italien bei Orsola gelassen, weil ich vieles von deiner Mutter in ihr sah. Die beiden passen gut zusammen. Wenn ich das Gefühl hätte, John Talbot würde einen guten Ehemann abgeben, würde ich dich unterstützen. Ich bezweifle nicht, dass er in dich verliebt ist, aber ich mache mir Sorgen, das ist alles. Tut mir Leid, aber ich kann nicht anders.«

Wenn Papa doch nur wüsste, wie gern ich über meine Ängste mit ihm sprechen würde, vor allem heute. Aber er macht es mir unmöglich. Ständig habe ich den Eindruck, meine Gefühle für meinen Verlobten verteidigen zu müssen, weshalb ich nie aufrichtig sein kann. Ich habe Angst, schreckliche Angst, mit Johns Welt nicht mithalten zu können. Deshalb stelle ich mich taub, wenn er in ein Geschäft investieren oder etwas kaufen will, was wir uns nicht leisten können. Ich weiß nicht einmal, wie viel Geld er hat, weil ich Angst habe, ihn zu fragen und vielleicht zu verärgern. Bei meinen Eltern habe ich erlebt, dass sie die Verantwortung in allen finanziellen Dingen gemeinsam tragen, aber John verhält sich, als wären solche Fragen unbedeutend, lästig, unter seiner Würde. Vielleicht ist es das, wovor ich mich tatsächlich fürchte: dass ich nicht gut genug für John Talbot bin.

»Papa, bitte mach dir keine Sorgen. Ich brauche deine Unterstützung. Bitte.« Offensichtlich sehe ich Mitleid erregend aus, denn Papa nimmt mich in die Arme.

»Ich werde immer für dich da sein«, sagt er.

»Und eines Tages wird er John mögen«, verspricht Mama.

»Das würde mich sehr glücklich machen«, antworte ich. Papa sieht so erschöpft aus in dem grellen gelben Licht über der Spüle. Ich bin schuld daran, dass mein Vater vor der Zeit altert.

Als ich die Treppe zu meinem Zimmer hinaufsteige, wünsche ich mir, die Stockwerke würden niemals enden, damit ich immer weiter hinaufsteigen könnte, bis ich Frieden gefunden habe. Vor allem meinen Bruder Exodus vermisse ich heute Abend. Als wir alle noch gemeinsam unter einem Dach lebten, glaubte ich, dass uns nie ein Leid geschehen könnte, Fluch hin oder her.

In den letzten Tagen vor der Hochzeit wache ich immer früher auf (heute war es um drei Uhr morgens) und kann dann nicht mehr einschlafen. Ich liege im Bett und denke an John.

Diesen Morgen fällt mir eine Szene ein, die im Juli stattfand. John fuhr mich von der Arbeit nach Hause. Ich bat ihn, mit hereinzukommen, aber er konnte nicht, weil er einen Geschäftstermin hatte. Gerade als ich aussteigen wollte, sagte er mit strahlendem Lächeln: »Hast du den Scheck?« Ich zog mein Scheckbuch heraus, stellte einen Scheck auf John Talbot aus und riss ihn vorsichtig heraus. »Das ist alles, was ich habe, Liebling«, sagte ich zu ihm. Ohne darauf zu sehen, nahm er den Scheck, faltete ihn zusammen und steckte ihn in die Reverstasche seiner Anzugjacke. »Es ist nicht viel, Baby, aber alles, was du hast«, sagte er lachend und küsste mich dann. Ich wusste, dass es ein Scherz war, aber er schmerzte wie eine Ohrfeige.

»Lucia!«, ruft Mama nach oben.

»Ja, Mama?«

»Kannst du auf dem Weg zur Arbeit bei der Groceria vorbeigehen?«

Ich nehme meine Tasche. Unten gibt mir Mama den Umschlag für die Bank. »Bring das Papa, er soll die Zahlen überprüfen. Die Catering-Firma hat eine Liste mit Horsd'œuvres für den Empfang geschickt, die du dir ansehen musst. Wie kommt Delmarr mit deinem Kleid voran?«

»Gut, Mama. Wie viele Zusagen haben wir bekommen?«

»Es werden so an die dreihundert Leute werden. Wo lässt du die Geschenke hinschicken?«

»Nach Huntington raus.«

»Wie geht's mit dem Haus voran?«

»Ich hab's noch nicht gesehen, Mama. John will mich überraschen. Wir werden unsere Hochzeitsnacht dort verbringen.«

»Ganz wie es sein sollte«, sagt Mama stolz. Gott sei Dank stellt sie keine weiteren Fragen über meine Hochzeitsnacht, denn dann würde ich zwei Sünden auf mich laden: eine Todsünde (wegen des vorehelichen Sex) und eine lässliche (wegen Lügens).

Als ich in der Groceria ankomme, hängt Papa gerade Parmesankäse an die Decke, als sei es ein Mobile. »Also, das ist mal originell«, sage ich.

»Woher glaubst du denn, dass dein Talent stammt?«

»Hast du dir schon deinen Smoking geliehen?«

»Nein.« Er geht zur Kasse, ich folge ihm.

»Die Jungs haben alle schon ihre Smokings. Also könntest du auch mal …«

»Zur Hochzeit kommen und das schönste Mädchen in Greenwich Village weggeben.« Während er sorgfältig das Wechselgeld in die Schublade einräumt, beruhigt er mich. »Ich kenne meine Rolle. Deine Mutter geht sie jeden Abend mit mir durch. Sie will die schönste Hochzeit, die man je gesehen hat. Endlich hat eines ihrer Kinder eine Hochzeit im Mariani-Stil. Du kennst ja die Leute aus Bari, sie stehen auf Pomp.«

»Papa?«

»Ja?«

»Gib mir kein Geld, wenn ich heirate. Der Empfang kostet schon genug. Einverstanden?«

»Warum sagst du das?«

»Ich möchte, dass du und Mama für euch selbst sorgt. Ich möchte, dass ihr euch zur Ruhe setzen könnt.«

Er macht die Kasse zu, kommt hinter der Theke hervor und küsst mich aufs Haar. »Sicher. Sicher.«

»Ich mein's ernst«, sage ich entschieden.

»Geh zur Arbeit«, empfiehlt mir Papa, nimmt eine Tomatenkiste und beginnt, seine nächste Auslage einzuräumen.

Beim Hinausgehen winke ich Angelo zu, der Eisstücke auf den frischen Fisch streut. Ich bin schon halb die Straße hinuntergegangen, als er mir, meinen Namen rufend, nachgelaufen kommt.

»Lucia, komm zurück! Mit Pop stimmt was nicht.«

Als ich in die Groceria zurückkomme, sehe ich Papa auf einem Hocker sitzen. Roberto versucht, ihm Wasser einzuflößen. »Bitte, Pop, trink das«, fleht er ihn an.

»Lass mal sehen.« Ich hebe Papas Kopf an und sehe ihm in die Augen. »Du fährst ins St. Vincent.«

»Ins Krankenhaus? Nein!«, antwortet er.

»Doch, du gehst. Und zwar sofort«, ordne ich an. Papa sieht schlecht aus. So schlecht, wie er seit der Ohnmacht in Italien nicht ausgesehen hat.

»Mir fehlt nichts.«

»Hoffentlich nicht, aber wenn doch, wird dir dort geholfen.«

Roberto holt den Wagen, Angelo und ich bleiben bei Pop. »Ich wünschte, du würdest nicht so viel Aufhebens darum machen«, sagt Papa zu mir.

»Papa, wenn dir was passieren sollte, würde ich das nicht überleben«, erwidere ich, knie mich neben ihm nieder und umarme ihn.

Das Schlimmste, wenn man mit schlechten Nachrichten zu Hause anruft, ist, dass Mama stets den Hörer fallen lässt, und man dann nicht weiß, ob sie alles verstanden hat, und wenn ja, ob es ihr gut geht oder ob sie einen Schock erlitten hat. Als ich ihr sage, dass Papa im St. Vincent ist, lässt sie den Hörer fallen, hebt ihn aber schnell wieder auf. Sie ist nicht sonderlich überrascht. Schon beim Frühstück hatte sie ihm gesagt, dass er schlecht aussehe, was er jedoch vollkommen ignorierte.

Im Krankenhaus angekommen, ist Mama ruhig. »Antonio, du musst besser auf dich achten.« Sie steht neben seinem Bett und hält seine Hand.

Dr. Bobby Goldstein, ein Herzspezialist, kommt zu uns ins Zimmer. Er ist schlaksig und jung und hat ein freundliches Gesicht. »Mr Sartori, ich war schon oft in Ihrem Geschäft.« Papa strahlt. »Meiner Ansicht nach haben Sie den besten Prosciutto in ganz New York City.«

»Machen Sie meinen Mann gesund, und Sie kriegen für den Rest Ihres Lebens Prosciutto kostenlos«, sagt Mama.

»Meine Frau verschenkt ständig den Laden«, scherzt Papa und drückt ihre Hand. Dann sieht er mit ernstem Ausdruck den Arzt an. »Sagen Sie uns, was mir fehlt.«

»Die gute Nachricht ist, dass Sie keinen Infarkt hatten«, antwortet Dr. Goldstein.

»Und die schlechte?«

»Wir sind nicht ganz sicher, was Ihnen passiert ist.«

»Doc, Pop hat eine Tomatenkiste hochgehoben, bevor er ohnmächtig wurde«, erklärt Angelo. »Könnte es damit was tun haben?«

»Schon möglich«, antwortet der Arzt lächelnd. »In der Zwischenzeit möchten wir aber noch ein paar Untersuchungen machen.«

»Ist da irgendwas, was Papa tun sollte, damit es ihm besser geht?«, frage ich.

»Nichts heben, kein Stress. Und beim Essen ...«

»Ich weiß schon: keine Butter, keine Eier und keine Manhattans.«

»Rauchen Sie?«

»Eine Zigarette nach dem Abendessen. Das ist alles. Nie untertags.«

»Wenn Sie gesund wären, würde ich sagen, das bringt Sie nicht um. Aber Sie sollten es ganz lassen.«

»Ich werf alle Zigaretten weg!«, sagt Mama.

»Sie dürfen nicht mehr schwer arbeiten. Kein Auf- und Abladen von Lastwagen mehr, nichts Schweres mehr heben. Ich möchte, dass Sie jeden Tag eine halbe Meile gehen, aber nicht mehr. Und Sie sollten diese Diät einhalten. Am Anfang mag es lästig sein, aber schon bald werden Sie Ihre alten Essgewohnheiten nicht mehr vermissen. Und Sie müssen einmal im Monat Ihr Herz kontrollieren lassen.«

»Ich muss also Essen, Arbeit, Rauchen und Vergnügen aufgeben. Sonst noch was, Doc?«

»Eine positive Einstellung wäre hilfreich. Wir behalten Sie über Nacht hier und machen noch ein paar Untersuchungen.«

Nachdem Dr. Goldstein fort ist, versuchen wir, Papa aufzumuntern. Er lacht mit uns, aber ich weiß, dass er Angst hat. Es ist niederschmetternd, das Oberhaupt unserer Familie so panisch zu sehen.

»Wir werden die Instruktionen des Arztes genau befolgen«, verkündet Mama.

»Wer möchte denn so leben?«, fragt Papa.

»Du! Du möchtest leben, Antonio Sartori, vergiss das nicht!« Mama küsst ihn und drückt ihre Wange an die seine.

»Schon gut, schon gut«, antwortet er. »Ich ess für den Rest meines Lebens Hüttenkäse und Kopfsalat. Bald wachsen mir Ohren, und ich verwandle mich in einen Hasen.«

Mama richtet sich auf und sagt ernst, aber zärtlich: »Es ist mir egal, in was du dich verwandelst, solange du bei mir und gesund bist.«

Rosemary hat sich in meine Hochzeitsvorbereitungen gestürzt wie eine echte *comare,* eine Dorffrau. Sie kümmert sich um die kleinen Geschenke für die Gäste: traditionelle italienische *confetti,* kleine Säckchen mit Mandelbonbons, die sie mit einer Spitzenschleife verschlossen hat. Sie stehen aufgereiht in einem offenen Karton im Wohnzimmer und sehen reizend aus. Mamas Cousinen in Brooklyn haben sich ebenfalls angestrengt und Teller mit Plätzchen für alle Tische beigesteuert. Mama hat ihre Speisekammer ausgeräumt und die Regale mit köstlichen Backwaren gefüllt: Aprikosenplätzchen, Kokosplätzchen mit rosa Buttercremeglasur, Feigen- und Dattelstangen, zu Pyramiden aufgeschichtet, mit Zellophan umwickelt und mit weißen Seidenschleifen darum. Wann immer Mama die Speisekammertür öffnet, weht ein Duft von Vanille, Kakao und Zitronenzucker ins Wohnzimmer, der mich an Weihnachten erinnert. Immer wenn es etwas zu feiern gibt, bäckt Mama.

»Ich weiß nicht, ob es dir gefällt, aber in Brooklyn haben wir das immer so gemacht«, sagt Ro und nimmt eine prächtige Brautpuppe aus einem Karton. Die Puppe trägt ein Spitzenkleid mit weitem Rock und einen Tüllschleier. Ihre

Augen blinzeln, wenn Rosemary sie bewegt, ihre Lippen sind leuchtend rosa, und auf ihrem Kinn ist ein Grübchen aufgemalt. »Verstehst du, wir setzen sie auf den ersten Wagen.« Ich muss wohl etwas verwirrt aussehen, denn Rosemary klingt ein bisschen aufgebracht, als sie fortfährt: »Wir befestigen sie direkt an der Kühlerfigur von Johns Packard.«

»Hübsch«, antworte ich und ringe mir ein beifälliges Lächeln ab. Meine norditalienische Seite meldet sich zu Wort. Ich bevorzuge einfaches Zierwerk. Puppen auf Autos sind eindeutig neapolitanische Sitten.

»Ich wusste, dass sie dir gefällt.« Rosemary zieht noch eine Puppe aus dem Karton, die in karamellfarbene Seide gekleidet ist wie meine Brautjungfern Ruth, Violet und die Puppenmutter Rosemary selbst. »Die ist für das Auto mit den Brautjungfern.« Ro sieht mich erwartungsvoll an.

»Hast du diese Puppenkleider genäht?«, frage ich.

»Ja.«

»Sie sind hübsch. Schöner Besatz an der Spitze. Setz sie auf den zweiten Wagen.« Rosemary wirkt erleichtert. »Und danke dir. Du hast so viel gearbeitet für die Hochzeit, ich bin dir wirklich sehr dankbar.« Ich umarme sie.

»Danke, Lu. Du warst so gut zu mir.« Rosemary wendet sich ab.

»Was hast du?« Aber die Frage erübrigt sich. »Es ist wegen Maria Grace, nicht wahr?«

Rosemary macht sich an der Brautpuppe zu schaffen, zupft den Schleier zurecht und glättet den Rock. »Ich bekomme wieder ein Baby. Aber behalt's für dich. Ich hab Roberto noch nichts gesagt. Ich warte bis nach deiner Hochzeit.«

Ich drücke sie an mich. »Herzlichen Glückwunsch. Maria Grace wird der Schutzengel des Babys sein.«

Sie wischt eine Träne weg. »Weißt du, außer Roberto und unseren Eltern warst du die Einzige in der Familie, die sie im Arm gehalten hat.«

»Ich weiß, und ich werde nie vergessen, wie sich das anfühlte.« Manchmal denke ich an das Baby, wie köstlich es roch und wie gut es in meine Armbeuge passte.

»Was gibt's denn?«, fragt Roberto, als er hereinkommt und die Schachteln mit den Programmen abstellt.

»Nichts«, antworte ich. »Was wäre eine Hochzeit ohne einen Tränenausbruch? He, Trauzeuge, hast du die Ringe abgeholt?«

»Ich hab alles unter Kontrolle.«

»Wo findet der Junggesellenabend statt?«

»Im Vesuvio. Wo sonst? Dein Verlobter hält es für das einzige Restaurant in New York. Natürlich wird er dort auch fürstlich bedient. Aber das geht schon in Ordnung. Das Essen ist gut.«

»Wir sind zu Hause!«, ruft Mama aus der Diele. Sie und Papa kommen von der Nachuntersuchung bei seinem Arzt zurück. Rosemary, Roberto und ich eilen in die Diele hinaus.

»Was hat der Arzt gesagt, Pop?«, fragt Roberto.

»Du siehst einen gesunden Mann vor dir. Mein Herz ist stark. Diese Höhlenmenschendiät, auf die mich deine Mama gesetzt hat, schlägt an.«

»Gott sei Dank!« Ich umarme meine Eltern. »Ich wusste, dass es hilft, wenn du auf die Ärzte hörst.«

»Ich mach Tee«, sagt Mama lächelnd.

Papa und Roberto folgen ihr in die Küche. »Gott sei Dank«, sagt Rosemary zu mir. »Jetzt hast du eine unbeschwerte Hochzeit.«

»Es ist der Tag vor Ihrer Hochzeit, Mrs Talbot. Ich erfülle Ihnen jeden Wunsch«, sagt John auf der Haustreppe zu mir.

Er greift nach meiner Hand. Mir fällt ein, dass dies das letzte Mal ist, dass er mich im Haus meiner Eltern besucht. Es ist mein letzter Tag in der Commerce Street 45.

»Ich weiß, dass es gegen die Regeln ist«, beginne ich.

»Macht nichts.«

»Aber ich möchte zu unserem Haus fahren.«

»Hmmm.« John denkt nach. »Willst du das wirklich?«

»Ja. Ich sterbe vor Neugier, es zu sehen.«

»Dann lass uns fahren«, antwortet er und umarmt mich.

Auf dem Weg nach Huntington sprechen wir nicht viel. Als wir auf den Weg zur Cascade-Wohnanlage einbiegen, beuge ich mich hinüber und küsse den Mann, der morgen um diese Zeit mein Ehemann sein wird. Plötzlich will ich mein Haus nicht mehr sehen.

»Dreh um«, sage ich zu ihm.

»Was?« John bremst und hält an.

»Lass uns lieber wieder in die Stadt zurückfahren.«

»Ich dachte, du wolltest das Haus sehen.«

»Du hast dich so bemüht. Bleiben wir bei unserem ursprünglichen Plan.« John wollte, dass ich unser Haus erst in unserer Hochzeitsnacht zu Gesicht bekäme, und ich möchte mir etwas Besonderes für morgen Abend aufheben. Ich möchte weder ihm noch mir die Überraschung verderben.

»Bist du sicher?«, fragt John.

»Absolut.«

John macht kehrt und fährt auf dem Highway zurück. Ich betrachte sein Profil und studiere jede Einzelheit, als ginge es um ein Muster für ein Kleid. Jeder Zug ist von ausgeprägter Schönheit: die gerade Nase, das kräftige Kinn, der eckige Unterkiefer, die klare Stirn. Es ist das Gesicht eines Mannes ohne jede Sorge. Ich ertappe mich dabei, mir die Gesichter unserer Kinder vorzustellen, und hoffe, unsere Tochter erbt diese langen schwarzen Wimpern und unser Sohn das gewinnende Lächeln. Meine Einstellung zum Kinderkriegen hat sich geändert. Ich kann mich plötzlich mit dem Gedanken anfreunden, etwas zu haben, was nur John und ich gemeinsam erschaffen können.

»Du hast die richtige Entscheidung getroffen.« John wirkt erfreut.

»Hab ich das?«

»Man braucht Überraschungen im Leben«, fährt er fort. »Was wäre sonst der Sinn des Ganzen?«

Ich drehe das Radio an und suche in dem Rauschen nach Musik. Als ich aufblicke, sehe ich Manhattan vor uns liegen – meine Heimat, die Stadt, in der ich geboren wurde, den Ort, an dem ich sechsundzwanzig glückliche Jahre meines Lebens verbrachte. Nie hätte ich geglaubt, dass ich von dort weggehen und der Commerce Street Lebewohl sagen würde. Aber jetzt muss ich es. *Will* ich es. Ich möchte ein neues Leben beginnen mit meinem Mann.

Delmarr ist verblüfft, als er in mein Schlafzimmer tritt. »Du bist tatsächlich eine italienische Prinzessin. Was für ein Raum! Er ist größer als mein ganzes Apartment. Wenn ich du wäre, würde ich mit Talbot hier einziehen. Wozu willst du bis nach Hauppauge rausziehen?«

»Huntington.«

Delmarr schlendert zum hinteren Fenster, das zum Garten hinausgeht. »Wie auch immer. Es ist trotzdem ein Vorort. Hast du je in einem Vorort gewohnt?« Ich schüttle den Kopf. »Das ›Vor‹ steht nicht grundlos in dem Wort. Es ist kein richtiger Ort, und statt Aufregung gibt's nur Langeweile.«

»Mit einem Blick aufs Meer könnte ich mich nie langweilen.«

»Du wirst schon sehen.«

Ruth, die ihr Leben lang in Häusern mit Fahrstuhl gewohnt hat, kommt schnaufend durch meine Tür. »Jedes Mal, wenn ich diese Treppe raufsteige, verstehe ich, warum du so schlank bist.« Sie legt den Kleidersack über einen Stuhl und lässt sich auf mein Bett fallen. Ich werfe einen Blick auf ihre Hosen und Turnschuhe. »Mach dir keine Sorgen«, sagt sie. »Ich muss bloß in mein Kleid schlüpfen.« Sie setzt sich auf. »Dein Haar sieht toll aus!«

»Mama hat es hochgesteckt«, antworte ich. Sie hat sich selbst übertroffen. Wir haben eine Hochsteckfrisur aus der *Vogue* kopiert, und Mama hat Johns Tiara darin festgemacht.

»Du siehst umwerfend aus«, sagt Ruth.

»Reizlosigkeit war ja nie das Problem dieses Mädchens«, wirft Delmarr ein. »Die Talbots werden nicht wissen, wie ihnen geschieht.«

»John hat keine Familie. Nur noch seine Mutter, und die ist zu krank, um zu kommen. Aber er kriegt ja bald meinen großen italienischen Clan.«

»Na schön, dann wollen wir dir mal in deinen Fummel helfen.« Delmarr entfernt die Musselinhülle. Nie habe ich ein schöneres Kleid gesehen. Es ist eine streng geschnittene Robe, trägerlos, mit engem Mieder. Unterhalb der Taille sind einige Falten angebracht, die in weit schwingende Flügel auslaufen und am Rücken mit einem Knopf befestigt sind.

»Mein Gott, es sieht aus, als wäre es aus Zucker gemacht«, seufzt Ruth.

»Direkt von den Pariser Laufstegen«, sagt Delmarr stolz.

»Hier sind die Handschuhe.« Ruth reicht mir ein Paar lange Abendhandschuhe aus Seide.

»Vergiss nicht, je später der Abend …«, beginnt Delmarr.

»… desto länger die Handschuhe!«, beenden wir im Chor.

»Also, wo ist mein Bolero für die Kirche? Seit den Kreuzfahrern hat kein Priester mehr nackte Frauenarme gesehen.«

»Lu, ich hab keinen Bolero gemacht«, antwortet Delmarr.

»Oh Gott, nein. Ich hab nichts, was zu dem Kleid passt, und ich kann doch nicht ärmellos gehen!« Ich bin den Tränen nahe, als Delmarr zu grinsen beginnt.

»Das ist mein Geschenk.« Aus einem Musselinbeutel zieht Delmarr einen bodenlangen seidenen Abendmantel mit Stehkragen. Die weiten Ärmel haben breite Manschetten und sind mit winzigen Perlen bestickt, dazwischen glitzern Glasperlen wie ein Diamantenpavee. »Kein Mädchen aus der Maßabteilung von B. Altman's heiratet in einem schäbigen Bolero.«

Ich ziehe das Kleid und Delmarrs Mantel an und schreite wie eine Prinzessin die Treppe hinab. Papa sieht mich, als ich um die Ecke des ersten Absatzes biege, um ihm in der Diele entgegenzukommen.

»Stai contenta«, sagt er und nimmt meine Hände.

»Ach Papa, ich bin glücklich.« In meinem ganzen Leben habe ich nichts Wahreres gesagt. Ich hatte vor, zu Fuß zur Kirche Unserer Lieben Frau von Pompeji zu gehen, aber davon wollte Mama nichts hören. »Schon auf der Hälfte des Wegs wäre dein Kleidersaum schwarz!« Also fahren wir in Papas Wagen, die Braujungfern folgen in Robertos Auto, wo auf der Kühlerhaube die Puppe in dem karamellfarbenen Taftkleid prangt. Die Brautpuppe hat Roberto am Abend zuvor John für seinen Wagen gegeben. Bei der Vorstellung, wie er die Puppe an seinem Kühler anbringt, muss ich schmunzeln.

Ich werfe einen kurzen Blick in die Kirche, um zu sehen, wie unsere dreihundert Gäste untergebracht sind. Praktisch jede Bank ist besetzt. Die Bouquets aus weißen Nelken, kleinen pinkfarbenen Rosen und karamellfarbenen Seidenschleifen, mit denen die Bänke geschmückt sind, sehen wundervoll aus. Ich atme den Duft von Weihrauch und Chanel Nummer 5 (offensichtlich das Lieblingsparfüm meiner Cousinen aus Brooklyn) ein, und den von Bienenwachs, den die großen Kerzen um den Altar verströmen.

Helen Gannon, die jeden Moment ihr Baby bekommen könnte, dreht sich um und winkt mir zu. Sie trägt einen weiten fuchsienfarbenen Seidenmantel, der in aufregendem Kontrast zu ihrem roten Haar steht. Es ist ein herrliches Gefühl, am schönsten Tag im Leben alle, die man kennt und liebt, unter einem Dach vereint zu sehen.

»Der Priester sagte, wir sollten im Baptisterium warten«, sagt Ruth. »Als hätte eine Jüdin die leiseste Ahnung, was das sein soll.«

»Keine Sorge«, antworte ich. »Wir gehen gleich rein.«

Ich küsse Mama und Papa und winke Exodus und Orsola zu. Sie sind schon fast eine Woche hier, aber ich hab sie kaum zu Gesicht gekriegt, weil ich so damit beschäftigt war, mich um die letzten Einzelheiten zu kümmern.

»Komm, Lucia. Du solltest dich noch nicht zeigen«, tadelt mich Ruth.

Wir schließen uns Violet und Rosemary an, die in einem Nebenraum warten, wo unter dem Buntglasfenster ein marmornes Taufbecken steht. In der Ecke sieht man eine Statue des heiligen Michael, des Patrons der Engel, der Schwert und Schild trägt. »Wüst«, sagt Ruth, nachdem sie ihn von oben bis unten gemustert hat.

Sie macht sich an meinem Saum zu schaffen, während Violet eine weitere Lage Lippenstift auflegt. »Ich krieg so viele gute Anregungen für meine Hochzeit«, sagt sie ernst. »Ob Presbyterianer wohl die Kirchenbänke schmücken?«

Rosemary geht auf und ab und versucht, durch eine kaputte Stelle im Fenster auf die Straße hinauszusehen. Ich stehe mit meinem Calla-Bouquet (von Claudette Colbert in *Es geschah in einer Nacht* abgeguckt) geduldig da und zupfe meinen Rock zurecht. An der Wand hängt ein reich verziertes Goldkreuz mit einem Spiegel in der Mitte, auf den das Herz Jesu gemalt ist. Darin sehe ich meine Augen gespiegelt. Ich beuge mich näher heran und betrachte mich genauer. Meine Augen sind blau wie die meines Vaters, und sie sind klar, weil ich letzte Nacht gut geschlafen habe, aber irgendwas stimmt nicht, das kann ich spüren und sogar in meinen Augen erkennen.

»Ro, wie spät ist es?«, frage ich.

»Halb elf«, antwortet sie fröhlich. »Aber meine Uhr geht immer vor.«

»Bei der Probe gestern Abend hab ich John doch gesagt, er solle um zehn hier sein, oder?«

»Ja, das hast du. Das hab ich gehört«, antwortet sie.

»Ist er schon da?«

»Ich seh seinen Wagen nicht. Aber das heißt nichts. Weißt du was? Ich geh in die Sakristei zurück. Ich kann ja außen herum durch den Seiteneingang hineingehen und nachsehen, ob John da ist.« Rosemary nimmt ihren Mantel und geht aus der Tür.

»Männer verspäten sich immer«, klagt Violet.

»Vergiss nicht, es ist Wochenende«, sagt Ruth. »Der Verkehr ist furchtbar. John muss von der Upper East Side ins Village runterfahren, und man müsste schon Flügel haben, um rechtzeitig ans andere Ende der Stadt zu kommen.«

Endlos lange, so kommt es uns vor, stehen wir schweigend da. Ich höre, dass der Organist innehält und die gleiche Melodie wieder von vorne spielt.

Schließlich öffnet Rosemary lächelnd die Tür. »Er ist noch nicht da, aber Roberto hat seine Pflicht als Trauzeuge getan und heute Morgen gegen acht mit ihm gesprochen. Er war gerade beim Frühstück, und ich bin sicher, dass er jeden Moment kommt.«

»Wie spät ist es jetzt?«, frage ich.

»Genau Viertel vor elf«, antwortet Rosemary mit Blick auf ihre Uhr. Sie geht nicht vor. Vor cin paar Minuten ließ ich Ruth auf die Uhr in der Sakristei sehen.

»Also gut, dann bleibt uns nichts übrig als zu warten«, sage ich. Sie erwidern nichts, was auch nicht nötig ist. Sie machen sich Sorgen, genau wie ich. Wo bleibt er nur? Ist ihm etwas passiert? Mein Herz beginnt zu rasen. Seit einem Jahr bin ich mit John Talbot zusammen, und kein einziges Mal ist er in dieser ganzen Zeit zu spät gekommen. Sicher würde Ruth mir antworten, dass es immer ein erstes Mal gibt. Aber ich habe ein flaues Gefühl im Magen. Mir ist schlecht. Ich brauche frische Luft.

Es ist seltsam, dass mir die Kirche, die mir immer so reich verziert und so prächtig erschien, plötzlich wie ein leerer Saal vorkommt. Als ich in den Vorraum trete, fällt mir auf, dass die Körbe für die Kollekte seitlich aufgestapelt sind, an der Anschlagtafel hängen eine Menge handgeschriebene Zettel, und durch die Löcher in der Fußmatte scheint der schmutzige Marmorboden hindurch.

»Ich geh raus«, sag ich zu den Mädchen und trete auf die Straße hinaus. Die Luft ist kalt, und ich atme sie langsam ein, um mich zu beruhigen. Verblüfft nehme ich wahr, dass sich am wichtigsten Tag meines Lebens in Greenwich Village nichts verändert hat. Auf der anderen Straßenseite füllt ein Mann im Arbeitsoverall Öl aus einem Tankwagen in eine Öffnung im Gehsteig. Am Zeitungsstand an der Ecke kaufen drei junge Frauen einige Illustrierte, und im Imbiss an der Ecke bekommt ein alter Mann in einer Nische am Fenster gerade sein Essen serviert. Wissen sie denn nicht, was für ein Tag heute ist?

»Schau, Mommy, die Schneekönigin!«, sagt ein kleines Mädchen im Vorbeigehen. Die Mutter lächelt mich an, aber an ihrem Ausdruck erkenne ich, was ich wirklich bin. Sie senkt den Kopf, nimmt ihre Tochter fester an die Hand und beschleunigt ihre Schritte. Die Fremde sieht es, sie weiß Bescheid. Und ich weiß es auch. Sie möchte nicht, dass ihre Tochter etwas so Trauriges sieht.

So lange ich kann, warte ich draußen in der Hoffnung, dass der Wagen mit meinem zukünftigen Ehemann auftaucht, wenn ich nur lange genug zur Bleecker Street starre. Ich weiß nicht, wie oft die Ampel von Rot auf Gelb und Grün schaltet, bevor mir klar wird, dass der Wagen, um den ich bete, nicht kommen wird. Ich gehe in der Vorraum zurück. Meine Brautjungfern sehen mich gequält lächelnd an. Nur Ruth wendet sich ab. Sie weiß es. John Talbot wird mich nicht heiraten. Weder heute noch zu einem anderen Zeitpunkt. Er hat mich sitzen lassen.

Kapitel 10

Wenn jemand sitzen gelassen wurde, passiert vermutlich ziemlich das Gleiche, was nach einem Mord geschieht: Man sammelt Hinweise, räumt den Tatort auf, tilgt alle hässlichen Spuren, und danach geht das Leben weiter. Ich weiß nicht, was bei mir direkt im Anschluss geschah, etwa mit dem siebengängigen Menü im Isle of Capri, oder wer der Band, den Nite Caps, sagte, sie könnten nach Hause gehen, oder was mit den Tellern voller Plätzchen gemacht wurde. Es ist inzwischen eine Woche her, und ich habe nicht nachgefragt. Mein Kleid hängt im Schrank, und mein Brautstrauß liegt in einer Schuhschachtel unter meinem Bett. Meine Tiara finde ich nicht mehr. Sie muss auf dem Heimweg von der Kirche verloren gegangen sein.

Die Brautjungfern und ich warteten bis drei Uhr in der Kirche. Darauf bestand ich. Irgendwie klammerte ich mich daran, dass drei Uhr der magische Zeitpunkt sei, an dem John zur Besinnung kommen und reumütig zur Kirche eilen würde. Die Gäste jedoch verabschiedeten sich schon nach zwei Stunden, nachdem meine Brüder durch die Bänke gegangen waren und allen erklärt hatten, dass sie gehen könnten und wir uns melden würden.

Roberto und Orlando fuhren ins Carlyle, wo John Talbot noch immer registriert war, wie sie feststellten. Orlando erfand eine Geschichte, dass John krank sei, und weil meine Brüder gepflegt und vertrauenswürdig wirkten, verschaffte ihnen der Direktor Einlass in Johns Zimmer. Der Raum war sauber, das Bett gemacht, aber kein Anzeichen von John.

Nicht einmal eine Zahnbürste. Der Direktor fragte meine Brüder, ob sie die Rechnung über 2566,14 Dollar begleichen würden. Meine Brüder erklärten, dass sie keine Verwandten seien, aber der Direktor glaubte ihnen nicht.

Beim Hinausgehen fiel Roberto ein, den Garagenaufseher nach dem Packard zu fragen. Der Aufseher sagte, er habe den Wagen seit über einer Woche nicht mehr gesehen. Seltsam. Aber was ist nicht seltsam bei einem Mann, der verschwindet?

Wir riefen die Polizei, die nach achtundvierzig Stunden eine Vermisstenmeldung veröffentlichte, eine reine Formalität. Man habe derlei Dinge schon öfter erlebt, wurde Roberto erklärt. Mir war es kein Trost zu wissen, dass auch andere Mädchen diese Demütigung schon erleben mussten. Tatsächlich machte es alles nur noch schlimmer. Ich gab der Polizei Fotos von John und die Tickets für unseren Flug in die Flitterwochen auf die Bermudas. Sie nahmen alles und versprachen, es später zurückzugeben.

Es klopft an meiner Tür. Ich reagiere nicht. Das habe ich eine Woche lang nicht getan, warum also jetzt? Mama öffnet die Tür.

»Lucia?«

Ich fühle mich schuldig, weil ich meiner Mutter dies angetan habe. Das hatte sie sich für ihre einzige Tochter nicht gewünscht. »Hallo, Mama.«

»Ich hab dir was zu essen gebracht.«

»Ich will nichts.«

»Bitte, iss doch was«, fleht Mama. »Es bricht uns das Herz, mit ansehen zu müssen, was dieser Mann dir angetan hat. Wirf seinetwegen dein Leben nicht weg! Er ist es nicht wert.«

Papa hat Recht – Mama ist ganz und gar eine Südländerin: Sie übertreibt wie immer. »Mama, ich esse schon. Aber unten in der Küche.« Ich hab lange genug im Bett gelegen. Je mehr ich über John nachdenke, desto wütender werde ich. Ich bin keine Frau, die die Dinge einfach auf sich beruhen lassen kann. Ich möchte wissen, warum er mir das angetan hat. Und in meinem Zimmer werde ich das nicht herausbekommen.

Papa strahlt, als er mich die Treppe herunterkommen sieht. Dann blickt er zum Himmel auf und dankt Gott. »Ich hab darum gebetet, dass du herunterkommen und wütend sein würdest.«

»Nun, Papa, deine Gebete sind erhört worden.«

»Bist du sicher, dass du das tun möchtest?«, fragt Ruth, als sie von der Schnellstraße in die Cascades-Wohnanlage abbiegt.

»Kriegst du kalte Füße?«, frage ich. Mir wird die Ironie meiner Worte bewusst, aber Ruth geht nicht darauf ein.

»Ein bisschen. Ich hab Harvey vorgelogen, dass wir einkaufen gehen. Er hatte Angst, wir könnten hier rausfahren und John in die Arme laufen. Möglicherweise versteckt er sich hier draußen.«

»Das hat die Polizei bereits überprüft.«

»Lass uns trotzdem abmachen, dass wir nicht aussteigen, falls er hier sein sollte.«

»In Ordnung.«

»Was ist deiner Meinung nach mit ihm passiert?«, fragt Ruth vorsichtig.

»Ich weiß nicht.«

»Lucia, ich möchte dir helfen, das weißt du. Aber ich versteh nicht, warum du das Haus sehen willst. Warum willst du dir das antun? Du musst ihn vergessen.«

»Ruth, du weißt doch, wie wir Kleider machen?«

Ruth sieht mich verwirrt an.

»Es ist das Einzige, was ich kann. Du zeichnest, ich mach ein Schnittmuster, das wird auf den Stoff gelegt, der Stoff wird zugeschnitten, die Teile werden zusammengenäht, und dann haben wir ein Kleidungsstück.«

»Ja sicher, aber ...«

»Hör zu, Ruth. Ich hab mich mit einem Blatt Papier hingesetzt und eine Liste von all dem gemacht, was ich mit Sicherheit über John Talbot weiß. Zuerst hab ich ihn beschrieben: Das ist die Zeichnung. Dann bin ich meinen Kalender durchgegangen und hab mir jeden Ort notiert, an dem wir waren, vor allem diejenigen, an denen wir öfter waren. Huntington Bay, Creedmore, das Vesuvio, alle. Das sind die Einzelteile.«

»Gut, verstanden. Jetzt nähst du sie zusammen.«

»Und wenn ich fertig bin, liegt vielleicht etwas vor mir, was mir hilft zu verstehen, was mir geschehen ist.«

»Du warst nicht mehr hier draußen seit ...«

»Wir sind am Tag vor der Hochzeit hier rausgefahren. Aber im letzten Moment hab ich ihm gesagt, dass ich mir die Überraschung für die Hochzeitsnacht aufheben wolle.«

»Wie heißt die Adresse?«

»Es ist das letzte Grundstück in der Straße. Mit Blick aufs Meer.«

»Was für eine Gegend!«, sagt Ruth, als wir an den neuen Häusern mit den Doppelgaragen vorbeifahren, wo strohbedeckte Flächen anzeigen, wo in Zukunft der Rasen wachsen wird. »Kein Wunder, dass es dir so gefallen hat.«

»Da, Ruth!« Ich deute auf den Hügel, wo mein Vorgarten gewesen wäre.

Ruth hält vor dem Grundstück an. Aber es steht kein Haus darauf. An einem Baum, an dem die Einfahrt vorbeigeführt hätte, hängt ein Schild: »Vom Eigentümer zu verkaufen« steht darauf. Darunter ist eine Telefonnummer geschrieben. Weiter hinten auf dem Grundstück kramt ein Mann auf der Ladefläche seines Lieferwagens.

»Bist du sicher, dass wir hier richtig sind?«, fragt Ruth, offensichtlich in der Hoffnung, ich hätte mich getäuscht.

»Ja, das ist es.« Ich steige aus und gehe den Hügel zu dem Mann hinauf. »Sir?«

»Ja, Miss?« Er lächelt.

»Ist das Ihr Grundstück?«

»Nein. Ich arbeite für den Eigentümer.«

»John Talbot?« Es ist das erste Mal, dass ich seinen Namen laut ausspreche, seit er mich am Altar sitzen ließ, und mein eisiger Tonfall entgeht dem Mann nicht.

»Nein. Sein Name ist Jim Laurel. Kennen Sie ihn?«

»Nein.«

»Nun, wer Huntington kennt, kennt Jim. Ihm gehört die ganze Anlage hier.«

»Also wurde dieses Grundstück an niemanden verkauft?« Eigentlich möchte ich die Antwort gar nicht hören, denn Johns Lügen werden nur noch schlimmer, wenn ich weiß, dass er *geplant* hat, mein Leben zu ruinieren.

»Nein, es wird gerade erst angeboten. Sind Sie interessiert?«

»Vielleicht.« Ich kann kaum sprechen vor Erregung.

Ruth gesellt sich zu uns. »Wir sehen uns ... ähm ... verschiedene Grundstücke an«, sagt sie zu ihm.

»Hier ist meine Karte.« Der Mann reicht Ruth seine Karte und steigt in seinen Laster. Sobald er fort ist, setze ich mich auf den Boden.

Ruth setzt sich neben mich. »Komm, Lucia, lass uns gehen.«

»Er hat in *allem* gelogen«, sage ich mehr zu mir selbst als zu Ruth.

»Es tut mir so Leid«, antwortet sie.

Ich sehe auf das Grundstück, und statt eines sandigen Hügels mit Schilf, niedrigem Buschwerk und Klumpen aus trockenem Seetang sehe ich mein Heim dort stehen. Jede Einzelheit, wie ich sie mir vorgestellt hatte: die Tür im

Tudor-Stil, das Mauerwerk aus Backstein, die niedrigen Buchsbaumbüsche auf beiden Seiten des Plattenwegs, die rosa Taftvorhänge, die sich in der Brise bauschen, den Kronleuchter in der Diele, den ich in Murano ausgesucht habe. Der Anblick meines Hauses ist so real für mich wie der Sand, in den ich meine Hände grabe.

»Komm, es wird spät«, sagt Ruth und geht an die Stelle, wo meine Haustür gewesen wäre. »Für heute hast du genug durchgemacht.«

Ich folge Ruth den Hügel hinunter, bleibe aber stehen und deute auf die Bucht. »Siehst du diesen orangefarbenen Dunst? Er legt sich übers Wasser wie Chiffon. Das erste Mal, als ich mit ihm geschlafen habe, sah die Bucht genauso aus.«

Ruth nimmt meine Hand. Als ich mit ihr zum Wagen gehe, drehe ich mich noch einmal um. Ich weiß, dass ich diesen Ort nie wiedersehen werde.

Auf der Rückfahrt sprechen Ruth und ich kein Wort. Wir sind schon fast in der Commerce Street, als sie das Schweigen bricht.

»Eines verstehe ich nicht. John Talbot hat dich am Tag vor der Hochzeit nach Huntington rausgefahren, obwohl dort kein Haus stand? Wie hätte er sich da rausreden wollen? Und was hat dich veranlasst, deine Meinung zu ändern?«

Ich denke darüber nach. Ruth parkt ein, während ich nach einer Antwort suche. »Irgendwo tief in meinem Innern muss ich die Wahrheit gewusst haben. Ich wusste, dass er nicht derjenige war, für den ich ihn hielt. Aber ich dachte, ich könnte den Mann meiner Träume aus ihm machen.«

»Oh Lucia«, sagt Ruth traurig.

»Und irgendwie hielt ich mich für einen besseren Menschen, weil ich glaubte, dass er mich liebt. Du weißt ja, wie es ist, Ruth. Man glaubt, ein Mann könne einem geben, was man sich ersehnt, also gibt man sich geschlagen. Papa hatte

Recht. Mir gefielen Johns Aussehen, die Lokale, in die er mich führte, das Leben, das er mir versprach. Alles nur Oberflächlichkeiten.«

Ruth nickt. Sie versteht, was ich an John Talbot so anziehend fand. Jetzt muss ich nur noch den Rest des Rätsels lösen, damit mir dasselbe nicht noch einmal passiert.

Papas venezianische Weihnachtsbräuche mussten im alljährlichen Kampf wieder einmal den süditalienischen weichen. Wir werden am Heiligen Abend nicht fasten. Rosemary hat mit Mama das Festmahl aus sieben verschiedenen Fischen zubereitet, und wir sind alle vereint. Sogar Exodus und Orsola haben sich entschieden, über die Feiertage zu bleiben, was vermutlich Mama eingefädelt hat. Sie hat meinem Bruder eingeredet, dass ich ihn brauche, und Exodus glaubt immer noch, er habe etwas gutzumachen an ihr, weil er in Italien geblieben ist.

Mama hat eine wundervolle Tafel gedeckt: Silberleuchter mit weißen Kerzen, ein rotes Tischtuch und ihr bestes Porzellan darauf. Nachdem wir uns gesetzt haben, schlägt Rosemary mit einem Löffel an ihr Weinglas. »Als Erstes, fröhliche Weihnachten für alle!« Was für eine Veränderung gegenüber dem letzten Weihnachten, als sie eine verschüchterte junge Braut war, die Papa fragen musste, ob sie Lichter in die Fenster hängen dürfe. Dieses Jahr hat sie nicht nur Lichter angebracht, sondern zudem grüne Girlanden um die Geländer und den vorderen Zaun gewunden. Orlando nennt es Sizilien Nord. »Und zweitens«, fährt Ro fort, »erwarten Roberto und ich im Mai ein Baby!«

Wir springen auf und umarmen und küssen die glücklichen werdenden Eltern. In dem Durcheinander hören wir noch einmal einen Löffel gegen ein Glas klingeln. Alle Blicke richten sich auf Exodus.

»Wir haben auch Neuigkeiten!«, verkündet Exodus.

»Ihr kommt nach Hause?«, fragt Orlando.

»Nein, wir bekommen auch ein Baby! Im Juni!«

Wir jubeln über die zweite frohe Nachricht, aber mir ist ein wenig traurig zumute inmitten all der Freude. Meine Brüder scheinen zu wissen, wie man gute Lebenspartner findet. Warum kann ich das nicht?

»Macht jemand auf?«, sagt Mama, als es an der Tür klingelt.

»Es muss Delmarr sein. Ich hab ihn zum Dessert eingeladen«, antworte ich und gehe hinaus. Gewöhnlich werfe ich erst einen Blick durch die Scheibe, aber Rosemarys Girlanden versperren die Sicht. Ich öffne die Tür.

»Lucia …« John Talbot steht in seinem blauen Kaschmirmantel im Regen auf der Treppe. Ich rühre mich nicht. Am Fuß der Treppe warten zwei Polizisten. Ich versuche, die Tür zuzuwerfen, bin aber nicht schnell genug. John drückt sie auf.

»Bitte, Lucia. Ich muss mit dir reden«, sagt er leise.

»Was machst du hier?«

»Ich bin gekommen, um mich zu entschuldigen.«

»*Entschuldigen?*« Das Wort klingt vollkommen bedeutungslos für mich.

»Ich muss dir erklären, was passiert ist«, fährt John nervös fort. »Ich weiß, dass du mich nicht anhören musst, aber gib mir bitte die Chance, es dir zu erklären.«

Sein Gesicht trägt immer noch die Züge, die ich so liebte, aber in seinen Augen ist etwas, was mir Angst macht. Seine Schuhe sind ungeputzt, und sogar sein Mantel wirkt schäbig. Er ist glatt rasiert, aber eine Alkoholfahne umgibt ihn. Ich sehe das Zerstörungswerk, das er angerichtet hat: bei sich, bei mir, und kann es nicht fassen. Wo waren die Anzeichen, die verrieten, dass es so weit kommen würde?

»Wo bist du gewesen?«, frage ich, als ich ihn einlasse und die Tür hinter ihm schließe. Sein Verhalten wird er zwar nie erklären können, aber vielleicht lerne ich daraus.

»Das spielt keine Rolle.«

»Lucia, ist alles in Ordnung bei dir?«, ruft Roberto.

»Pst. Sag nichts«, flüstert John. Er legt die Hand auf die Klinke, um wieder hinauszugehen.

Roberto kommt um die Ecke. Als er John Talbot sieht, packt ihn die Wut. »Du wagst es, hierher zu kommen!«

»Ich muss mit Lucia sprechen«, sagt John, um Tapferkeit bemüht.

Beim Klang seiner Stimme eilen alle meine Brüder, einschließlich meines Vaters, in die Diele. Hinter ihnen die Frauen, die sich wie ein Gefechtsbataillon aufreihen, bereit, mich zu verteidigen.

»Du willst mit meiner Schwester sprechen? Bist du verrückt? Nach dem, was du dir geleistet hast?«, brüllt Roberto.

»Ich schulde dir keine Erklärung. Nur deiner Schwester.«

»Richtig, der schuldest du eine Menge«, erwidert Roberto. »Wo ist ihr Geld?«

Er drängt sich an mir vorbei, packt John am Kragen und drückt ihn gegen die Wand. John, sichtlich geschwächt und unfähig, sich zu wehren, sackt zusammen. Roberto schlägt Johns Kopf gegen die Wand. *»Wo ist ihr Geld?«* John antwortet nicht. Erneut schlägt Roberto seinen Kopf gegen die Wand. »Du Dieb!« Noch immer sagt John nichts. Zum dritten Mal drischt Roberto auf ihn ein. »Wo ist das verdammte Geld?«

Ein Teil von mir wünscht sich, dass Roberto weiter auf ihn eindrischt und sich für die Demütigung an meinem Hochzeitstag rächt, andererseits kann ich nicht mit ansehen, wie er diesen Mitleid erregenden Mann misshandelt.

»Hör auf, Roberto!«, rufe ich. Mein Bruder tritt zurück, und John rutscht an der Wand zu Boden. »Bitte, ich möchte mit ihm reden.«

Die Polizisten, die draußen gewartet haben, kommen herein und legen John Handschellen an. »Mehr Zeit können wir Ihnen nicht geben. Tut mir Leid, Ma'am. Er sagte uns, Sie seien seine Frau, und weil Weihnachten ist, haben wir ein Auge zugedrückt.« Einer der Polizisten gibt John einen Schubs. »Also, übertreib's nicht zu sehr.«

Ich strecke die Hand nach John aus. »Nein, Lucia«, sagt mein Vater und hält mich zurück.

Meine Brüder stehen Wache, wie sie es mein ganzes Leben lang getan haben, bis der Polizeiwagen mit John Talbot um die Ecke in die Barrow Street verschwindet. Ich kann mich nicht rühren.

»Der Mistkerl hat uns sogar Weihnachten verdorben«, sagt Roberto.

»Ja«, antworte ich ruhig. Er hat unsere Hochzeit, unsere Zukunft und sogar Weihnachten ruiniert. Aber ich würde gern wissen, warum, denn trotz allem liebe ich ihn immer noch.

Die freien Tage zwischen Weihnachen und Neujahr mag ich normalerweise am liebsten, weil ich dann mit meiner Arbeit fertig bin. Wer ein neues Kleid brauchte, hat es schon gekauft, und bis Weihnachten ist es geändert, gebügelt und abgeliefert worden. Aber dies sollte mein erstes Weihnachten als verheiratete Frau sein. Endlose Fragen, was inzwischen mit John geschehen ist, beschäftigen mich, und seit er vor unserer Tür aufgetaucht ist, kann ich nicht mehr schlafen. Wenn ich nur verstehen könnte, warum er mich verlassen hat, dann könnte ich wieder zur Ruhe kommen.

Die meisten meiner Freunde bemühen sich, das Thema nicht anzuschneiden. Vielleicht wollen sie mir die Peinlichkeit ersparen, aber ich bin mir fast sicher, dass sie meinen, ich sei schuld an der ganzen Sache, weil ich es nicht vorhergesehen habe. Sie glauben, ich sei blind gewesen und hätte mein Schicksal verdient. Schließlich hätte ich mir die Suppe selbst eingebrockt und müsse sie jetzt auch auslöffeln.

Die Polizei hat mich zu einer Vernehmung bestellt, was mir, ganz abgesehen von der Scham über die Sache, Angst einflößt. Was wird, wenn sie glauben, ich hätte von Johns krummen Geschäften gewusst? Ich habe den einzigen Anwalt angerufen, den ich kenne: Arabels Mann, Charlie Dresken. Er zerstreute meine Ängste und erklärte mir, er würde mich begleiten und ich solle den Untersuchungsbeamten meine volle Unterstützung anbieten. »Sie haben nichts zu verbergen«, sagte er. Das mag stimmen, aber warum möchte ich mich dennoch verkriechen?

Die Polizei weihte Charlie nicht in alle Einzelheiten von Johns illegalen Machenschaften ein, sagte aber, sie seien umfangreich gewesen. Ich wurde um eine Aufstellung aller Geschenke gebeten, die ich von John bekommen hatte. Auch alle Orte, an denen wir waren, samt Uhrzeit, musste ich angeben. Mir fiel das nicht besonders schwer, da ich seit dem Moment unseres Kennenlernens Souvenirs gesammelt hatte: das Programm der McGuire Sisters an Silvester, Speisekarten von Restaurants, Streichholzbriefchen, improvisierte Gedichte auf Zettelchen, selbst eine getrocknete Rosenblüte von einem Spalier in Montauk, von dem Tag, an dem wir uns zum ersten Mal liebten. Das alles war qualvoll und demütigend zugleich.

Während die Polizei ihre Beweise zusammenträgt, beginne ich die meinen zu sammeln. Es gibt eine Person, deren Gesicht mich die letzten Wochen verfolgt hat. Ich hatte Johns Mutter, Mrs O'Keefe, im Lauf der Zeit lieb gewonnen, und auch sie hatte angefangen, sich auf meine Besuche zu freuen. Obwohl sie nicht sprechen konnte, bekam sie alles mit, was um sie herum geschah. Während der Feiertage hatte ich mir Sorgen um sie gemacht. John Talbot sitzt noch immer im Gefängnis, und ich bezweifle, dass sie weiß, was mit ihm geschehen ist.

Auf dem Weg vom Bahnhof nach Creedmore frage ich mich, was ich Mrs O'Keefe sagen soll, wenn ich dort ankomme. Die übliche Rezeptionistin hat Dienst, doch anstatt mich wie sonst durchzuwinken, nachdem ich gegrüßt habe, fragt sie mich: »Was kann ich für Sie tun?«

Mir fällt ein, dass ich sonst immer mit John hergekommen bin, deswegen erkennt sie mich vielleicht nicht, wenn ich alleine auftauche. »Kann ich reingehen und Mrs O'Keefe besuchen?«

Ihr freundlicher Ausdruck wird besorgt. »Hat man Ihnen nicht Bescheid gesagt?«

»Nein.« Mein Magen krampft sich zusammen.

»Sie ist gestorben.«

»Wann?«

»Lassen Sie mich nachsehen.« Sie sieht in ein Buch hinter der Theke. »Sylvia O'Keefe ist am 6. November verstorben.«

Ich bedanke mich nicht, sondern wende mich einfach zum Gehen. Doch davor muss ich noch eines wissen.

»Tut mir Leid, Sie noch einmal zu stören«, sage ich im Umdrehen. »Aber ... war sie allein?«

Die Empfangsdame ergreift meine Hand und tätschelt sie. »Ihr lieber Sohn war bei ihr, als sie starb.« 6. November? Warum hat mir John nichts vom Tod seiner Mutter gesagt? Welcher Mann verschweigt so etwas?

An meinem ersten Arbeitstag nach Weihnachten wartet Charlie Dresken in meiner Mittagspause vor dem Polizeirevier auf der Siebenundsechzigsten Straße Ost auf mich. An der Rezeption spricht er mit einem Beamten. Dann folge ich ihm in ein kleines Büro, wo uns ein netter italienischer Detective in Papas Alter begrüßt, dessen Namensschild ihn als M. Casella ausweist. Gleich zu Anfang erzähle ich ihm, dass ich Sylvia O'Keefe besuchen wollte. Er weiß bereits, dass sie tot ist.

»Miss Sartori, seit wann kennen Sie John Talbot?«

»Seit einem Jahr.«

»Kannten Sie ihn nur unter diesem Namen?«

»Gibt es denn noch andere?« Mein Unbehagen nimmt zu.

»Er benutzte fünf andere, jeweils mit dem Vornamen John. Die anderen Nachnamen lauteten O'Bannon, Harris, Acton, Fielding und Jackson. Klingt wie eine Anwaltskanzlei, nicht?« Er lächelt, ich nicht. »Hmm. Bei Ihnen hat er seinen richtigen Namen benutzt.«

Ich antworte nicht. Ich fühle mich nicht besser, wenn ich weiß, dass sein Name das einzig Wahre war, was er mir mitgeteilt hat.

»Hat er bei Ihnen gewohnt?«, fährt Detective Casella beiläufig fort.

»Wir waren verlobt und wollten heiraten. Ich wohne bei meiner Familie und habe nie anderswo gewohnt«, erkläre ich in einem Tonfall, der ihm zu erkennen gibt, dass mein Lebenswandel trotz meines schlechten Geschmacks bei Männern tadellos ist.

»Kennen Sie eine Frau namens Peggy Manney?«

»Nein.«

»Sie ist Sylvia O'Keefes Tochter. Sie hatte keinen Kontakt zu ihrer Mutter, was John Talbot die Möglichkeit gab, sich einzuschmeicheln und die Kontrolle über Mrs O'Keefes Finanzen zu übernehmen.« Ich erinnere mich wieder an den Tag, als John mir sagte, er sei Einzelkind. »Mr Talbot hat die vergangenen Jahre dazu benutzt, Mrs O'Keefes Ersparnisse, Barguthaben und gesamte Habe an sich zu bringen.«

»Was?«

»John Talbot ist ein Betrüger, Miss Sartori. Er verdiente seinen Lebensunterhalt mit Diebstahl. Er gewann das Vertrauen von Leuten und machte dann Geschäfte mit ihnen. Sie gaben ihm Geld, das er dazu benutzte, die krummen Touren zu finanzieren, die er gerade plante. Wenn irgendwas schief ging, machte er sich aus dem Staub. Eine ganze Zeitlang ging das gut, weil es den meisten Leuten zu peinlich ist, Anzeige zu erstatten, wenn sie reingelegt wurden.«

»Aber glauben Sie, dass er seine eigene Mutter bestohlen hat?« Ich kann es nicht fassen. Ich habe doch gesehen, wie nah sie sich standen. Er liebte sie.

»Sie war nicht seine Mutter.«

»*Wie bitte?*« Wusste ich irgendetwas über John Talbot, was der Wahrheit entsprach?

»Talbot lernte sie in einer Kirche kennen, ob Sie's glauben oder nicht. Er ging in die Gemeindekirche von St. Anthony in Woodbury und heftete sich an ihre Fersen. Sie war das perfekte Opfer – reich, alleinstehend, mit ihrer Tochter zerstritten, begierig nach Gesellschaft –, also umgarnte er sie und schmeichelte sich bei ihr ein. Sie nahm ihn praktisch an Sohnes statt an. Bald überredete er sie dazu, ihre Finanzen von ihm verwalten zu lassen. Als sie krank wurde, brachte er sie im Creedmore unter. Soweit wir wissen, hat er der alten Dame nie körperliches Leid angetan, aber sicherlich hat er sie einer Gehirnwäsche unterzogen. Ihr Haus in Woodbury wurde seine Operationsbasis.«

»Aber er wohnte doch im Carlyle.«

»Sicher, dort bezog er gelegentlich eine Suite, je nachdem, was er in der Stadt vorhatte. Erraten Sie, wie die bezahlt wurde? Mit Sylvia O'Keefes Geld. Deshalb brauchen wir eine genaue Aufstellung von allem, was er Ihnen geschenkt hat, für den Fall, dass es sich um Dinge handelt, die der rechtmäßigen Erbin gehören. Peggy Manney hat eine Liste des fehlenden Schmucks ihrer Mutter vorgelegt.« Detective Casella reicht mir die Liste, die ich an Charlie weitergebe. Mein Kopf beginnt zu brummen, und ich stütze ihn in die Hände.

»Ich weiß, es ist unglaublich.« Der Detective zuckt die Achseln. »Und wenn Mrs O'Keefe nicht gestorben und ihm das Geld nicht ausgegangen wäre, würde er noch immer wie die Made im Speck leben.«

»Und wäre mit mir verheiratet«, füge ich ruhig hinzu.

»Sie haben Glück gehabt. Genau wie eine Reihe anderer Mädchen, die ihm fast zum Opfer gefallen wären. Amanda Parker zum Beispiel.«

»Was hat sie damit zu tun?«

»Auch an sie hat sich Talbot gehängt. Er wollte, dass ihr Vater irgendein Bauprojekt finanziert. Diese Geschichte erzählte uns ein Bauunternehmer in Long Island …«

»Jim Laurel?«, frage ich matt.

»Woher kennen Sie Jim Laurel?«

»Angeblich hatte John in der Cascade-Anlage ein Grundstück von ihm gekauft. Darauf wollte er unser Haus bauen.«

»Daraus wurde nichts. Jim Laurel ist ein cleverer Unternehmer. Talbot wollte ihm weismachen, er betreibe Geschäfte mit Daniel Parker, und Laurel wollte einsteigen, aber es entpuppte sich alles als fauler Zauber. Hat Talbot je Wertsachen oder Bargeld von Ihnen bekommen?«

»Fast meine gesamten Ersparnisse. Siebentausendfünfhundert Dollar.«

Der Detective notiert sich meinen Verlust. »Wussten Sie, dass John Talbot bei Mrs O'Keefe war, als sie starb?«, frage ich ihn.

»Das war das Mindeste, was er tun konnte.«

»Ich glaube, er hat sie wirklich gemocht.«

Der Detective schüttelt den Kopf, als sei ich nicht ganz bei Trost. »Wir haben ein Lagerabteil gefunden, das mit Kartons mit Zeug von B. Altman's voll gestopft war. Dort arbeiten Sie doch, oder?«

»Ja. Unsere Hochzeitsliste war dort ausgelegt.«

»Also sind diese Gegenstände ...« Er reicht mir eine andere Liste, die ich schnell überfliege.

»Die waren von unserem Hochzeitstisch. Ich ließ alle Geschenke an ein Schließfach in Huntington schicken. John sagte, er würde sie abholen und in unser Haus bringen.«

»Dann sind diese Gegenstände nicht gestohlen. Sie sollten an Sie zurückgehen.«

»Ich will nichts davon.«

»Das können Sie entscheiden, nachdem wir sie zurückgegeben haben. Von Gesetzes wegen können wir sie nicht behalten, wenn sie Ihnen gehören. Sie stehen hier ja nicht unter Arrest.« Er macht sich ein paar Notizen und sieht mich dann an. Zum ersten Mal klingt Mr Casella mitfühlend. »Nehmen Sie die Sachen zurück. Er steht in Ihrer Schuld.«

Dann stellt er mir weitere Fragen, hauptsächlich zu Orten, die ich mit John besucht habe.

»Es gibt noch einen Gegenstand, nach dem sich Mrs O'Keefes Tochter erkundigt hat. Hat Ihnen Talbot je einen zweikarätigen Diamantring mit Smaragdschliff in einer Platinfassung gegeben?«

»Zur Verlobung.«

Ich sehe, wie schwer es dem Detective fällt, zu sagen, was er sagen muss. »Den müssen Sie zurückgeben. Er wurde Mrs O'Keefe gestohlen und gehört jetzt ihrer Tochter. Das verstehen Sie doch sicher?«

Charlie nickt mir zu. »Sicher«, sagt er und tätschelt meine Hand.

Ich öffne meine Tasche, gebe dem Detective den Ring in der kleinen Schatulle und erhebe mich.

»Wenn wir noch etwas brauchen ...«, beginnt der Detective.

»Rufen Sie in dem Fall mein Büro an.« Charlie gibt ihm seine Karte.

Draußen auf der Straße packt mich maßlose Wut. »Ich bin eine solche Idiotin.«

»Sie sind keine Idiotin. John Talbot war ein gerissener Betrüger.« Wir halten ein Taxi an und sitzen schweigend nebeneinander, bis Charlie mich bei meiner Arbeit absetzt. »Lucia?«, sagt er. »Vergessen Sie ihn. Sie sind jung, und der Sache nachzuhängen tut Ihnen nicht gut.«

»Danke, dass Sie mich begleitet haben, Charlie.«

Als ich das Kaufhaus betrete, kann nicht einmal der Duft der exotischen Parfüms meine Sinne beleben. Im Atelier wartet Ruth mit einer Tasse Kaffee und einem Zimthörnchen von Zabar's auf mich. »Also, wie war's?«

Delmarr kommt aus seinem Büro und winkt mich zu sich.

»Kommen Sie mit, Ruth. Dann muss ich alles nur einmal erzählen.«

»Mein Gott, ich hab die ganze Geschichte unten auf den Inseln gehört«, beginnt Delmarr.

»Was?«

»John Talbot war hinter Daniel Parkers Geld her. Zuerst versuchte er, ein Darlehen, dann einen Job als Börsenmakler bei ihm zu kriegen. Aber Parker ließ Erkundigungen einziehen, und es stellten sich eine Menge Ungereimtheiten bei Talbots Geschichten heraus. Außerdem verlangte er eine vollständige Aufstellung seiner Bankguthaben. Bevor es brenzlig für ihn wurde, ließ Talbot den Plan fallen, selbst wenn dies hieß, auch Amanda fallen lassen zu müssen. Sich mit einem Mann wie Dan Parker anzulegen ... ich weiß nicht, ob man Talbot als mutig oder dämlich bezeichnen soll.«

»Hat sich Amanda Parker an die Polizei gewandt?«, frage ich, obwohl ich die Antwort schon kenne. »Natürlich nicht. Damen der Upper East Side lassen sich nicht auf Polizeireviere zitieren und ihren Ruf gefährden. Es gibt ja keinen Grund, die Sache für sie noch schlimmer zu machen.«

»Es ist bereits schlimm für sie«, sagt Ruth. »Es steht in der Zeitung.« Sie reicht mir einen Artikel aus der Morgenausgabe des *Herald.* Die Überschrift lautet: »Gentleman-Betrüger festgenommen«. Ich lese nicht weiter, schließe die Augen und gebe den Artikel Ruth zurück.

Nachdem ich alle Geschenke auf der Liste, einschließlich der Seesternbrosche (die ebenfalls Sylvia O'Keefe gehörte) zurückgegeben habe, gibt es nur noch eines zu erledigen, bevor ich mit dem Thema John Talbot endgültig abgeschlossen habe. Ich muss mit Patsy Marotta vom Vesuvio sprechen.

Der Taxifahrer lächelt mich schelmisch an, als ich mit einem riesigen Musselinsack in seinen Wagen steige. »Für mich?«, fragt er.

»Nein«, antworte ich ungerührt.

»Da ist doch keine Leiche drin, oder?«

»Nein, Sir«, erwidere ich mit einem Anflug von Ungeduld.

»Haben Sie genug Platz dort hinten?«

»Ja, Sir.« Ich nenne ihm die Adresse des Vesuvio. Nach einer Unterhaltung ist mir nicht zu Mute.

Vor acht ist in dem Restaurant nicht viel los, deshalb bin ich schon gegen sechs dort. Als ich die glänzende Messingtür öffne, wird mir bewusst, dass sie mir bisher nur von John Talbot geöffnet wurde.

Ich stehe am Eingang und sehe mich in dem dunklen Lokal um, das nach gutem Tabak, erlesenem Wein und mit Rosmarin gewürzter, gerösteter Lende riecht, offensichtlich die Spezialität des Abends. Patsy steht wie immer an der Bar, halb auf einem Hocker gelehnt, einen Fuß auf der Fußstütze, den anderen ausgestreckt, als sei er immer bereit, aufzuspringen und in die Küche zu eilen. Der Barmann wirft Patsy einen Blick zu, als er mich sieht. Patsy drückt seine Zigarette aus und dreht sich zu mir um. »Ich hab mir schon gedacht, dass Sie vorbeikommen würden.«

»Ich werde Sie nicht lange aufhalten«, antworte ich.

»Möchten Sie etwas trinken?«

»Nein, danke.« Ich starre auf die leeren Tische. »Könnten wir uns dort drüben unterhalten?«

Patsy steht auf und führt mich zu einem Tisch.

»Haben Sie die Sache von John gehört?«, frage ich. »Wissen Sie, dass er im Gefängnis sitzt?«

»Die Polizei hat mit mir gesprochen.« Er zuckt die Achseln.

»Nun, Mr Marotta, da mir John Talbot diesen Nerz in Ihrem Lokal gegeben hat, gebe ich ihn an Sie zurück. Ich schätze, Sie wissen, woher er stammt.«

»Ja, das weiß ich.«

»Woher?«

»Von Antoine Furriers, New York und Toronto. Es ist das Feinste vom Feinen.«

»Antoine Furriers mögen das Feinste vom Feinen sein, aber ich bin sicher, dass dieser Mantel gestohlen ist.«

»Das stimmt nicht. Er hat ihn sich verdient.«

»Das bezweifle ich.«

»Nein, wirklich. Ich hab gelegentlich was von einem Job gehört und die Information an John weitergegeben, weil ich wusste, dass er bei vielen Dingen seine Hände im Spiel hatte. Das glaubte ich zumindest. Die Besitzer von Antoine Furriers essen in der Regel ein paarmal die Woche hier zu Mittag. Sie sagten mir, sie suchten jemanden, der für sie Pelze zwischen New York und Toronto transportiere. Sie hatten einen Fahrer und einen Lastwagen, aber sie brauchten einen erfahrenen Geschäftsmann, um die Ware über die Grenze zu bringen und den Handel abzuwickeln. John hat diese Aufgabe einige Monate lang übernommen und bat an Stelle von Geld um einen Mantel. Es war vollkommen legal.«

Bei dem Wort »legal« bekomme ich eine Gänsehaut.

»Behalten Sie den Mantel. Er gehört Ihnen.«

Ich stehe auf und nehme das Riesenbündel. »Wissen Sie, alle sagen mir, ich soll den Pelz behalten, als ginge es um den Pelz. Als könne ein Mantel, ein Ring oder ein Essen das Unrecht wieder gutmachen, das mir widerfahren ist. Ich darf Ihnen versichern, Mr Marotta, dass nichts davon das Geschehene im Geringsten wieder gutmacht. Diese Gegenstände sind mir kein Trost.«

Patsy antwortet mir nicht. Er starrt nur in Richtung Küche, bevor er wieder an seiner Zigarette zieht.

Ich danke ihm, und da ich weiß, dass ich sein Restaurant nicht mehr betreten werde, sage ich ihm Lebewohl.

»Sie sind ein gutes Mädchen«, sagt er zum Abschied.

Die offizielle Schließung der Maßabteilung von B. Altman & Co ist für den 1. November 1952 anberaumt. Das teilte man uns freundlicherweise in maschinell vervielfältigten Briefen mit, die wir am Morgen auf unseren Tischen vorfanden. Sie waren von jemandem unterschrieben, dessen Namen wir noch nie gehört hatten. Weiterhin wurde uns mitgeteilt, dass wir noch genau sieben Monate Zeit hätten, um anstehende Arbeiten fertig zu stellen. Aber vorher, liebe Angestellte, rackert euch noch im Sommergeschäft ab, damit ihr zu erschöpft seid, um euch nach neuen Stellen umzusehen.

Ruth ist sich sicher, dass die Schließung der Maßabteilung nur der Versuch ist, uns in den Verkauf zu locken, wo wir für die Konfektionsware zuständig sein werden und gelegentlich Änderungen übernehmen sollen. Die Ratten verlassen bereits das sinkende Schiff. Jeden Tag kommt jemand anderes herein und gibt seine Kündigung bekannt. Violet hat aufgehört, um Hausfrau zu werden. Nur Delmarr, Ruth und ich halten durch. Beim Mittagessen mit Helen erklären wir ihr, dass Baby David gerade im richtigen Moment gekommen sei, weil sie sich damit die quälenden Einzelheiten der Auflösung unseres Ateliers erspart habe. Es begann mit dem Stofflager, für das keine Bestellungen mehr aufgegeben werden durften. Dann nahm man uns unsere besten Maschinen weg, die Gott weiß wohin geschickt wurden. Schließlich verlangte man tatsächlich von uns, unsere Privatkunden auf eine neue Abteilung namens »In-Store-Beratung« zu verweisen. Dort rennen junge Dinger, die frisch aus der Highschool kommen, im ganzen Haus herum und schaffen Kleider herbei, die sie dann den Kundinnen anzudrehen versuchen. Das nennt man jetzt »persönlichen Service« bei B. Altman's. Wie wir hören, war dies eine fixe Idee von Hilda Cramer, die zwar nicht gefeuert wurde, aber eine Abfindung bekam und damit ein eigenes Atelier in White Plains gründete. Gelegentlich hören wir sie im Radio gemeinsam mit der Stil-Expertin Ilke Chase über Mode für berufstätige Frauen plaudern. Ruth und ich scherzen, dass wir sie anrufen und einen Termin mit ihr vereinbaren sollten, weil wir als Arbeitslose guten Rat brauchen könnten.

Ich drehe mich auf meinem Stuhl um und sehe aus dem Fenster. Heute Morgen fühle ich mich ganz gut, wenn auch noch nicht ganz genesen, aber zumindest auf dem Weg dazu. Inzwischen ist es einen Monat her, dass mich der Detective befragt hat. Ich weiß, dass ich nicht mehr über das vergangene Jahr nachgrübeln darf, sondern langsam an meine Zukunft denken sollte. Gestern Abend habe ich eine Liste der Modeschöpfer zusammengestellt, die ich am besten finde, und habe sogar deren Adressen und Telefonnummern herausgesucht. Ich habe vor, alle anzurufen, sogar Claire McCardell, um mich als erfahrene Schneiderin zu bewerben, die sich besonders auf die Applikation von Perlen und Zierrat versteht.

Ruth ruft mich vom Empfang aus. Sogar unsere Empfangsdame ist fort, daher nimmt derjenige das Telefon ab, der gerade vorbeigeht. »Es ist für dich, Lu.«

»Lu? Hier ist Roberto. Es geht um Pop. Er ist gestürzt.«

»Ist er im St. Vincent?«, frage ich.

»Nein, komm heim.«

Ich nehme ein Taxi und eile nach Hause. Als ich die Haustreppe hinauflaufe, wartet Rosemary schon an der Tür. Sie ist im sechsten Monat schwanger und sieht elend aus. Tränen strömen ihr übers Gesicht. »Es steht nicht gut um ihn, Lucia«, sagt sie.

Die Jungs haben Papa nach oben in sein Schlafzimmer getragen. »Hat jemand Exodus angerufen?«, stoße ich hervor, nachdem ich eingetreten bin. Es ist wohl die Tatsache, dass ich Papa mitten am Tag im Bett liegen sehe, was noch nie vorgekommen ist, die den Wunsch in mir weckt, die ganze Familie um mich zu haben. Vielleicht hatte sich Papa nicht so gut erholt, weil einer von uns fehlte. Vielleicht bringen wir ihn durch, wenn wir alle vereint sind.

Es klingelt unten an der Tür. Rosemary und Roberto gehen hinunter, um Dr. Goldstein einzulassen. Mama sitzt auf einem Schemel am Kopfende von Papas Bett.

Ich nehme die Hand meines Vaters und setze mich neben ihn. »Papa, geht's dir gut?«, frage ich wider besseres Wissen. »Ich liebe dich, weißt du. Von ganzem Herzen.«

»*Grazie*«, murmelt er schwach.

Der Arzt bittet uns, draußen zu warten, aber Mama rührt

sich nicht vom Fleck. Nach ein paar Minuten kommt er zu uns heraus.

»Tut mir Leid, Ihnen das sagen zu müssen, aber Ihr Vater ist sehr krank. Wir wissen das schon seit einiger Zeit.«

»Aber sein Herz ...« Ich kann kaum sprechen.

»Es ist nicht sein Herz. Er hat Krebs. Wir glauben, dass er von der Bauchspeicheldrüse ausgehend auf die Leber übergegriffen hat.«

»Krebs?«, frage ich leise und ungläubig.

»Er wurde im November diagnostiziert. Wir wissen seit einiger Zeit, dass wir seine Schmerzen lindern können, aber das ist auch schon alles.«

Verständnislos wende ich mich an meine Brüder. »Habt ihr davon gewusst?« Sie sind genauso bestürzt wie ich.

Ich erinnere mich wieder an den Abend im November, als Papa vom Arzt zurückkam und wir die Konfetti für die Hochzeit vorbereiteten. Er und Mama behaupteten, er sei gesund. Offensichtlich hatten sie gelogen, damit ich unbeschwert meine Hochzeit feiern konnte. Ich beginne zu weinen. Orlando legt den Arm um mich.

»Hat er Schmerzen?«, fragt Roberto.

»Wir hängen ihn an einen Tropf mit Morphium. Ich habe mit Ihrer Mutter gesprochen, sie besorgt eine Schwester, die sich darum kümmern wird.«

»Wie lange hat er noch?«, fragt Angelo.

»Einige Tage. Vielleicht weniger.«

Vom Fuß der Treppe hören wir unterdrücktes Schluchzen. Rosemary steht weinend unten. Für sie ist der Verlust genauso schlimm wie für uns.

»Was können wir tun?«, fragt Orlando.

»Bleiben Sie bei ihm und seien Sie stark. Das ist alles, was Sie tun können. Und ich komme jederzeit, wenn Sie mich brauchen.«

»Angelo, ruf sofort Exodus an«, sage ich. »Roberto, kümmere dich um Rosemary. Orlando, geh in die Groceria zurück und sieh zu, dass alles glatt läuft. Papa würde es so wollen. In Ordnung?« Orlando nickt und geht. Ich bleibe einen Moment auf dem Treppenabsatz stehen, sage schnell ein Gebet und bitte Gott, meinen Vater zu retten, dann gehe ich ins Schlafzimmer meiner Eltern zurück.

Auf Zehenspitzen trete ich ein. Mama hat sich nicht von der Stelle gerührt. Sie hält Papas Hand und sieht ihn so eindringlich an, als könnte ihn die Intensität ihres Blicks gesund werden lassen. Papa schläft. Ich lege die Hände an sein Gesicht und küsse ihn auf die Wange. »Wir sind da«, flüstere ich ihm zu.

Meine Brüder, Mama und ich halten abwechselnd Wache an seinem Bett. Ich weiß nicht, wie viele Tage lang, ich habe aufgehört zu zählen. Manchmal sehe ich Roberto an und weiß, dass ihn wegen seiner Streitereien mit Pop Schuldgefühle plagen. Ich selbst schäme mich nachträglich für den Abend, als ich meine Eltern zur Hölle wünschte, und bitte Gott, Papa aufzuwecken, damit ich mich für mein scheußliches Verhalten entschuldigen kann. Nie wieder, schwöre ich mir, werde ich etwas Derartiges von mir geben. Ich meinte es auch nicht so. Und jetzt weiß ich, dass Papa mit allem Recht hatte. Er hatte Recht, was John Talbot betraf.

Unser häusliches Leben ist ganz auf Papas Pflege konzentriert. Er nimmt Brühe und dünnen Tee zu sich, und obwohl er nur geringe Dosen Morphium bekommt, helfen sie ihm zu schlafen. Er weiß, dass er stirbt, aber er ist entschlossen zu warten, bis Exodus eintrifft. Ständig sagen wir ihm, Exodus sei schon unterwegs; Orsola jedoch muss daheim bleiben, weil sie jeden Moment niederkommen kann. Wenn ich mit Papa spreche, versuche ich, ihn aufzuheitern: »Papa, im Sommer hast du zwei Enkelkinder!« Das bringt ihn zum Lächeln. Wenn er einnickt, weine ich, weil ich weiß, dass er seine Enkel nie sehen wird.

Exodus sollte morgen früh hier sein. Papa wird schwächer, sein Kampf, am Leben zu bleiben, hat nur das Ziel, Exodus ein letztes Mal zu sehen. Mama ist erstaunlich. Sie weint nicht, und abends legt sie sich immer noch ins Bett zu ihm, und er schläft in ihren Armen.

Die Jungs teilen ihre Zeit zwischen der Groceria und der Wache an Papas Bett. Den üblichen Streit und Zank gibt es nicht mehr, deshalb bin ich überrascht, als ich am Fuß der Treppe angespannte Stimmen höre. Ich sehe Mama an, die mir bedeutet, nachzusehen, was los ist.

»Vielleicht hat es Ex früher geschafft!«, sage ich. Papa öffnet die Augen und lächelt.

Roberto kommt die Treppe herauf, gefolgt von einem älteren Mann, den ich noch nie gesehen habe. »Lucia, das ist unser Onkel Enzo.«

Roberto tritt zur Seite. Zuerst strecke ich die Hand aus, wie man es einem Fremden gegenüber macht, doch als ich in seine Augen blicke und meinen Vater darin sehe, werfe ich mich in seine Arme. Die beiden Männer gleichen sich so sehr. Die breiten Schultern, die zarten Hände, der große Kopf und das lockige, grau melierte Haar, der Bauchansatz, nicht dick genug, dass eine Diät erforderlich wäre, aber doch genügend, um gelegentlich eine in Erwägung zu ziehen. »Ich bin so froh, dich kennen zu lernen. Danke, dass du gekommen bist, Papa zu besuchen.«

»Sobald ich davon erfahren hab, bin ich losgefahren.« Selbst seine Stimme erinnert mich an die meines Vaters, als er noch gesund und kräftig war.

Ich bringe Onkel Enzo ins Zimmer meiner Eltern. Mama steht auf, als sie ihn sieht, und beginnt zum ersten Mal seit drei Tagen zu weinen. Ihr Schluchzen weckt Papa auf. Anfangs scheint er nicht zu glauben, dass sein Bruder hier ist. Erst als Onkel Enzo neben ihm niederkniet und ihn in die Arme nimmt, wird es ihm klar. Papa wirkt so klein. Er stößt ein tiefes Seufzen aus, als würde er all die Trauer herauslassen, die er seit vor meiner Geburt in sich getragen hat.

Ich mache Mama ein Zeichen, die beiden eine Weile allein zu lassen, lege den Arm um sie und führe sie hinaus. Bevor ich die Tür schließe, werfe ich noch einen Blick auf die Brüder zurück, zwei Jungen, die von so weit hergekommen sind, um sich einen Traum zu erfüllen. Jahre der Entfremdung und Verhärtung fallen ab, während mein Onkel meinen Vater festhält.

Angelo räumt sein Zimmer für Onkel Enzo. Die Schwester kommt, um uns mitzuteilen, dass es mit Papa zu Ende gehe, aber er habe ein starkes Herz. Sie will die Morphium-Dosis erhöhen. Mama erklärt Papa, dass mehr Morphium seine Schmerzen lindern würde. Papa schüttelt entschieden den Kopf. Mama vermutet, dass er nicht einschlafen will, bevor Exodus eintrifft, also sagt sie der Schwester, sie solle die Dosis so belassen, wie sie war.

Keiner von uns kann schlafen. Wir bleiben in Papas Zimmer, und wenn wir eine Pause brauchen, gehen wir ins Wohnzimmer hinunter, wo Rosemary Sandwiches und Plätzchen und immer frischen Kaffee bereithält. Sie ist eine echte Sartori geworden. Mein Bruder hat Glück, eine so wundervolle Frau zu haben.

Wir alle sind erleichtert, als die Haustür aufgeht und Exodus hereinstürmt. »Wo ist er?« Exodus lässt seine Taschen fallen und läuft die Treppe hinauf. Wir folgen ihm und drängen ins Zimmer unserer Eltern, wie wir es früher immer vor dem sonntäglichen Kirchgang taten. Damals ließ Mama uns immer antreten, um zu kontrollieren, ob noch Schuhe geputzt oder Haare mit ein wenig Pomade glatt gekämmt werden mussten. Onkel Enzo sitzt auf der einen, Mama auf der anderen Seite neben Papa. Exodus zögert, als er Onkel Enzo sieht, weil er sich keinen Reim auf die Situation machen kann. Onkel Enzo steht auf und tritt beiseite. Exodus legt die Hand auf den Rücken seines Onkels und kniet sich dann neben Papa nieder. »Pop, ich bin da. Kannst du mich hören?« Papa hat seit gestern Abend die Augen nicht mehr aufgemacht. »Drück meine Hand, Pop. Ich bin's, Ex. Ich bin hier. Ich hab's geschafft. Ich hab's geschafft.« Papa reagiert offensichtlich auf die Bitte meines Bruders, weil Exodus ausruft: »Genau, Pop! Drück meine Hand! Gut!«

Mama streicht Papa durch das dichte, lockige Haar und zieht dann ihr Taschentuch heraus. Papas Augen sind geschlossen, und eine Träne rollt über seine Wange. Mama wischt sie vorsichtig weg, und ich höre sie sagen: »Er ist gegangen.« Ohne den Blick von seinem Gesicht zu wenden, fügt sie hinzu: »Mein Liebster ist fortgegangen.«

Als die Bestatter kommen, um Papa abzuholen, bestehen meine Brüder darauf, dass Mama, Rosemary und ich im Wohnzimmer bleiben, bis er im Leichenwagen ist. Onkel Enzo bleibt bei den Jungs, als wäre er immer ein Teil unseres Lebens gewesen.

»Mama, wann hast du Onkel Enzo angerufen?«, frage ich.

»Ich hab ihn nicht angerufen.«

»Ich war's«, sagt Rosemary leise. »Ich wollte nicht, dass Papa stirbt, ohne sich von seinem einzigen Bruder zu verabschieden. Ich hoffe, das war richtig.«

Mama umarmt Rosemary. »Das war vollkommen richtig.«

In den Wochen nach Papas Tod kamen sich die Mitglieder unserer Familie so nah wie nie zuvor, und uns wurde klar, was Antonio Sartori den Leuten in Greenwich Village bedeutete. All die Jahre brachte Papa komische Geschichten über Kunden nach Hause, auch traurige Geschichten über Familien, denen es an Essen mangelte, worauf er ihnen etwas schickte, oder gewitzte Geschichten darüber, was es bedeutete, ein altmodischer Lebensmittelhändler in einer modernen Welt zu sein. Das einzig Tiefgefrorene, was Papa in seinem Geschäft duldete, war das Eis, auf dem der frische Fisch lagerte.

Ich dachte immer, ich würde nach den Verwandten meiner Mutter kommen, doch als Papa starb, merkte ich, wie sehr ich ihm ähnelte. Er war ein Perfektionist. »Für dich ist es eine Kiste Orangen, für mich eine Skulptur!«, sagte er, wenn er die Orangen zu herrlichen Pyramiden aufschichtete und Blätter in die Zwischenräume steckte. Er stapelte Pasta-Packungen zu kunstvollen Türmen auf und schmückte die Decke mit getrockneten Kräutern, und die Schnüre um die Salamis waren kunstvoll verknotet, damit die Kunden merkten, welche Delikatesse sie kauften. Die gleiche Einstellung habe ich zum Nähen. Ich musste perfekte Arbeit liefern, und die Kundin hatte ein Recht darauf – schließlich bezahlte sie dafür. Papa empfand genauso.

An Papas Beerdigung sollten wir einen seltsamen Wunsch erfüllen. Als wir Domenic anriefen, um ihn von Papas Tod zu benachrichtigen, war er am Boden zerstört, bat uns aber um einen Gefallen. Er wollte ein Foto von Papa im Sarg haben. Mama lehnte dies strikt ab, als sie es hörte, aber ich bat den Leichenbestatter darum, und der erklärte sich bereit, das Foto zu machen. Dann schickte ich es ohne Mamas Wissen an Domenic.

Onkel Enzo kam uns wieder besuchen, um nachzusehen, ob wir irgendetwas brauchten, und wir veranstalteten ein großes Essen für ihn. Rosemary hofft, dass die Familie eines Tages wieder vereint sein wird. Sie arbeitet daran. Mama freut sich, Onkel Enzo zu sehen, kann sich aber mit dem Gedanken, Zia Caterina zu empfangen, noch nicht so recht anfreunden. Wir drängen sie nicht. Mama wird uns wissen lassen, wenn sie bereit dafür ist, und dann wird es eine wirkliche Aussöhnung geben.

Nachdem abgeräumt ist, bitte ich Onkel Enzo in die Küche. »Erinnerst du dich an den Fluch, den Zia Caterina vor meiner Geburt über mich ausgesprochen hat?«, frage ich.

»Oh, das hat sie nicht so gemeint!«

»Sicher nicht«, antworte ich. Die Erinnerung daran bedrückt ihn genauso wie Mama, als Roberto letzten Herbst das Familiengeheimnis lüftete. »Dennoch, was genau hat sie gesagt?«

»Sie sagte, du solltest schön sein, aber kein Glück in der Liebe haben.«

»Nun, Zio, du kannst ihr ausrichten, dass es genauso gekommen ist.«

»Lucia, sie meinte es nicht so. Sie hat einen aufbrausenden Charakter. Ich bin jetzt seit vierzig Jahren mit ihr zusammen, sie verflucht alle: die Priester, dich, mich, die Kuh. Alle.«

»Ist schon gut. Wirklich.« Ich umarme ihn. »Sobald ein Fluch wahr geworden ist, ist es vorbei.« Ich sehe meinen Onkel an. »Es ist *vorbei.* In Ordnung?«

»*Sì, sì, finito, finito.*«

Kapitel 11

Antonio Giuseppe Sartori II. wurde am 1. Juni 1952 geboren. Mama weinte, als Rosemary ihr seinen Namen nannte. Es gibt nichts Schöneres als ein Neugeborenes im Haus, um den Kummer zu vertreiben. Er ist ein liebes Kind mit einem sehr ausgeglichenen Wesen.

Etwa einen Monat später lud Delmarr mich zum Essen ein, als Dank dafür, dass ich ihm geholfen hatte, die letzte Brautkleidersaison in der Maßabteilung zu überstehen. Er führt mich in die Cafeteria von Saks Fifth Avenue, teils zum Scherz, aber hauptsächlich, weil das Essen dort köstlich ist.

»Kindchen, Sie hatten ein saumäßiges Jahr.«

»Das können Sie laut sagen«, antworte ich kopfschüttelnd. »Das Schlimmste war Papas Tod.«

»Das Talbot-Fiasco war auch übel. Ich gebe mir immer noch ein bisschen die Schuld dafür. Es tut mir Leid, dass ich Ihnen Talbot vorgestellt habe. Und dass ich ihn nicht durchschaut habe. Ich hätte Sie besser beschützen müssen«, sagt Delmarr traurig.

»Es ist nicht Ihre Schuld. Da bin ich mir ganz sicher.«

»Na schön.«

»Und obwohl das alles passiert ist ... liebe ich ihn immer noch.« Delmarr ist der einzige Mensch, dem ich das gestehen kann, und ich bin erleichtert, nachdem es endlich raus ist.

»Warum, Lucia? Warum lieben Sie ihn immer noch?«, fragt Delmarr liebevoll.

»Warum liebt man jemanden, der einen verletzt hat? Weil man immer noch Hoffnung hat. Papa hat dreißig Jahre lang nicht mit seinem Bruder geredet. Am Ende seines Lebens kam sein Bruder zu ihm, und sie vergaben einander. Ein ganzes Leben lang hat unsere Familie diese Bürde mit sich herumgeschleppt, und dann bekam Papa im letzten Moment das schönste Geschenk überhaupt: die Vergebung seines Bruders. Und deshalb ging er auch fort wie ein Engel.«

»Talbot geht wahrscheinlich nicht wie ein Engel fort.«

»Vermutlich nicht.«

»Ich möchte Ihnen einen Vorschlag machen«, sagt Delmarr.

»Ich bin ein anständiges Mädchen«, antworte ich halbherzig scherzend.

»Ja, zu meinem Nachteil, Kindchen. Ich hab einen neuen Job und möchte, dass Sie mit mir kommen.«

»Ich wusste, dass Claire McCardell Sie anheuern würde!« Diese Neuigkeit ist eine große Erleichterung, weil ich damit nicht alles, was mir vertraut ist, aufgeben muss.

»Nein, ich mach Schluss mit Konfektion und Maßschneiderei. Ich gehe nach Hollywood, um für Helen Rose zu arbeiten.«

Mir bleibt die Spucke weg. »Helen Rose, die Elizabeth Taylors Brautkleid für die Hochzeit mit Nicky Hilton entworfen hat?«

»Genau die.«

»Wie um alles auf der Welt sind Sie an Helen Rose geraten?«

»Ihre Nummer zwei hat gekündigt. Und Helen Rose hörte von mir, und zwar von, jetzt halten Sie sich fest, von Hilda Cramer, die in Hollywood war, um die großen Kostümbildner fürs Radio zu interviewen.«

»*Hilda* hat Ihnen einen Job verschafft?« Das haut mich um.

»Oh, sie erklärte Helen Rose, ich sei was ganz Besonderes!«

»Nun, das sind Sie ja auch, und es wird Zeit, dass jeder das erfährt!« Ich freue mich so sehr für Delmarr. Er gehört nach Hollywood, wo Glamour und Eleganz noch zählen.

»Sie fragte, ob ich talentierte Leute hätte, die ich mitbringen könnte, und ich hab ihr von Ihnen erzählt.«

»Wirklich?«

»Sicher. Kommen Sie mit, Lucia. Sie werden sofort angestellt und verdienen gutes Geld.«

»Ist das Ihr Ernst?«

»Ja. Packen Sie Ihre Koffer, Kindchen. Wir gehen nach Kalifornien. Wenn es je zwei New Yorker gab, die einen Neuanfang brauchten, dann sind es wir. Nur eines: Sie müssen mir hoch und heilig versprechen, wenn ich Ihnen sage, einen Typen fallen zu lassen, dann tun Sie das *subito.* Das ist Italienisch für sofort, wissen Sie.«

»Ich tu, was immer Sie sagen.« Ich werfe die Arme um seinen Hals. »Danke, danke!«

»Noch eines. Ich bin sechsunddreißig, wenn jemand fragt. Wir gehen ins Land der Jugend und Schönheit, und vierzig ist eine Zahl, die niemand dort hören will. Genau wie eine Sechs in der Schule, mit der man durchfällt. Vierzig, und du bist weg vom Fenster.«

»Kein Problem. Aber, Delmarr ...«

»Was?«

»Ich dachte, Sie wären vierunddreißig.«

»Umso besser.«

»Wer wird sich um Ma kümmern?«, jammert Roberto.

»Ich kann mich um mich selbst kümmern«, erwidert Mama. »Ich bin doch keine alte Frau.«

»Du bist nicht alt, aber eine Frau. Und es gibt Dinge, für die eine Mutter ihre Tochter braucht.« Roberto schlägt mit der Faust auf den Tisch, genau wie Papa früher.

Seit Papas Tod hat sich Roberto merklich verändert. Er nimmt inzwischen die Position des Familienoberhaupts ein, aber das Leben war viel einfacher, als Papa das noch war. Obwohl Papa aus der alten Heimat stammte, war seine Grundhaltung durchaus fortschrittlich. Roberto hingegen führt sich auf wie ein Patriarch. Ganz so, als sei er von Gott persönlich auserwählt worden, die aus dem italienischen Mittelalter stammenden Geschlechterrollen aufrechtzuerhalten. Ich bereue es, dass ich der Familie meine Berufspläne ausgerechnet beim Sonntagsessen verkündet habe. Ich hätte es besser wissen sollen.

»Ich finde, Lu sollte gehen«, sagt Rosemary, während der kleine Antonio, in eine weiche blaue Decke eingewickelt, an der Spitze ihres kleinen Fingers saugt. »Euch Jungs ist das vielleicht nicht klar, aber sie ist sehr talentiert. Sie nimmt keine Flickarbeiten an und näht keine Vorhänge. Sie ist eine Künstlerin in einem Maßatelier.«

»Wir wissen, wo sie die letzten acht Jahre von Montag bis Freitag hingegangen ist, Ro«, antwortet Roberto.

»Hollywood ist so weit weg«, sagt Orlando traurig.

»Es gibt doch den *Super Chief*, den schnellsten Zug in Amerika, und zwar in beide Richtungen«, erinnere ich ihn.

»Der letzte Herbst war furchtbar. Wir wollen nicht, dass dir noch einmal so übel mitgespielt wird. Klar?«, sagt Roberto und bricht ein Stück Brot ab. »Du bist zu gutmütig, Lu. Das war schon immer dein Problem, und diejenigen, die das merken, nutzen dich nur aus. Dafür kannst du nichts, aber es passiert eben, und wir müssen das verhindern.«

»Ich werde älter. Wenn ich einen Neuanfang machen will, dann muss ich das *jetzt* tun.« Ich wünschte, ich könnte meiner Familie erklären, wie es für mich war, als ich von John Talbot verlassen wurde. Es waren nur winzige Veränderungen, die ich dennoch sehr heftig zu spüren bekam. Früher interessierten sich junge Männer aus guten Familien für mich, jetzt nicht mehr. Die Art von Verehrern, die sich in letzter Zeit um mich bewarben, sind Männer, die weder für meine Familie noch für mich je in Betracht kämen. Neulich, als ich auf dem Weg zur Groceria an dem Schulhof vorbeikam, riefen mir die Jungen nicht mal mehr meinen Namen nach. Als ich lächelte, beachteten sie mich nicht. Ich muss irgendwohin gehen, wo ich von vorne anfangen kann.

»Wir fänden es gut, wenn du einen netten Burschen aus der Nachbarschaft kennen lernen und dich häuslich niederlassen würdest. Und wenn du den nicht findest, haben wir dich genauso gern hier zu Hause. Du bist eine große Hilfe für Mama und Ro und das Baby.« Roberto strahlt vor väterlichem Stolz.

Ich bin dankbar, als Mama das Thema wechselt. Roberto mag glauben, er habe das letzte Wort, was mein Leben anbelangt, aber das stimmt nicht. Ich bin eine moderne Frau, und ich mache, was ich will. Ich habe nicht so lange so hart gearbeitet, um dann zu Hause zu bleiben und die altjüngferliche Tante für meine Neffen und Nichten zu spielen, egal, wie sehr ich sie liebe. Es ist an der Zeit, mir zu überlegen, wie *ich* leben will, und wenn es dafür nötig sein sollte, mein schönes Zimmer und mein Leben in New York aufzugeben, dann werde ich das eben tun.

Nach dem Essen helfe ich Rosemary beim Abwasch.

»Danke für deine Schützenhilfe beim Essen«, sage ich.

»Hör zu, Lu, hier sind genug Leute, um im Haushalt zu helfen. Ich weiß, dass du dich deiner Mutter gegenüber verpflichtet fühlst, aber das ist ja das Schöne an einer großen Familie: Viele Hände erleichtern die Arbeit.«

Ich lache. »Das ist mir auch schon aufgefallen. Seit du eingezogen bist, ist die Hausarbeit wesentlich einfacher.«

»Ich bin sehr gern hier.«

»Vermisst du Brooklyn nicht?«, frage ich und denke daran, dass ich in Hollywood bestimmt Heimweh haben werde.

»Nur die Uferpromenade. Wasser ist was ganz Besonderes. Früher bin ich jeden Abend nach dem Essen am Fluss entlanggegangen. Das ist sehr beruhigend.«

Ich bin nie dazu gekommen, Rosemary den Ort am Wasser zu zeigen, wo mein Haus hätte stehen sollen, aber ich erinnere mich an das Gefühl des Friedens, als ich damals auf die Huntington Bay hinaussah. »Ich frage mich, ob mir der Pazifische Ozean gefallen wird.«

Mama ruft: »Telefon für dich, Lucia!«

Ich trockne mir die Hände ab und nehme den Hörer von Mama entgegen. »Hallo?«

»Lucia, hier ist Dante.« Ich habe ihn seit Papas Beerdigung nicht mehr gesehen. Wir kamen nicht dazu, uns ausgiebig zu unterhalten, aber die DeMartinos waren immer zur Stelle, wenn wir sie brauchten. Beim Klang seiner Stimme geht mir das Herz auf.

»Dante, wie geht's dir?«, frage ich erfreut.

»Gut. Und dir?«

»Wir wursteln uns so durch. Es ist nicht das Gleiche ohne Papa. Nochmals vielen Dank für die schönen Blumen, die du zur Beerdigung geschickt hast. Und deiner ganzen Familie, dass sie bei uns war.«

»Ich tu alles für dich, das weißt du.«

»Ich weiß.« Seit November frage ich mich, warum ich nicht zufrieden war mit einem netten Burschen, der mich liebte. Warum musste ich mich wegen dieses aalglatten John Talbot aufs Glatteis begeben? Was hatte ich mir bloß dabei gedacht, oberhalb der Vierzehnten Straße nach Liebe zu suchen?

»Hättest du Lust, am Sonntag mit mir zum Abendessen zu gehen?«, fragt er. Seine Stimme bricht ab, genauso wie beim ersten Mal, als er mich um eine Verabredung bat.

»Sehr gern«, antworte ich.

Das letzte Kleid, das wir in der Maßabteilung anfertigen, ist Violet Peters Brautkleid, ein Fantasiegebilde aus endlosen Lagen von Spitze und Rüschen mit weitem Rock, einem Mieder aus Filetarbeit und langen, spitz zulaufenden Ärmeln. Delmarr findet das Kleid zwar albern, dennoch entwarf er es, um Violet eine Freude zu machen. Und die ist hin und weg, als sie das Ergebnis sieht. Es passt zu einem Mädchen, das durch das Ehrenspalier aus New Yorker Polizeibeamten, deren Schwerter einen silbernen Baldachin bilden, aus der Kirche tritt.

Ich kann es gar nicht mehr erwarten, nach Kalifornien zu gehen und Filmkostüme zu schneidern. Von Brautkleidern und allem, was dazu gehört, habe ich die Nase voll. Falls ich je heiraten sollte, werde ich ein Kostüm tragen, wie es zur Zeit meiner Mutter üblich war. Die Welt ist zu verrückt geworden für romantische Hochzeiten. Möglicherweise herrscht noch immer eine gewisse Nachkriegsstimmung, in der die wahre Liebe und die treue, auf ihren Mann wartende Frau verherrlicht wird, aber irgendwann hat man genug davon.

Ruth, Helen und ich geben im Plaza eine Abschiedsparty für Violet, nur wir vier treffen uns zum Tee am späten Nachmittag. Der Raum ist elegant und mit üppigen Blumenarrangements aus langstieligen Rosen und pinkfarbenen Lilien geschmückt. Alles wird auf glänzendem Silber an den Tisch gebracht, und ein Ober mit weißen Handschuhen serviert Plätzchen und Sandwiches auf einer Etagere.

Violet weint, als sie das dreiteilige Kofferset bewundert, das wir ihr geschenkt haben, und auf den Griffen ihre neuen Initialen in Gold eingraviert sieht: V. P. C. »Wie Wallis Simpson werde ich mir in den Flitterwochen vorkommen!«

»Na dann.« Ich hebe mein Champagnerglas und sage laut: »Und was soll aus der alten Jungfer werden?« Ich bin ein wenig beschwipst.

»Ach, du hast noch genügend Zeit«, sagt Ruth liebevoll.

»Mädels, mal ehrlich. Ich hab's vermasselt. Ich hab mich für einen Beruf entschieden, der ausstirbt, und für einen Mann, der im Knast sitzt. Und jetzt lass ich mich sogar noch von meinem Ex-Verlobten ausführen.«

»Die Schließung der Maßabteilung ist doch nicht deine Schuld«, beginnt Ruth.

»Und wie hättest du wissen sollen, dass John Talbot ein gerissener Hochstapler ist?«, fügt Violet hinzu.

»Krall dir Dante DeMartino. Wir alle mochten ihn, lass alles hinter dir und heirate den Mann«, sagt Helen.

»Ich will aber lieber nach Hollywood gehen als einen Ehemann kriegen«, verkünde ich so überzeugt, dass mich die Damen am Nebentisch ansehen.

Meine Freundinnen starren mich an. Zu spät bemerke ich, wie unhöflich ich war. Drei ehemals berufstätige Frauen, die sich inzwischen dem Eheleben verschrieben haben, wollen sich nicht meine hochfliegenden Pläne in der Traumfabrik des Films anhören. Was interessieren sie Palmen, Cabrios und Sonnenuntergänge am Strand, wenn sie dies alles allein genießen müssten? Mir ist klar: Ich bin das fünfte Rad am Wagen, die Verschrobene, die Sitzengebliebene. Ich möchte arbeiten wie ein Mann. Das sagt zwar keine, aber so ist es. Das ist mein Traum. Wenn ich auf alles zurückblicke, was ich durchgemacht habe, war meine Arbeit das Einzige, was mich nie enttäuscht hat.

Von all den hübschen Dingen, die mir im Lauf meines Lebens geschenkt wurden, angefangen von Papas Korallenkette an meinem sechzehnten Geburtstag bis hin zu John Talbots Nerzmantel, hat mir nichts so viel bedeutet wie die Dinge, die ich mir von den 48,50 Dollar kaufte, die ich in der Woche bei B. Altman's verdiente. Kein Mann könnte daherkommen und mir irgendetwas kaufen, was ich mir nicht selbst leisten könnte. »Lass den Mann das nie wissen«, sagte Mama immer zu mir, aber ihr Rat hat nichts gefruchtet. Bis zu der Pleite mit Talbot habe ich mein Geld klug ausgegeben und war nie verschwenderisch. Mir fallen das Radio, der Fön mit der De-luxe-Trockenhaube und das Himmelbett aus der Möbelabteilung ein, die ich mir von meinem eigenen Geld gekauft habe. Ich rechnete mir aus, wie viele Stunden ich dafür arbeiten musste, und konnte ungefähr sagen, wie viele Stiche ich machen musste, um bei B. Altman's zu kaufen, was mein Herz begehrte.

Mein größtes Problem mit dem anderen Geschlecht besteht darin, dass ich weiß, wie gut ich allein sein kann. Es liegt in meiner Natur, aus allem das Beste zu machen. Selbst jetzt, nachdem die Abteilung schließt, gibt es Möglichkeiten für eine Schneiderin meines Kalibers und meiner Erfahrung. Vielleicht muss ich ans andere Ende des Landes gehen, um diese Möglichkeit zu nutzen, aber es liegt in meiner eigenen Macht.

»Wer sagt denn, dass alle heiraten müssen?«, fragt Ruth.

Violet knabbert an ihrem Plätzchen. »Die Ehe ist der Grundpfeiler der Gesellschaft.«

»Vielleicht müsst ihr die Grundpfeiler sein«, erwidere ich.

»Du scheinst nicht traurig darüber zu sein«, entgegnet Violet mit Trauermiene.

»Das bin ich auch nicht«, antworte ich.

»Violet, Lucia steht das Glück noch bevor. Sie hat es auch verdient«, sagt Ruth und lächelt mich an. Wie sehr werde ich sie vermissen, wenn ich nach Kalifornien gehe. Ihre Freundschaft hat mir Halt und Sicherheit gegeben, und ich hatte eine Vertraute, mit der ich lachen konnte. Ich bin so froh, dass ich sie kennen lernte, als ich so dringend jemanden brauchte. »Ich hoffe, du bist nie wieder traurig«, sagt sie. »Was du an Enttäuschungen erlebt hast, reicht für ein ganzes Leben.«

Es ist diese seltsame Jahreszeit in New York, diese Woche im September, wenn es weder heiß noch kalt ist und die Feuchtigkeit in der Luft die beste Frisur ruiniert. Ich lasse die Lockenwickler eine Stunde länger drin, damit mein Haar auch wirklich hält. Dante hat mich zum San-Gennaro-Fest eingeladen. Ich habe ihn seit einigen Monaten nicht mehr gesehen und freue mich, ihm alle Neuigkeiten erzählen zu können.

Dante holt mich um Punkt sieben ab (Männer, die zu spät kommen, waren nie mein Problem). Er pfeift, als ich die Treppe herunterkomme. »Bin ich mit Ava Gardner verabredet?«, fragt er.

»Ich bin ihr Double.«

Was Dante nicht weiß, ist, dass ich mir meine Aufmachung aus dem *Photoplay*-Magazin abgeguckt habe. Ava Gardner trug in der abgebildeten Fotostrecke, die sie während einer ihrer Auseinandersetzungen mit Frank Sinatra zeigte, schwarze Capri-Hosen, eine weiße Bluse, einen engen roten Gürtel und flache rote Sandalen. Ich habe alles bis ins kleinste Detail kopiert, einschließlich der filigranen Kreolen-Ohrringe, die sich raffiniert vor ihrem dunklen Haar abhoben.

Die Commerce Street ist mit Autos verstopft, jede Parklücke ist belegt, was selten vorkommt. Aus allen Stadtteilen kommen Familien zu dem Fest, und obwohl wir ein ganzes Stück von Little Italy entfernt wohnen, hat sich der Verkehr bis ins Village ausgebreitet. Während wir gehen, ergreift Dante zwar nicht meine Hand, legt mir aber die Hand auf den Rücken, wenn wir eine Straße überqueren.

»Wie läuft's in der Bäckerei?«, frage ich.

»Gut. Papa ist gereizt, aber das ist er ja immer. Und Mama kümmert sich ums Haus, wie immer.«

Ich sehe Dante an und stelle mir vor, wie nahe ich daran war, zu seiner Familie in der First Avenue, Ecke Dritte Straße zu ziehen, mit gebleichten weißen Windeln an der Leine im Hinterhof und seiner Mutter, die auf dem Bauerntisch in der Küche Nudeln macht. Einen Moment lang führe ich mir noch einmal vor Augen, wie das Leben mit Dante DeMartino ausgesehen hätte. Er sieht gut aus und ist anständig und liebenswert. Er ist ein Mensch mit tiefen Wurzeln, genau wie ich, kein oberflächlicher Mann, der es sich auf Kosten anderer gut gehen lässt. Ruth würde ihn als »echt« bezeichnen. Während wir durch die Menge gehen, tippen Männer an den Hut, und Frauen lächeln ihn an und erkundigen sich nach seiner Familie. John Talbot hatte sich den Zugang in die Gesellschaft vermutlich mit den Ellbogen erkämpft, Dante hingegen verfügt über ein ganz natürliches Geschick, mit Leuten in Kontakt zu kommen.

Als wir unter der glitzernden Festbeleuchtung auf der Mulberry Street gehen, frage ich mich, wie ich es schaffen werde, Greenwich Village zu verlassen. Mein ganzes Leben lang ist es mein Zuhause gewesen. Ich kenne die Leute, und sie kennen mich. Jedes Mal, wenn ein Mann Dante grüßt, gibt es einen anderen, der mir eine Kusshand zuwirft. Wir sind hier nicht nur willkommen, sondern man feiert uns geradezu. Ob mich die Filmstars in Hollywood wohl mit solcher Zuneigung und solchem Respekt behandeln werden? Hier, mitten in Little Italy, ist der Ort, an den ich gehöre, bei Leuten, die genauso sind wie ich. Überall gibt es Blumenkästen, die mit kleinen italienischen Flaggen geschmückt sind, und ich frage mich, ob ich dergleichen je wieder sehen werde. Wird es ausreichen, Flaggen in die Blumenkübel vor meinem Bungalow in Hollywood zu stecken?

Heute Morgen habe ich nur eine Banane zum Frühstück gegessen, weil ich hier ein Sandwich mit Wurst und Paprika haben möchte, und dann eine Tüte Zeppoles, in Fett gebackene Teigröllchen, mit Zucker bestreut. Dante stellt sich für unser Sandwich an, während ich den Italienern von Faicco's zusehe, wie sie die Wurst auf den Grill werfen, die dampfende Paprika und die glänzenden Zwiebeln auf das Weißbrot häufen und das Ganze in eine offene Tüte stecken. Papa und ich haben bei dem Fest auch immer diese Sandwiches gegessen, und an dieser Tradition festzuhalten gibt mir das Gefühl, er sei immer noch bei mir.

Nachdem wir überall herumgegangen sind, sehe ich Dante beim Roulettespielen zu, was mich unsanft an Ruth' Geschichte über John Talbot erinnert, der beim Pferderennen viel Geld verloren hatte. Bei jeder Drehung des Rads fallen mir Anzeichen ein, die mich von John hätten abbringen sollen. Warum habe ich nicht auf meinen Vater gehört? Armer Papa, der sich mit John Talbot abfand, um mich nicht zu verlieren. Wie dumm ich doch war. Und würde Dante, der mich früher einmal liebte, auch die neue Lucia Sartori lieben, die durch Schaden klug geworden ist? Nachdem er fünf Dollar verloren hat, gibt Dante auf und kauft mir eine Tüte Zeppoles, bevor sein ganzes Geld weg ist. »Gut, dass ich dich zu Fuß heimbegleiten kann«, sagt er lächelnd, »weil das Taxigeld an die San-Gennaro-Kirche gegangen ist.« Während wir von Little Italy allmählich nach Hause schlendern, schlage ich vor, uns auf die Stufen des Postamts zu setzen, um unsere Zeppoles zu essen.

Schweigend sitzen wir da und beobachten die Leute, die mit Luftballons und Stofftieren, die sie gewonnen haben, das Fest verlassen. Dann wischt sich Dante den Puderzucker von der Hand und sagt: »Lu, da gibt's was, was ich dir sagen möchte.«

Ich sitze neben ihm, hinter uns hört man den Lärm der Menge, Licht fällt aus den Fenstern auf die Straße, und der Geschmack des Zuckers auf meinen Lippen erinnert mich an all die Feste, die ich mit ihm besucht habe. Plötzlich möchte ich mich hinüberbeugen und ihn küssen. Doch ich lehne mich zurück. »Also, was willst du mir sagen?«

»Ich werde heiraten, Lucia.« Er starrt auf seine Hände.

Ich bin froh, dass er mich nicht ansieht, weil ich einen Moment brauche, um mich zu fassen. Dann bemühe ich mich, betont herzlich und erfreut zu antworten: »Oh Dante, meinen Glückwunsch. Wer ist sie?«

»Juliana Fabrizi.«

»Ich glaube nicht, dass ich sie kenne. Ist sie aus unserem Viertel?«

»Ja, sie wohnt in der Nähe von uns an der First Avenue. Ihr Vater hat einen Lebensmittelladen an der Zehnten Straße Ost.«

»Ah. Vielleicht erkenne ich sie, wenn ich sie sehe.«

»Ich glaub nicht. Sie ist nicht mit uns in die Schule gegangen. Sie ist jünger.«

»Jünger?«

»Sie ist achtzehn.«

»Achtzehn«, wiederhole ich und stoße einen leisen Pfiff aus. Ich kann nicht fassen, dass es schon so weit ist – ich bin nicht mehr das jüngste Mädchen auf dem Parkett. Wer hätte gedacht, dass ausgerechnet Dante DeMartino der Mann sein würde, der mich darauf aufmerksam macht? »Wie ist sie denn so? Ich meine, abgesehen von der Tatsache, dass sie achtzehn ist?«, frage ich freundlich.

»Sie ist sehr unkompliziert. Hübsch. Lieb.«

»Mag deine Mama sie?«

»Sehr sogar.«

»Dann muss sie ein tolles Mädchen sein.«

»Glaubst du?« Dante sucht noch immer meine Zustimmung.

»Weißt du, Juliana hat großes Glück. Du bist der Beste. Einen Besseren als dich gibt's nicht.«

»Genau das Gleiche denk ich über dich. Du hast nur einen Fehler.«

»Nur einen? Welchen denn?« Ich setze ein strahlendes Lächeln auf, obwohl ich eigentlich am liebsten heulen würde. Mir gefiel es besser, als ich die Situation kontrollierte, als ich wusste, dass Dante mich liebte und sich in seiner Bäckerei nach mir verzehrte, ganz egal, wohin ich ging oder was ich machte. Er war meine Sicherheit, genau wie Papa – ein Mann, der mich liebte und immer auf mich wartete. Aber das ist nun alles anders, nachdem er sich in eine andere verliebt hat. »Also, was ist mein einziger Fehler?«

»Du gehörst nicht zu denen, die heiraten.«

Er sieht mich schließlich an, kann aber meinem Blick nicht standhalten. Offensichtlich muss er sich bemühen, nicht in Tränen auszubrechen. Ich kann nicht weinen über die Wahrheit. Wenn ich es täte, würde ich mich selbst betrügen. Ich stehe auf, wische den Zucker von meiner Capri-Hose und strecke die Hand aus, um Dante aufzuhelfen. Wir sehen uns an.

»Es tut mir Leid, Dante«, sage ich und weiß, wenn ich ihn bitten würde, bei mir zu bleiben, würde er Juliana Fabrizi wahrscheinlich sofort fallen lassen und zu mir zurückkehren. Er wartet nur auf ein Wort von mir, aber ich werde es nicht sagen. Ich werde ihn nicht noch einmal verletzen.

»Das weiß ich«, sagt Dante traurig. Daraufhin nimmt er meine Hand und hält sie während des ganzen Heimwegs fest.

Die Schließung der Maßabteilung sollte eigentlich einfach vonstatten gehen, da wir schon seit Februar dabei sind, sie aufzulösen, trotzdem gibt es noch eine Menge Papierkram zu erledigen. Die schwierigste Aufgabe ist die abschließende Inventur des Stofflagers. Jeder Stoffrest erinnert an ein Kleid, ein Kostüm oder einen Mantel, den wir gemacht haben.

»Sehen Sie nur, Lu. Nonnenwolle!« Delmarr hebt die Rolle hoch. »Wie halten es diese Mädels bloß in so einem Material aus? Ich würde nicht mal Autositze damit beziehen.«

»Sie haben ein Armutsgelübde geleistet, wissen Sie. Es würde nicht angehen, wenn ihr Habit aus Edelwildleder wäre.«

»Hier. Das sollten Sie behalten.« Delmarr bringt mir einen Meter Goldlamé.

»Der Silvesterabend!«

»Wir haben wirklich viel geschuftet hier drinnen. Ein Wunder, dass uns die Finger noch nicht abgefallen sind.«

»Haben Sie sich schon mal überlegt, wie es sein wird, wenn wir das letzte Mal durch diese Türen gehen?« Ich deute auf die Schwingtüren des Atelierraums.

»Darüber brauchen Sie sich keine Sorgen zu machen.«

»Was soll das heißen?«

»Die Türen werden morgen rausgenommen.«

»Rausgenommen?«

»Ja, das ganze Stockwerk wird umgebaut, also kommen die Türen und Wände raus, und der ganze dritte Stock wird demnächst eine Verkaufsetage mit Kleiderständern voller Konfektionsmüll sein. Hübsch, nicht?«

»Schrecklich.«

»Lucia, gucken Sie sich das genau an. Heute ist der Tag, an dem die Eleganz untergegangen ist.«

Ich sehe Delmarr an und erwarte ein Lachen, aber es kommt nicht. Stattdessen sieht er aus, als würde ihm das Herz brechen.

Ich bin so froh, dass Mama an unserem ersten Weihnachtsfest ohne Papa einen Enkel hat, den sie liebkosen kann. Manchmal sehe ich sie weinen, doch dann reißt sie sich wieder zusammen und stürzt sich in die Weihnachtsvorbereitungen, auch wenn ihr das nicht leicht fällt. Es muntert sie auch nicht gerade auf, wenn sie zusehen muss, wie ich meine Koffer für Kalifornien packe.

Delmarr staunt über unser Festmahl am Heiligen Abend und zeigt sich während der Mitternachtsmesse in Unserer Lieben Frau von Pompeji sehr bewegt (nicht unbedingt in spiritueller, sondern in ästhetischer Hinsicht). »Ist Ihnen klar, was Sie in dieser Kirche schon alles erlebt haben?«, flüstert er. »Und Sie kommen immer noch her? Das finde ich unglaublich!«

»Das nennt man Glauben«, antworte ich flüsternd.

»Wohl eher Angst vor der Hölle«, erwidert Delmarr und sieht zu dem Buntglasfenster hinter dem Altar hinauf. »Mein Vater, ein überzeugter Agnostiker, nannte jede Spende Feuerversicherung für die Kirche.«

Mama stupst uns an, damit wir mit dem Flüstern aufhören. Ich blicke auf den mit Weihnachtssternen geschmückten Altar und die mit weißen Nelken und roten Bändern verzierten Bänke und versuche, mich zu erinnern, wie ich an meinem Hochzeitstag aussah. Das war vor einem Jahr, aber mir kommt es vor, als sei inzwischen ein Leben verstrichen, obwohl ich andererseits noch immer so schmerzliche und bittere Momente erlebe, als sei es erst gestern gewesen. Das Gleiche gilt für Papas Tod. Manchmal habe ich das Gefühl, er sei schon vor langem gestorben, und zuweilen glaube ich, er käme gleich mit dem Lieferwagen und riefe Mama von der Straße aus zu, sie solle einsteigen und mit ihm ein Eis essen gehen.

Delmarr küsst mich nach der Messe auf die Wange und drückt Mama an sich. Als er auf dem Heimweg die Cornelia Street überquert, dreht er sich noch einmal um und ruft: »Montagmorgen um sechs an der Grand Central Station. Anschluss nach Chi-town. Dann den *Super Chief* nach Hollywood!«

Ich winke ihm zu. »Bis dann!«

Mir bleibt noch eine Woche, um mit dem Packen fertig zu werden. Die Hüte bereiten mir Sorge. Wie viele soll ich mitnehmen und wie soll ich sie verstauen? Die kalifornische Sonne ist grell, und ich möchte mir meinen New Yorker Teint nicht verderben.

Ich bin im Keller und richte meine letzte Wäsche, bevor ich nach Kalifornien fahre. Seltsamerweise überkommt mich Rührung angesichts der Waschmaschine, des alten Bügelbretts und des Trockenständers, denn ich war so viele Jahre die Waschfrau bei den Sartoris und habe meine Pflichten sehr ernst genommen. Plötzlich höre ich einen dumpfen Knall. Zuerst denke ich, es sei die Waschmaschine gewesen, aber dann stelle ich fest, dass das Geräusch aus einem anderen Raum kam. Ich laufe die Treppe hoch, voller Angst, das Baby könnte gefallen sein, aber Antonio schläft friedlich in seinem Bettchen. Ich laufe nach oben in die Küche und finde Mama auf dem Boden liegen. Sie ist ohnmächtig geworden, an ihrer Stirn klafft eine Wunde, und neben ihrem Gesicht breitet sich eine Blutlache aus. Ich greife zum Telefon und rufe einen Krankenwagen. Dann knie ich nieder, um zu prüfen, ob ihr Herz noch schlägt. Kurz darauf treffen die Sanitäter ein und laden sie in den Krankenwagen. Laut bete ich zu Gott: »Bitte nimm sie nicht zu dir.«

Da wären wir wieder, denke ich, als wir im St.-Vincent-Krankenhaus auf den Bericht des Arztes warten. Meine Brüder waren am Boden zerstört, als Papa krank wurde, aber jetzt ist es noch schlimmer für sie. Es geht um Mama, und wahrscheinlich können sie sich ein Leben ohne sie überhaupt nicht vorstellen. Ich genauso wenig.

Nach einer Weile kommt der Arzt zu uns.

»Hat sie sich wieder erholt?«, fragt Roberto.

»Ihre Mutter hatte einen kleinen Anfall. Zuerst dachten wir, es sei ein Schlaganfall, aber es handelt sich wohl eher um die Vorstufe davon. Wir brauchen noch einige Zeit, um herauszufinden, was wirklich passiert ist, und können ihr dann hoffentlich ein Medikament verschreiben, das weitere Vorfälle dieser Art verhindert.«

Meine Brüder schweigen und sind genauso verwirrt wie ich. Meine Mutter ist ja noch jung, wie sie selbst betont hat. »Wie schlimm ist es?«, frage ich den Arzt.

»Vor morgen können wir nichts Genaues sagen. Sie reagiert auf Stimuli, was ein positives Zeichen ist. Es tut mir Leid, wir müssen abwarten.«

Angelo kämpft mit den Tränen. Ich versammle meine Brüder um mich, wie Mama es getan hatte, als Papa krank wurde. »Wir halten zusammen und warten ab, was die Tests ergeben. Dann überlegen wir, was zu tun ist.«

Die Jungs verbringen fast den ganzen Nachmittag im Krankenhaus, bis ich sie heimschicke. Ich bleibe bei Mama. Manchmal sitze ich an ihrem Bett und reibe ihr das Gesicht mit einem kalten Lappen ab. Wenn ich weine, versuche ich, kein Geräusch zu machen, um sie nicht aufzuwecken.

Gegen Morgen fühle ich mich wie zerschlagen. Ich habe im Sitzen geschlafen und bin jedes Mal aufgewacht, wenn Mama stöhnte oder eine Schwester hereinkam. Als ich die Augen öffne und sehe, dass Mamas Bett leer ist, ergreift mich Panik. Ich laufe auf den Gang hinaus und halte die erstbeste Schwester an.

»Meine Mutter, Maria Sartori, wo ist sie?«

Die Schwester antwortet in beruhigendem Tonfall: »Sie wurde zu Untersuchungen nach unten gebracht.«

»Danke«, antworte ich und flehe Gott an, mir Mama nicht zu nehmen.

Ich gehe in ihr Zimmer zurück und warte. Sobald meine Brüder eintreffen, kommt der Arzt.

»Ich habe gute Nachrichten. Es war eindeutig kein Schlaganfall. Ihr Herz ist leicht geschädigt, allerdings nur minimal. Ihre Herzfrequenz ist sehr hoch, vermutlich war sie das schon ihr ganzes Leben lang, und dies war für den Anfall verantwortlich. Die Blutversorgung des Gehirns wurde beeinträchtigt. Glücklicherweise haben Sie sie sehr schnell gefunden.« Roberto legt den Arm um mich, als wolle er mir danken. »Aber sie braucht Physiotherapie und viel Hilfe zu Hause.« Nachdem der Arzt fort ist, umarmen wir uns erleichtert. Wir haben großes Glück gehabt.

Gegen Abend kann Mama schon mit uns sprechen. Sie redet langsam und muss manchmal nach einem Wort suchen, versteht aber alles, was wir sagen. Sie hat Hunger, was in unserer Familie immer als Zeichen guter Gesundheit galt. Rosemary schmuggelt ein erstklassiges Abendessen aus Spaghetti al burro mit frischen Kräutern ins Krankenhaus.

Roberto besteht darauf, dass ich heimgehe. Die heiße Dusche fühlt sich fantastisch an, aber alle meine Kleider sind schon in den Koffern, also muss ich auspacken, um mich umzuziehen. Ich stelle meinen Toilettenhocker auf die Terrasse, nehme das Telefon mit nach draußen und rufe Delmarr an.

»Wie geht's Ihrer Mutter?«, fragt er besorgt. »Rosemary hat mir Bescheid gegeben.«

»Mama hatte fast einen Schlaganfall.«

»Mein Gott. Aber Rosemary meinte, sie wird wieder gesund.«

»Möglich.« Und dann beiße ich mir auf die Unterlippe, weil mir die Tränen kommen. »Ich kann nicht mitkommen.«

»Schon gut, Süße, dann kommen Sie eben nach. Helen Rose läuft ja nicht weg. Sie wird's schon verstehen. Ich erkläre ihr alles.«

»Könnten Sie das?«

»Natürlich. Sie ist ein menschliches Wesen, kein kalter Fisch wie Hilda Beast.«

»Danke.« Ich wische mir die Tränen ab und atme aus, weil ich weiß, dass Delmarr immer für mich da sein wird.

»Kein Problem, Süße. Achten Sie auf sich. Und auf Mama Sartori. Ich melde mich wieder, wenn ich angekommen bin, dann sehen wir weiter.«

Ich lege auf. Dass Delmarr sagte, wir würden weitersehen, war sehr nett, aber wir beide kennen die Wahrheit. Ich werde nie nach Kalifornien gehen, nie für Helen Rose arbeiten, nie Kostüme für Stars nähen. Ich werde hier in der Commerce Street Nummer 45 bleiben und meine Mutter pflegen, solange sie mich braucht. Erst wenn diese Pflicht erledigt ist, die hoffentlich nicht Jahre dauert, werde ich darüber nachdenken, was ich tun will. Aber jetzt bin ich die Tochter, die meine Eltern erzogen haben, und stelle meine Familie über alles andere, einschließlich Delmarr, Helen Rose und ein glamouröses Leben in Hollywood. Ich muss hier einen Job suchen und mich damit abfinden, meine Pflicht zu tun. Zia Caterinas Fluch hat sich bitter bewahrheitet. Ja, ich bin niedergeschlagen, aber nicht wegen des Verlusts eines Mannes. Die Schließung der Maßabteilung hat mir das Herz gebrochen, und der Verlust von Qualität, Eleganz und gutem Service, die damit ihr Ende fanden.

Kapitel 12

Die Teestunde in Lucias Wohnung hat sich bis in die Abendstunden hingezogen. Die silbrigen Regenwolken des Nachmittags sind verschwunden und haben einen tief indigoblauen Himmel zurückgelassen. Stundenlang habe ich jetzt hier gesessen, denkt Kit, aber was für eine Geschichte! Sie fröstelt. Die rückwärtigen Apartments des Hauses in der Commerce Street sind offensichtlich kühler, weil sie nicht über dem Boiler liegen. Kit sieht zu Tante Lus Nerzmantel hinüber und überlegt sich zu fragen, ob sie ihn anprobieren dürfe, nur um sich aufzuwärmen.

»Tante Lu, wenn die Maßabteilung Anfang der Fünzigerjahre geschlossen wurde, was haben Sie dann bis 1989 bei B. Altman's gemacht?«

»Ich hab eine Stelle in der Abteilung für Abendmode angenommen. Die Arbeitszeit ließ sich gut mit der Pflege von Mama vereinbaren. Sehen Sie her.« Lucia zeigt Kit einen eingerahmten Artikel aus dem *New York*-Magazin, in dem die Brautabteilung des Kaufhauses vorgestellt wurde. Die Überschrift lautet: »Lucia Sartori, Mutter der Bräute«. Wie ironisch, dass gerade eine sitzen gelassene Braut zur Mutter von hunderten New Yorker Mädchen wurde, die das perfekte Hochzeitskleid suchten.

»Wann ist Ihre Mutter gestorben?«

»Erst nach meinem siebenundvierzigsten Geburtstag.«

»Deswegen sind Sie nicht nach Hollywood gegangen?«

»Ja.«

Kit lehnt sich zurück und sieht an die Wand. »Tante Lu ... ist das die Tapete, die Sie mit Ruth angebracht haben?«

»Genau die ist es.« Lucia lächelt.

»*Das* hier war Ihr Zimmer?« Lucia nickt. »Wo ist die Nähnische und das Erkerfenster?«

»Die hab ich verloren, als die Etage geteilt wurde«, antwortet Lucia ruhig.

»Sie haben Ihr Zimmer in zwei geteilt? Das ist ja kriminell. Wer hat das getan?« Kit bemerkt, dass sie die Stimme erhoben hat, und holt tief Luft.

»Mein Neffe Tony.«

»Das ist ja ein dicker Hund. Sie wollen sagen, dass *mein* Tony Sartori, Klebeband-Tony, das süße kleine Baby war, das nach Maria Grace kam? Und er hat Ihr Zimmer einfach verstümmelt?«

»Genau der. Jedes Stockwerk wurde in zwei Wohnungen geteilt. Mehr Mieter, mehr Profit, verstehen Sie.«

»Was für ein schofler Geizhals! Tut mir Leid, Lucia, aber ich finde, dafür gibt es keine Entschuldigung.«

»Das Schlimmste war, dass er es tat, sobald mein Bruder gestorben war. Roberto war noch keinen Monat unter der Erde, als Tony das Haus übernahm und alles änderte.«

»Lucia, ich möchte ja nicht unhöflich sein, aber sollte dieses Haus nicht Ihnen gehören? Wenn alle Ihre Brüder tot sind, wie kommt es dann, dass Sie es nicht geerbt haben?«

Lucia schüttelt langsam den Kopf. Offensichtlich versteht sie das selbst immer noch nicht. »Als Papa starb, hinterließ er alles meiner Mutter. Als sie krank wurde, übergab sie alles an Roberto. Roberto hatte vier Söhne. Er war sehr der Tradition verpflichtet, viel mehr als Papa, und er fand, dass das Familienvermögen immer in männlicher Hand bleiben sollte. Deshalb wurde ich ausgeschlossen. Natürlich bestand Roberto darauf, dass seine Söhne für mich sorgten, und sie glauben tatsächlich, das zu tun. Und wahrscheinlich wäre diese Wohnung heute sehr teuer. Immer wenn ich wirklich Probleme mit ihnen habe, ruf ich Rosemary an, die bringt ihre Jungs dann zur Räson. Es könnte schlimmer sein.«

»Aber das ist doch nicht fair! Sie haben Ihre Mutter gepflegt! Die Familie hätten Ihnen das danken oder Sie irgendwie entschädigen sollen.«

»Roberto hat das nicht so gesehen. Damals galt die Verpflichtung einer Tochter allein ihrer Familie.«

»Was ist mit Rosemary?«

»Sie gehörte nicht unmittelbar zur Familie. Außerdem ist sie auch eine Frau. Ich glaube nicht, dass mein Bruder ihr irgendetwas hinterlassen hat – abgesehen von der Auflage, dass ihre Kinder vorbildlich für sie sorgen müssen. Außerdem musste auch sie ihre Mutter pflegen.«

Kit steht auf und geht, außer sich vor Zorn über die Ungerechtigkeit, auf und ab. »Haben Sie auch vom Verkauf der Groceria nichts abbekommen?«

»Ich hab dort nie so gearbeitet wie meine Brüder, aber als sie sie verkauften, haben sie den Gewinn unter sich aufgeteilt. Das war schon in Ordnung, es war ihr Geschäft«, sagt Lucia gleichmütig.

»Ich finde das unglaublich! Sie sind doch genauso eine Sartori wie sie.«

»Sie sind aus einer anderen Generation. Das waren eben die Regeln, nach denen meine Generation lebte. Mir gefallen sie nicht, aber ich verstehe sie. Das Ganze hat mit Italien zu tun und damit, wie dort der Besitz in einer Familie vererbt wurde. Für die Frauen ist das nicht vorteilhaft, aber so ist es nun mal.«

»Das ist doch eine furchtbare Ungerechtigkeit.« Als Kit sich wieder setzt, bemerkt sie die Stapel Geschenkkartons von B. Altman's. »Lucia, was ist denn in all den Schachteln?«

»Geschirr und anderes Zeug.« Lucia hält inne. »Es sind meine Hochzeitsgeschenke.«

»Oh mein Gott.« Kit fragt sich, wie Lucia all die Jahre mit der täglichen Erinnerung an John Talbot leben konnte. »Warum haben Sie sie behalten?«

»Die Polizei nahm sie als Beweisstücke, nachdem John verhaftet wurde. Sie überredeten mich, sie zurückzunehmen. Und dann versuchte ich, die Geschenke an meine Gäste zurückzugeben, aber sie wollten sie nicht haben. Das brächte Unglück, meinten sie.«

»Also ist Caterinas Fluch doch wahr geworden?« Kit erschauert.

»Vielleicht glaubte ich daran, und er wurde deshalb wahr. Wir werden es nie erfahren.« Lucia stellt die leeren Tassen auf ein Tablett und steht auf. »Ich bin erschöpft. Sie auch?«

»Total.«

»Ich hoffe, ich hab Sie nicht gelangweilt.«

»*Gelangweilt?* Machen Sie Witze? Es war unglaublich spannend. Jede Einzelheit. Ich danke Ihnen.«

»Kommen Sie ein andermal wieder, und wir sehen die Schachteln durch. Da sind ein paar sehr hübsche Dinge drin, die Ihnen gefallen könnten. Ein handbemalter Übertopf, ein paar Kristallvasen, mit Emaille verzierte Kaffeelöffel.«

»Danke, Lucia. Sehr gern.«

Als Kit die Treppe zu ihrer Wohnung hinuntergeht, tritt an die Stelle des tiefen Mitgefühls für Lucia die Neugier, die Wahrheit herauszufinden. Mit einem Plan im Kopf betritt sie ihre Wohnung. Obwohl sie wissen möchte, was mit Delmarr, Ruth, Violet und Helen geschehen ist, muss sie unbedingt zuerst herausfinden, was aus John Talbot wurde. Sie bleibt lange auf, um alle Daten, Orte und Namen zu notieren, an die sie sich aus Lucias Geschichte erinnern kann. Vielleicht schafft sie es, morgen, bevor sie sich wieder an ihr Theaterstück setzt, ins New Yorker Stadtarchiv zu gehen.

John Talbots falsche Namen waren alle so gebräuchlich, dass die Suche in den Akten von 1951 und 1952 hunderte von Dokumenten zu Tage fördert. Es würde ein Leben lang dauern, sie alle durchzusehen. Sie geht zum Informationsschalter in der Vorhalle und stellt sich an.

Kit folgt dem Angestellten in die Hauptbibliothek, wo er Kopien aller Polizeiakten der Reviere in Greenwich Village und der Upper East Side anfertigt. Darunter finden sich mehrere Seiten mit Einträgen über John Talbot. Kit nimmt das umfangreiche Material mit nach Hause.

Nach ein paar Telefonaten, intensiver Suche bei Google und drei Sitzungen im Starbucks Café hat Kit das Talbot-Dossier zusammengestellt.

Lucia Sartoris alte Flamme ist noch am Leben. Das Problem ist nur, dass er wieder im Gefängnis sitzt. Nach einer zwölfjährigen Haft wegen verschiedener Eigentumsdelikte schien er gewillt, den krummen Geschäften abzuschwören. Als er freikam, suchte er seine Kumpel auf, die ihm früher Arbeit beschafft hatten, einschließlich Patsy Marotta vom Vesuvio. Der besorgte ihm einen Job bei einer Firma in Long Island, die Restaurants belieferte. Talbot blieb eine Weile sauber, wurde aber in den Achtzigerjahren wieder rückfällig. Er ließ sich auf einen Handel mit gestohlenen Autos ein, die aus Deutschland in die Staaten gebracht wurden. Kit schätzt, dass er nach seiner letzten Verurteilung wahrscheinlich für den Rest seines Lebens im Gefängnis bleiben wird.

Nachdem Kit alle Fakten zusammengetragen hat, ist ihr klar, dass sie ihr Wissen Tante Lu mitteilen muss. Sie ist ziemlich stolz auf ihre erfolgreiche Detektivarbeit und schon ganz aufgeregt bei der Aussicht, Tante Lu bei der Lösung des Falls zu helfen. Doch gleichzeitig hat sie auch Angst, so unerfreuliche – und niederschmetternde – Neuigkeiten zu überbringen. Am Ende kommt sie zu dem Schluss, dass Lucia fünfzig Jahre lang mit den Nachwirkungen von John Talbots Taten gelebt hat und es verdient, zu erfahren, was aus ihm geworden ist.

Nach der ausgedehnten Teestunde gibt es keine Schüchternheit mehr zwischen ihnen beiden, weshalb sich Kit vollkommen entspannt fühlt, als sie in den fünften Stock hinaufsteigt und an Tante Lus Tür klopft. »Lucia?«, ruft sie.

»Wie geht's Ihnen, Kit?«, fragt Lucia, die im Bademantel öffnet. Auch Lucia hat offensichtlich das Gefühl, dass sie beide nach dem langen Nachmittag auf vertrautem Fuß stehen.

»Sehr gut, danke. Aber ich hatte viel Arbeit. Eine ganze Menge sogar. Als Erstes wollte ich Sie fragen, ob Sie Lust hätten, heute Abend mit mir und meinem Freund Michael essen zu gehen. Bloß zum Chinesen. Ins Ma Ma Buddha.«

»Sehr gern, meine Liebe. Danke.« Lucia strahlt.

»Also, dann komm ich gegen sieben.« Kit wendet sich zum Gehen.

»Kit? Sie sagten ›als Erstes‹.«

»Oh ja, das heißt, es gibt ein ›Zweites‹. Ich wollte Ihnen nur sagen, dass ich John Talbot gefunden habe.«

Tante Lu sieht Kit an. Dann tritt sie in ihre Wohnung zurück und setzt sich auf den nächstbesten Stuhl.

»Lucia, alles in Ordnung? Sind Sie wütend auf mich? Ich musste es einfach wissen und wollte Ihnen mitteilen, was ich herausgefunden habe, aber wenn es Ihnen unangenehm ist ...«

Lucia antwortet nicht.

»Lucia?«, fragt Kit nervös.

Schließlich holt Lucia tief Luft und schließt die Augen. »Wo ist er?«

»Ach, Lucia. Es tut mir Leid. Ich wollte nicht ...«

»Wo ist er?«

»Er sitzt im Kittchen«, antwortet Kit aufrichtig.

Die Art, wie sie »Kittchen« sagt, bringt Lucia zum Lächeln. »Nun, er hatte immer Schwierigkeiten mit der Ehrlichkeit.«

»Ich mache keine Witze. Ich war bei Google – ich meine, ich bin online gegangen und hab alle möglichen Artikel über ihn gefunden. Außerdem hab ich ein paar Polizeiakten. Er ist in Sing-Sing. Im Staatsgefängnis von Ossining, oben am Hudson River.«

»Kit, Sie sind mir hoffentlich nicht böse, wenn ich Sie bitte zu gehen. Ich möchte allein sein. Ich muss nachdenken.«

»Sicher.« Kit macht Lucias Tür hinter sich zu und geht bedrückt die Treppe hinunter. Was hat sie sich bloß dabei gedacht, im Friedhof von Lucias verlorenen Lieben zu graben? Sie hätte wissen müssen, dass Lucia nicht die Frau ist, die eine Sache zu Ende bringen will. Wenn ja, hätte sie selbst nach John Talbot gesucht.

Während Kit sich an ihren Laptop setzt und versucht, mit ihrem Stück voranzukommen, klopft es an der Tür. Sie ist überrascht, als Tante Lu – immer noch im Bademantel – vor ihr steht.

»Kommen Sie rein«, sagt Kit und weiß genau, dass Lucia unter normalen Umständen außerhalb ihrer eigenen Wohnung nie im Bademantel herumlaufen würde. Sie ist nicht bei sich, denkt Kit, und das ist meine Schuld.

Lucia sieht Kit an. »Ich möchte ihn sehen. Aber ich kann nicht allein hinfahren. Würden Sie mich begleiten?«

»Natürlich«, antwortet Kit. »Ich kümmere mich um alles. Wir können am Wochenende fahren.«

»Dieses Wochenende?« Tante Lu berührt ihr Haar.

»Ja, am Samstag ist Besuchstag. Wir würden um die Mittagszeit losfahren, dann könnten Sie wie gewöhnlich noch vorher zum Friseur gehen.« Kit kennt Tante Lus Wochenendrituale genauso gut wie ihre eigenen. Am Wochenende riecht es im Gang immer nach Haarspray, wenn Lucia aus dem Schönheitssalon zurückkommt.

»Das wäre schön«, antwortet Lucia. »Ich möchte gut aussehen.«

Kit wartet im Eingang auf Lucia, bevor sie zur U-Bahn gehen. Sie sieht auf die alte Bank und stellt sich vor, wie sich Lucia und John Talbot hier gute Nacht gesagt haben. Sie sieht auf die rosafarbenen Scheiben in der Tür und stellt sich vor, wie die junge Lucia hinausspähte, als sie auf ihren Verehrer wartete. Nie zuvor hat Kit den Einzelheiten des Gebäudes solche Aufmerksamkeit geschenkt. Sie blickt zur Decke hinauf und sieht einen reich geschmückten Kronleuchter. Bei näherer Betrachtung entdeckt sie, dass die bunten Kristalle die Form von Früchten haben.

Lucia ruft vom Treppenabsatz: »Ich komme, Kit.«

»Lassen Sie sich Zeit«, antwortet Kit. Bis Lucia kommt, kann sie sich weiter im Vestibül umsehen.

»Lucia? Ist das Ihr Kronleuchter?«, fragt sie nach oben deutend.

»Ja«, antwortet diese schlicht. »Es hatte ja keinen Sinn, ihn in der Kiste zu lassen. Man soll sich schließlich daran erfreuen.«

Der Blick aus dem Zug nach Ossining ist so lieblich, dass Kit sich nicht wundert, als Lucia ihr erklärt, dass es eine ganze Malrichtung mit dem Namen Hudson River School gegeben habe. Es stellt sich heraus, dass Lucia, von Arabel Dresken ermutigt, an der New School for Social Research Kunstkurse besucht hat. Die Felsspalten, der breite zinnfarbene Fluss und die viktorianischen Häuser geben Kit das Gefühl, als fahre sie durch ein anderes Zeitalter. Und sie hat die beruhigenden Bilder der Landschaft bitter nötig, denn ihr Magen verkrampft sich vor Angst, dass das Wiedersehen der beiden ein Desaster werden könnte.

»Warum sind Sie denn so nervös?«, fragt Lucia.

»Ich hab wahnsinnige Angst, dass John Talbot ein Widerling sein könnte.«

»Er wird kein Widerling sein, sondern das, was er immer war: aalglatt, selbstbewusst und voller Elan.«

»Woher wollen Sie das wissen?«

»Ich bin nicht mehr die Jüngste und kenne mich aus. Es gibt eine Regel, die auf alle zutrifft, vom Moment der Geburt an bis zum Tod: Leute ändern sich nicht. Vielleicht geringfügig, aber nicht grundsätzlich. Wir sind, was wir sind. Und darüber bin ich froh, weil ich John eine Menge fragen will.«

»Ich hab auch noch Fragen. Aber nicht an ihn, sondern an Sie«, erwidert Kit, froh um die günstige Überleitung.

»Nun, dann fragen Sie mich.« Lucia setzt sich aufrecht hin und glättet ihren Rock.

»Was ist mit den anderen Mädchen bei Altman's passiert, mit Helen Gannon etwa?«

»Die gute Helen. Sie bekam noch einen Sohn, Albert. Und ihr Mann hatte Erfolg an der Wall Street. Sie sind nach Scarsdale gezogen. Früher bin ich mit dem Zug zu ihnen rausgefahren und hab das Wochenende bei ihnen verbracht. Wir telefonieren auch heute noch ziemlich oft.«

»Und was macht Violet?«

»Violet ist vor zwei Jahren gestorben. Sie war bis zum Schluss mit Officer Cassidy verheiratet. Er hat wieder geheiratet«, sagt sie skeptisch.

»Mann, das ging aber schnell.«

»Das fanden wir auch.«

»Hatte sie Kinder?«

»Nein.«

»Und was ist mit Ruth?«

»Ruth Kaspian Goldfarb«, sagt Lucia zärtlich. »Sie und Harvey sind nach Florida gezogen. Sie haben drei Töchter, alle ziemlich erfolgreich. Eine unterrichtet Modedesign am FIT. Ich sehe Ruth einmal im Jahr, wenn sie kommt, um mit ihrer Schwester Rosh Hashana zu feiern. Und wir telefonieren mindestens einmal die Woche.«

»Ach … und Delmarr?«

»Er hat in Hollywood großen Erfolg gehabt. Er entwarf Kostüme fürs Fernsehen, für all die großen Gesangs- und Tanz-Shows. Jedes Mal, wenn er nach New York kam, besuchte er mich und sagte: ›Kindchen, wann kommen Sie in den Westen und machen Karriere?‹ Es sollte nicht sein. Er hat nie geheiratet und sich immer großartig vergnügt. An jeder Küste ließ er eine Schar Frauen mit gebrochenem Herzen zurück. Ich hab nie jemanden kennen gelernt, der sich so erfolgreich dagegen gewehrt hätte, sich einfangen zu lassen, wie Delmarr. Bis zum Schluss war er ein Einzelgänger in einer Branche, die viel Geselligkeit mit sich bringt. Letztes Jahr ist er gestorben. Sein Tod hat mich sehr getroffen.«

»Und was ist mit Ihren Brüdern?«

»Über Roberto wissen Sie schon Bescheid. Angelo ist in den Maryknoll-Orden eingetreten. Orlando heiratete ein nettes jüdisches Mädchen namens Rachel, und sie bekamen eine Tochter, Rafaella. Und dann mein lieber Exodus, er und Orsola bekamen sieben Kinder, vier Mädchen und drei Jungen, und alle leben immer noch in Italien, wo es ihnen gut geht. Ich hab sie oft im Veneto besucht. Die Kinder freuten sich, wenn Zia Lucia ihnen Yankee-Baseballhandschuhe und Hershey's-Schokolade mitbrachte. Leider war den Männern in unserer Familie kein langes Leben beschieden. Keiner der Jungs ist wesentlich älter geworden als Papa.«

»Tante Lu, haben Sie je geheiratet?«

»Nein. Aber es gab lange Zeit einen Mann in meinem Leben. Er war schon Witwer, als ich ihn kennen lernte, obwohl er erst um die vierzig war. Er hatte keine Kinder. Ich war nicht die Liebe seines Lebens und er nicht die meine, aber wir hatten eine schöne, unkomplizierte Beziehung. Wir liebten uns auf unsere eigene Art. Er war ein wundervoller Gefährte.«

Als der Zug in den Bahnhof einfährt, beobachtet Kit die Frauen und Kinder der Häftlinge, alle in Sonntagskleidern, wie sie aussteigen und zum Besuchereingang gehen. Die Stimmung ist überraschend fröhlich, obwohl die Leute auf dem Weg zu einem bedrückenden Ort sind.

Lucia nimmt die Puderdose aus ihrer Tasche und betupft mit einer runden Quaste ihr Gesicht. Dann zieht sie ihre Lippen nach. Sie bietet Kit ein Minzebonbon an und steckt sich selbst eines in den Mund. »Wie sehe ich aus?«

»Schön«, antwortet Kit. Lucia trägt einen schwarzen Rock und eine weiße Bluse mit einem mintfarbenen Schal. Und den Nerzmantel. Ihr Haar ist frisch gelegt.

»Jetzt wollen wir mal sehen, was John Talbot zu seiner Verteidigung zu sagen hat«, sagt Lucia.

Die beiden Frauen folgen den anderen Leuten einen Gehsteig hinunter, der mit auffälligen Schildern mit Pfeilen und der Aufschrift »Besucher« ausgezeichnet ist. Kits Nervosität ist wieder da, jetzt ist sie sogar noch stärker. Entsetzliche Szenen spulen sich vor ihrem inneren Auge ab. Was, wenn John Talbot ein Irrer ist? Wenn sie in einen Häftlingsaufstand geraten? Wenn Tante Lu etwas Furchtbares passiert, und sie es Klebeband-Tony beibringen muss?

Kit und Lucia werden durchsucht und müssen durch eine Schleuse mit Metalldetektoren gehen (nicht viel anders als beim Besuch eines Spiels der Knicks im Madison Square Garden, denkt Kit). Unglücklicherweise konfisziert ein Beamter

Lucias Dose mit den Plätzchen. Dann bittet man sie zu warten. Nach fast einer halben Stunden werden sie in einen großen Raum mit Besuchern und Wachpersonal geführt.

»Wie sollen wir ihn erkennen?«, fragt Kit.

»Ich werde ihn erkennen«, antwortet Lucia.

Vom Boden bis zur Decke reichende Metalltüren schwingen auf, sie erinnern an jene Burgtore, durch die in all den drittklassigen Filmen für gewöhnlich das Trojanische Pferd gezogen wird. Dumpfes Dröhnen ist zu hören, als das Metall über den Betonboden scharrt, dann strömt eine unübersehbare Menge Gefangener in orangefarbenen Overalls in den Raum. Lucia sucht die Menge einen Moment lang mit den Augen ab.

»Da ist er.« Sie deutet auf einen der Häftlinge.

Kit sieht einen großen Mann mit dichtem weißem Haar, der in der Nähe der Türen steht, abseits von den anderen. »Warten Sie hier«, sagt sie. Schnell geht sie auf ihn zu. »Sind Sie John Talbot?«

»Ja. Sind Sie Miss Zanetti?«

»Ja, Sir.« Kit wird rot. Nie wird sie als Miss Zanetti angesprochen, und sie findet die Anrede ein wenig provozierend.

»Wo ist Miss Sartori?« Seine Stimme bricht. Er räuspert sich und stützt sich auf seinen Stock.

»Sie ist dort drüben.« Kit deutet auf Lucia. »Ich bringe Sie zu ihr.« Sie dreht sich um, geht los, stellt aber fest, dass sie zu schnell geht. Er kann ihr zwar folgen, aber nur sehr langsam.

»Ich sehe sie«, sagt John.

Lucia erhebt sich. Kit entgeht nicht, dass Tante Lu sich bemüht, keine Gemütsregung zu zeigen. Als Lucia und John sich begrüßen, scheint sie ein wenig aufzutauen. John umschließt Lucias Hände mit den seinen, und beide sehen sich mit dem abgeklärten, wissenden Blick an, der nur zwischen Menschen möglich ist, die sich einmal geliebt haben.

Einen Moment lang scheint es, als wären die Jahre bedeutungslos, als löse die Gegenwart sich auf und als bliebe nur noch ihre Jugend übrig, als Männer noch Gentlemen und Frauen noch Damen waren, die am Abend lange Handschuhe trugen. »Lucia, so schön wie immer«, sagt John würdevoll.

»Danke, John.«

»Ich lasse Sie beide jetzt plaudern«, sagt Kit.

»Nein, nein, setzen Sie sich«, widerspricht Lucia und deutet auf einen daneben stehenden Stuhl. Kit lässt sich darauf nieder, verlegen, weil sie genauso gespannt ist wie Lucia, zu hören, was John Talbot zu sagen hat. John rückt Lucia den Stuhl zurecht, dann setzt er sich ihr gegenüber. Lucia hält sich kerzengerade, John beugt sich zu ihr vor und stützt sich auf den Knauf seines Stocks.

John fragt: »Wie geht es deiner Familie?« Während Lucia erzählt, muss Kit unwillkürlich lächeln. Das letzte Mal, als sie sich sahen, wurde er von Roberto verprügelt.

»Hast du geheiratet, Lucia?«, fragt John.

»Nein.« Sie holt tief Luft. »Und du?«

»Viermal«, antwortet er. Lucia lächelt, als John sich an die Stirn schlägt, als wolle er sich etwas einbläuen. »Zweimal mit derselben Frau, aber viermal im Ganzen.«

»Hast du Kinder?«, fragt Lucia.

»Nein, keine.« Kit bemerkt einen leicht verwirrten Ausdruck auf Lucias Gesicht, als habe sie Mühe, diesen alten Mann mit dem eleganten Verlobten ihrer Jugend in Verbindung zu bringen. Wahrscheinlich geht es ihm genauso.

»John, ich bin gekommen, um dir zu danken«, fährt Lucia zu Johns offensichtlichem Erstaunen fort. »1979 hast du mir geschrieben. Es war ein sehr netter Brief, und du hast einen Scheck über siebentausendfünfhundert Dollar beigelegt.« John nickt langsam. »Ich fand es sehr mutig von dir, dich an mich zu wenden und nach all der Zeit deine Schuld einzugestehen. Dafür wollte ich dir persönlich danken.«

»Es quälte mich, dass ich dein Geld genommen hatte. Ich weiß, dass sich das komisch anhört von einem Mann, der im Staatsgefängnis einsitzt.« Er lacht. »Aber ich wusste, was dir das Geld bedeutete. Ich wusste immer, dass ich großes Unrecht begangen habe. Eine gute Frau kann einen Mann dazu bringen, das Richtige zu tun. Und mein ganzes Leben lang bist du diese Frau gewesen.«

Lucia senkt den Kopf. »Danke«, sagt sie und verfällt dann in Schweigen. Nach einer Weile blickt sie wieder auf. »John, wir müssen ein paar Dinge klären. Ich hab mich immer gefragt, warum du damals an Weihnachten zu mir nach Hause gekommen bist. Was wolltest du mir sagen?«

John starrt aus dem Fenster und denkt über ihre Frage nach. »Es war ganz einfach, Lucia. Ich wollte dir sagen, dass ich dich liebe.« Er glättet den Kragen seiner Sträflingsuniform. »Ich weiß, dass du mir das nicht glauben wirst, aber ich hatte nicht vor, dich zu verletzen.«

»Ach John, du hast mich doch von Anfang an dafür ausgesucht, richtig?«, sagt Lucia.

»Sicher, am Anfang dachte ich, du könntest mir helfen. Ich glaube, mein erster Gedanke war immer, welchen Vorteil ich mir verschaffen könnte. Aber du warst so hübsch und vollkommen, dass ich mich wirklich in dich verliebt habe. Deshalb wurde alles so schwierig. Das war mir zuvor noch nie passiert, glaub mir. Ich versuchte sogar, deinen Vater zu überzeugen, der absolut gegen mich war. Er bot mir zehn Mille, um mich loszuwerden, aber ich habe abgelehnt.«

»Papa hat dir Geld geboten?«, fragt Lucia verblüfft.

»Es überraschte ihn, dass ich ablehnte. Aber verstehst du, ich wollte dich heiraten. Du wolltest das auch. Aber dann hatte ich eine Pechsträhne. Die schlimmste meines Lebens.«

»Eine Pechsträhne?«, wiederholt Lucia langsam, offensichtlich nicht ganz sicher, was sie von einem Mann halten soll, der das glücklichste Jahr ihres Lebens als Pechsträhne abtat.

»Verstehst du, eine Sache nach der anderen ging schief, als ich mit dir zusammen war. Alles, was ich anfasste, ist mir misslungen. Jim Laurel ließ das Geschäft in Huntington platzen, und Daniel Parker hat mir auf der ganzen Upper East Side das Geschäft vermasselt. Er hatte sich in den Kopf gesetzt, dass meine Aktivitäten nicht sauber seien. Und dein Vater wollte mir auch nicht trauen. Ich begriff, dass ich nie ein Mitglied eurer Familie werden würde und nie mithelfen dürfte, die Groceria zu vergrößern. Meine letzte Chance war Sylvias Tod eine Woche vor unserer Hochzeit. Ganz egal, was dir die Polizei erzählt hat, Lucia, sie war für mich wie eine Mutter. Sie wollte, dass ich ihr Geld bekomme. Ich hab gut für sie gesorgt. Es stand mir zu. Es stand *uns* zu. Aber ihre verfluchte Tochter hat alles an sich gerissen.«

Lucia hört zu, während John seine Version der Wahrheit erzählt. Kit weiß, dass sie ihn unterbrechen möchte, aber ein bestimmter Ausdruck in seinen Augen lässt das nicht zu. Genauso muss es 1951 gewesen sein, als er ihr in leuchtenden Farben ihre gemeinsame Zukunft schilderte. Es ist ein manischer Ausdruck, verwegen und entschlossen, aber gleichzeitig ist es das Gesicht eines Verkäufers. John ist sehr überzeugend, fast unwiderstehlich. Doch Kit bemerkt, dass Lucia Recht hat: John Talbot hat sich nicht geändert. Er redet sich all die Untaten schön, die ihn ins Gefängnis gebracht haben. Das Einzige, dessen er sich seiner Meinung nach schuldig machte, war der Versuch, nach oben zu gelangen, ein wichtiger Geschäftsmann zu werden.

»Um ehrlich zu sein, mir wuchs alles über den Kopf. Und dann gab es dich und die Hochzeit und das Leben mit deiner

Familie, und dem konnte ich mich nicht stellen. Ich konnte einfach keinen Moment lang mehr so tun, als könnte ich ein normales Leben mit Schwiegervater, Schwiegermutter und kleinen Kindern führen, die dazwischen herumrennen. Ich brauchte eine Glückssträhne, und die kam nicht. Es war, als sei ich verflucht, ich bekam einfach keinen Fuß auf den Boden. Also hab ich mich für die feige Variante entschieden. Ich bin abgehauen.«

Kit sieht, wie in Lucias Augen der alte Schmerz aufglimmt. Die Entschuldigungen müssen ihr schäbig vorkommen, genau wie der Mann, den sie heiraten wollte. Sie hebt die Hand, um ihn zu unterbrechen. »John, ich hab genug gehört.« Er wirkt überrascht. Offensichtlich gibt es nicht viele Leute, die John Talbot Einhalt gebieten. »Es gibt nur noch eine Sache, die ich wissen muss.« Lucia holt tief Luft. »Am Tag vor der Hochzeit, als wir nach Huntington fuhren, um das Haus anzusehen, wie um alles in der Welt wolltest du dich da rausreden? *Es gab doch kein Haus.*«

John schüttelt langsam den Kopf. »Das war der einzige Glücksfall, der mir seit langem passiert war. Du hast mich vom Haken gelassen, Lucia. Ich glaube, das wusstest du auch. Du hast es mir leicht gemacht, mich abzusetzen. Wenn du mich gezwungen hättest, dir das Haus zu zeigen, hätte ich dir die Wahrheit sagen müssen. Aber du hast mir noch vierundzwanzig Stunden gelassen, mir zu überlegen, was ich tun sollte. Und ich sah keine Lösung, also hab ich mich aus dem Staub gemacht.«

Lucia denkt einen Moment nach. »Wenn ich mir vorstelle, dass ich dir bis ans Ende der Welt gefolgt wäre …«

John zieht eine Schachtel Zigaretten aus seiner Tasche und bietet Lucia eine an, doch sie lehnt ab. »Aber verstehst du, ich musste mir ja keine Sorgen um dich machen, Lucia. Du hast mich ja nicht gebraucht.«

»Was redest du da?« Lucia beugt sich vor.

»Du hattest ein Leben ohne mich. Du mochtest deine Arbeit, du hattest ein Zuhause, eine Familie. Du warst eine unabhängige, berufstätige Frau. Dir fehlte es an nichts. Glaub mir, ich hab Frauen gekannt, die brauchten einen Mann, der für sie sorgte. Solche Mädchen kann man nicht vor dem Altar sitzen lassen.«

Der Lärmpegel im Raum nimmt zu. Da die Häftlinge und ihre Besucher nicht viel Zeit haben, sprechen sie laut, als würden ihre Worte so mehr Bedeutung bekommen. Plötzlich ist ein schrilles, beängstigendes Klingeln zu hören, das das Ende der Besuchszeit anzeigt.

Lucia, Talbot und Kit erheben sich. Er flüstert Lucia etwas ins Ohr, küsst sie auf beide Wangen und dann leicht auf die Lippen. Mit geschlossenen Augen hält er sie fest, als versuche er, ein Bild von ihr heraufzubeschwören, dann geht er durch die großen Metalltüren hinaus, ohne sich noch einmal umzudrehen.

»Alles in Ordnung?«, fragt Kit.

»Alles bestens«, antwortet Lucia leise.

Als sie sich der Menge anschließen, die zum Bahnhof zurückströmt, bleibt Lucia stehen, um noch einen Blick auf das Gefängnis am Hudson River zu werfen.

»Was ist los?«, fragt Kit.

»Er hat mir gesagt, dass er sich jeden Abend, bevor er schlafen geht, vorstellt, wie ich in einem weißen Baumwollkleid unter einer Tür stehe. Wir sind allein, er nimmt meine Hand und sagt: ›Komm raus und sieh dir das Meer an, Lucia. Das ist alles, was ich dir geben kann.‹ Und wissen Sie, was komisch dabei ist?«

»Was?«

»Ich bin achtundsiebzig Jahre alt und hatte nie ein Haus

am Meer, aber John hat eines. Er lebt in einer Zelle ohne Fenster, und dennoch ist er am Wasser.«

Kit hilft Lucia, sich auf den Platz am Fenster zu setzen, sie nimmt den auf der Gangseite. Schweigend sitzen sie nebeneinander, und jede denkt über den distinguierten, weißhaarigen alten Herrn nach, der einst der attraktivste Mann auf dem Frühjahrsball im Plaza Hotel von New York war. Kit wendet sich an Lucia. »Bedauern Sie etwas? Was Ihnen widerfahren ist, meine ich, die Wendungen, die Ihr Leben nahm. Wünschen Sie sich, es wäre alles anders gekommen?«

»Man kann nicht verhindern, dass Schlimmes passiert«, sagt Lucia. »Und was die schönen Dinge anbelangt, so ist man nicht für sie verantwortlich. Dass sie einem widerfahren, ist einfach Glück.«

»Also nein. Kein Bedauern«, sagt Kit und lehnt sich zurück.

»Ich bedaure nichts, was mir zugestoßen ist, weil diese Dinge eben geschehen mussten. Ich wünschte nur, ich hätte auf manche Ereignisse anders reagiert. Ich lass mich von manchen Dingen runterziehen und komm manchmal nicht schnell genug wieder hoch. Und ich dachte, ich könnte das Negative irgendwie unter Kontrolle halten, was ein großer Fehler war. Die Dinge ändern sich, wenn es an der Zeit dafür ist. Man kann nichts erzwingen.«

Als sie wieder in der Commerce Street sind, bittet Lucia Kit, noch auf einen Sprung in ihre Wohnung zu kommen. »Es dauert nur einen Moment«, verspricht sie beim Aufsperren der Tür. »Ich möchte Ihnen etwas geben.«

Sie durchquert den Raum und kommt mit einer Kleidertüte zurück. Kit öffnet sie und nimmt das Goldlamé-Kleid heraus, das Lucia am Silvesterabend im Waldorf trug.

»Von allen meinen Kleidern war mir dies das liebste.«

»Oh Lucia«, sagt Kit und umarmt sie. »Ich werde es mein Leben lang in Ehren halten.« Sie hält sich das Kleid an den Körper. »Wenn es etwas geben sollte, was mich dazu anhalten wird, mein Wunschgewicht zu halten, dann dieses Kleid.«

Nach dem Besuch bei John Talbot führen Kit und Lucia ihr gewohntes Leben weiter, mit einem Unterschied: Kit sieht inzwischen regelmäßig nach Lucia und geht einmal die Woche mit ihr zum Essen. Es war ein harter Montag. Die Einbrüche an der Wall Street hatten zur Folge, dass die Stellen der Zeitsekretärinnen auf die Hälfte gestrichen wurden, also muss Kit jetzt die Arbeit von zwei Leuten machen. An ihrem Theaterstück kann sie im Moment nicht weiterschreiben, weil die Arbeit in der Firma vorgeht. Langsam steigt Kit die Treppe hinauf. Als sie bei ihrer Wohnung angekommen ist, hat sie bereits ihre ganze Post durchgesehen.

Das Cherry Lane Theater hat einen Brief geschickt. Wie ironisch, denkt Kit, jetzt bitten die Theater schon arme Stückeschreiber um Spenden. Schlimmer kann es eigentlich nicht kommen. Dennoch öffnet sie den Brief, weil zugleich etwas über neue Schriftsteller, anstehende Produktionen und Workshops drinstehen könnte. Doch als Kit den Brief liest, erkennt sie, dass man kein Geld von ihr will. Und es ist auch von keinem anderen Schriftsteller oder Theaterstück die Rede. Der Brief stammt von der künstlerischen Direktorin Angelina Fiordellisi, und es geht um Kits Stück *Things Said While Dancing – Dinge, die man beim Tanzen flüstert.* Ihr gefällt das Stück, und sie möchte, dass Kit es am Cherry Lane aufführt. Falls Kit damit einverstanden sei, solle sie ihr so schnell wie möglich Bescheid geben.

Kit sperrt ihre Wohnung auf, wirft den Rest der Post aufs Sofa und läuft dann, ohne sich Zeit für einen Schluck Wasser zu nehmen, zu Lucia hinauf. Sie klopft aufgeregt an die Tür, weil sie weiß, dass Lucia über diese Neuigkeit ganz aus dem Häuschen sein wird.

»Lucia! Ich bin's. Kit!«

»Ich komme«, hört sie von drinnen.

»Beeilen Sie sich. Ich hab gute Nachrichten!«

Lucia öffnet die Tür. Sie trägt ein rosafarbenes Kostüm mit einer großen Rosenbrosche aus gelber Emaille und sieht großartig aus.

»Sie sehen umwerfend aus! Ich hab Neuigkeiten. Endlich will jemand vom amerikanischen Theater mit mir zusammenarbeiten. Das Cherry Lane will eines meiner Stücke aufführen!«

»Das ist fantastisch!«, ruft Lucia strahlend aus, bittet Kit aber nicht zu sich hinein, sondern verstellt ihr geradezu den Weg.

»Tut mir Leid. Haben Sie Besuch?«

»Ja«, antwortet Lucia und versucht, ihr mit Blicken Zeichen zu geben.

»Oh. Wer?«, flüstert jetzt Kit. »Ein Typ?« Lucia nickt. »Wow!«

»Nein, nein, kommen Sie rein«, sagt Lucia und macht die Tür weit auf.

Ein freundlicher alter Herr in einem klassischen marineblauen Sportmantel und anthrazitfarbener Hose sitzt auf einem der Chintz-Sessel. Sein graues Haar ist sorgfältig gekämmt, und sein dünner Schnurrbart erinnert an eine andere, längst vergangene Zeit.

»Kit, das ist Mr Dante DeMartino.«

»Oh mein Gott! Ich hab schon so viel von Ihnen gehört.« Als er sich erhebt, um sie zu begrüßen, bemerkt Kit, dass er das Foto von Lucia an jenem Silvesterabend in der Hand hält. »Sie war umwerfend, nicht wahr?«

Dante sieht dabei Lucia an, und Kit muss unwillkürlich

seinen Blick mit dem von John Talbot vergleichen, als er Lucia in die Arme nahm, die Augen schloss und offensichtlich das Bild aus seiner Erinnerung bevorzugte. »So schön sie auf diesem Foto auch ist, ihr Wesen war noch viel schöner«, sagt Dante. »Bis auf den heutigen Tag.«

Kit beschließt, die Situation ein wenig aufzulockern. »Und Sie sehen tatsächlich aus wie Don Ameche. Ich hab die DVD von *Midnight – Enthüllungen um Mitternacht* unten.«

»Abgesehen von meiner verblüffenden Ähnlichkeit mit Mr Ameche, was hat Ihnen Lucia sonst noch von mir erzählt?«

»Lauter wundervolle Geschichten über Ihr Leben, als Sie in meinem Alter waren. Wie das Village war. Wie Sie gelebt haben. Sie sagte mir, dass man am San-Gennaro-Fest keine Waffe zu tragen brauchte, dass die Mädchen Handschuhe anhatten, die Männer im Familienunternehmen arbeiteten und alle glücklich waren.«

»Dann hat sie Ihnen die Wahrheit gesagt.« Dante lächelt.

»Zumindest, was die Italiener anbelangt, richtig? Also, was machen Sie beide heute Abend?«

»Ich führe Lucia zum Essen aus.«

»Ein Rendezvous?« Kit grinst.

»Das hoffe ich.« Dante zwinkert Lucia zu. Die Art, wie er ihr zuzwinkert, ist sexy, findet Kit, und das verblüfft sie. Wie können Männer im Alter ihres Großvaters sexy sein?

»Nun, ich lass Sie jetzt allein«, sagt Kit. »Viel Vergnügen.«

Lucia bringt Kit zur Tür und tritt mit ihr in den Gang hinaus. Kit hebt schweigend beide Daumen.

»Glückwunsch zu dem Stück, Kit. Ich bin stolz auf Sie.« Dann senkt Lucia die Stimme. »Und danke Ihnen. Dante ist seit drei Jahren Witwer, aber ich hatte nie den Mut, ihn anzurufen. Der Ausflug nach Sing Sing hat endlich alles in die Vergangenheit gerückt, wo es auch hingehört. Und das hab ich Ihnen zu verdanken.«

Kit geht in ihre Wohnung zurück und holt sich eine Cola light aus dem Kühlschrank. Dann nimmt sie den Brief von Miss Fiordellisi und liest ihn so oft, bis sie ihn auswendig kann. Anschließend spricht sie all ihren Freunden die gleiche Nachricht auf die Mailbox. Dann setzt sie sich ans Fenster, blickt auf die Commerce Street hinunter und beugt sich vor, damit sie die roten Tore des Cherry Lane Theaters sehen kann, den Ort, von dem sie seit langem hoffte, dass dort eines Tages ihre Stücke gespielt würden. Sie sieht auf ihre Straße hinunter, auf die Haustreppen, die Blumenkästen, die verbeulten Mülltonnen, und erinnert sich, warum sie nach New York kam. Ihre Leidenschaft fürs Geschichtenerzählen hatte sie hergebracht, der Wunsch, an einem inspirierenden Ort das Leben einer Künstlerin zu führen. Sie hält einen Moment inne und empfindet Dankbarkeit. Sie weiß, dass Talent eine Gabe ist, aber Durchhaltevermögen die bessere Tugend.

Unten hört sie die Haustür zuschlagen und beugt sich aus dem Fenster, um zu sehen, wer das Haus verlässt. Seit einiger Zeit beobachtet sie Tony Sartoris kahle Stelle am Kopf, die vom vierten Stock aus Monat für Monat größer aussieht. Bei seiner Eitelkeit, wettet sie, hat er bis Weihnachten sicher ein Toupet. Aber er ist es nicht.

Dante DeMartino und Lucia Sartori gehen Hand in Hand die Commerce Street hinunter. Als der Gehsteig schmaler wird, legt er die Hand auf ihren Rücken, um sie vor sich zu führen. Sie dreht sich zu ihm um und lächelt ihn an. Ein anderes Paar in Kits Alter kommt um die Ecke. Sobald sie an Dante und Lucia vorbei sind, stupst die junge Frau ihren Freund an, als wolle sie sagen, schau, das könnten wir eines Tages sein. Kit möchte aus dem Fenster rufen: Nur wenn ihr Glück habt! Dies ist nicht irgendeine allein stehende Frau bei einem Rendezvous, sondern die schönste Frau in ganz Greenwich Village. Und eines Tages werde ich ein Stück über sie schreiben.

Danksagung

Was für ein Glück für mich, dass ich als eines von sieben Trigiani-Kindern geboren wurde! Meine Geschwister sind wundervolle Menschen, von denen ich viel gelernt habe, und wenn wir nicht verwandt wären, wäre ich stolz, jeden von ihnen als meinen Freund bezeichnen zu dürfen. Von jedem von euch schaute ich mir für mein Buch eine besondere Gabe ab: Mary Yolanda, dir danke ich für deine Eleganz, dir, Lucia Anna »Pia«, für dein Mitgefühl, dir, Antonia »Toni«, für deine Stärke, dir, Michael, für deinen Humor und deine Kunstfertigkeit, dir, Carlo, für deine Zähigkeit und dir, Francesca, für deinen Frohsinn. Für eure Loyalität und Großherzigkeit bin ich euch mein Leben lang dankbar.

Bei Random House danke ich meiner hervorragenden Lektorin Lee Boudreaux und Todd Doughty, dessen Professionalität und freundliches Wesen mir Ansporn waren, sowie Laura Ford, Anna McDonald, Vicky Wong. Desgleichen Dan Rembert, Beth Thomas, Allison Saltzman, Libby McGuire, Janet Cook, Tom Nevins, Allyson Pearl, Carol Schneider, Tom Perry, Sherry Huber, Ed Brazos, Eileen Becker, Ivan Held, Steve Wallace, Stacy Rockwood-Chen, Maureen O'Neal, Allison Heilborn, Kim Hovey, Allison Dickens, Candice Chaplin, Cindy Murray und Beth Pearson. Gina Centrello für ihre Unterstützung, Energie und italienische Entschlossenheit.

Mein besonderer Dank gilt Suzanne Gluck, der besten Agentin auf Erden und noch besseren Freundin, sowie Emily Nurkin, Karen Gerwin, Jennifer Rudolph Walsh,

Tracy Fisher, Alicia Gordon und Cara Stein, den strahlenden Schönheiten bei WMA. Bei ICM danke ich Nancy Josephson und Jill Howager. Im Land des Films bedanke ich mich bei Lou Pitt, Jim Powers, Todd Steiner und Michael Pitt.

Ich weiß nicht, was ich ohne die erstaunliche Lorie Stoopack angefangen hätte, die hart arbeitet und alles zu einem Spaß macht, oder ohne den scharfsinnigen »Manuskript-Buchclub« mit Mary Trigiani, Jean Morrissey und Mary Testa. Ohne euch wäre ich verloren.

Für ihre lebendigen Schilderungen Manhattans um 1950 möchte ich mich bei Helen McNeill, Ralph Stampone und June Lawton bedanken. Und den Bibliothekaren der New York Public Library danke ich für ihre freundliche Hilfe. Die Rezepte habe ich von meiner so geliebten Großmutter Viola Trigiani. Meine Großmutter Lucia Bonicelli, eine hervorragende Schneiderin und Designerin, inspirierte mich zu den Modetrends, die in diesem Buch vorkommen. Dem B.-Altman-Experten David Manning, PR-Direktor am Graduate Center der City University von New York, danke ich für seine ausgezeichnete Recherche. Ebenso Elena Nachmanoff und Dianne Festa sowie Saul und Stewart, denen ich mich zutiefst verbunden fühle.

Ein weiterer Dank an: Nancy Bolmeier Fisher, Kate Crowley, Eydie Collins, Elaine Martinelli, Elizabeth Dawson, Tom Dyja, Ruth Pomerance, Pam MacCarthy, Nigel Stoneman, Ian Chapman, Suzanne Baboneau, Carmen Elena Carrion, Melissa Weatherhill, Rosanne Cash, Charles Randolph Wright, Bill Persky, Joanna Patton, Larry Sanitsky, Debra McGuire, John Melfi, Vater Tony Rodrigues, Grace Naughton, Dee Emmerson, Gina Casella, Sharon Hall, Constance Marks, James Miller, Wendy Luck, Sharon Watroba Burns, Nancy Ringham, John Searles, Helen und Bill Testa, Cynthia Rutledge Olson, Jasmine Guy, Jim Horvath, Craig

Fissé, Kate Benton, Jim Doughan, Anne Godoff, Joanne Curley Kerner, Max Westler, Dana und Richard Kirshenbaum, Schwester Jean Klene, Daphne und Tim Reid, Caroline Rhea, Cathleen Maccio Holman, Rosemary und Anthony Casciole, Susan und Sam Franzeskos, Jake Morrissey, Beáta und Steven Baker, Eleanor Jones, Brownie und Connie Polly, Aaron Hill und Susan Fales-Hill, Karol Jackowski, Christina Avis Krauss und Sonny Grosso, Susan Paolercio, Greg Cantrell, Rachel und Vito Desario, Mary Murphy, Matt Williams und Angelina Fiordellisi.

Michael Patrick King, ich bete dich an. Und wenn es ein Leben nach dem Tod gibt, wohne ich hoffentlich auch dort ein Stockwerk unter dir.

Dank den Familien Trigiani und Stephenson und unseren italienischen Verwandten, den Spada, Maj und Bonicelli, und Ida Trigiani, der besten Mutter auf Erden. Auch den Leuten aus Big Stone Gap, Virginia, gilt meine immer währende Dankbarkeit. Und den großen Jim Burns bitte ich, vom Himmel aus ein Auge auf uns zu haben. Danke meinem lieben Papa Anthony, den ich genauso sehr vermisse, wie ich ihn liebte, das heißt unendlich.

Und schließlich möchte ich mich bei meinem Mann Tim Stephenson bedanken, der mehr Aufregung aushält, als zehn andere Männer es könnten, und dessen Charakter und Güte mich immer noch hinreißen. Du hilfst mir, das Leben als Mutter zu führen, und ich bin froh, dass du mich ausgesucht hast. Danke dir für unser kleines Mädchen, das das Glück hat, einen so wundervollen Papa zu haben.